高等学校管理类专业前沿课程教材

国际特许经营理论与实务

□ 刘常宝　主编

Guoji Texu Jingying Lilun yu Shiwu

高等教育出版社·北京
HIGHER EDUCATION PRESS　BEIJING

内容简介

本书基于国际视角，介绍在国际范围内推广特许经营模式这一过程中，所涉及的诸多问题，并在理论分析的基础上介绍具有一定操作性的解决问题方法。本书以特许经营体系设计构建为逻辑起点，结合我国特许经营的基本理论和政策法律框架，介绍和分析国内外企业在进行体系构建以及特许经营活动时所需完成的必要性工作，以及在东道国特殊的政策、法律、文化、制度等诸多外在因素对特许经营推广产生的实质影响。

本书主要包括以下内容：国际特许经营综述、国际特许经营战略与策略、国际特许经营体系构建、国际特许经营总部体系设计、单店系统设计、单店运营管理系统设计、特许经营体系扩张、国际特许经营法律、特许企业品牌管理、特许企业财税管理等。

本书主要供工商管理专业特许经营管理方向、连锁经营管理方向以及市场营销专业教学使用，也可作为特许经营管理师培训、加盟店长培训的辅导材料，同时也适用于连锁经营、特许经营企业进行岗位培训使用，还可以供对特许经营有兴趣的专业人员进行学习参考之用。

图书在版编目（CIP）数据

国际特许经营理论与实务 / 刘常宝主编. -- 北京：高等教育出版社，2014.2
ISBN 978-7-04-035309-9

Ⅰ. ①国… Ⅱ. ①刘… Ⅲ. ①特许经营-世界-教材 Ⅳ. ①F713.3

中国版本图书馆 CIP 数据核字(2013)第 230630 号

策划编辑 刘 荣 责任编辑 宋志伟 封面设计 杨立新 版式设计 余 杨
责任校对 张小镝 责任印制 韩 刚

出版发行 高等教育出版社
社 址 北京市西城区德外大街 4 号
邮政编码 100120
印 刷 涿州市京南印刷厂
开 本 787 mm×960 mm 1/16
印 张 19.25
字 数 340 千字
购书热线 010-58581118
咨询电话 400-810-0598
网 址 http://www.hep.edu.cn
http://www.hep.com.cn
网上订购 http://www.landraco.com
http://www.landraco.com.cn
版 次 2014 年 2 月第 1 版
印 次 2014 年 2 月第 1 次印刷
定 价 30.20 元

本书如有缺页、倒页、脱页等质量问题，请到所购图书销售部门联系调换

物 料 号 35309-00

前　　言

目前经济界人士已经感觉到，中国经济发展到今天所面临的最主要问题是商业模式的创新，以及在与国外商业模式的竞争中能否获得优势。我们对特许经营这一经营模式并不陌生，但是如何使其在商业活动中产生其应有的价值，这是问题的关键。在中国，特许经营已经逐渐进入商品提供者和服务提供者的视野。国际特许经营企业是特许权的拥有者，把一系列知识产权构成的权利体系作为获得转让利润的源泉，这些权利包括专利、商标、著作权、技术或商业诀窍、标志以及标准的经营管理制度方法等。全球范围内进行特许经营体系推广的结果，使得这些知识产权的价值最大限度地得到提升，这种无形资源的利用也提高了各国经济运行质量，改善了投资环境，促进了商品和服务市场的繁荣。特别是在金融危机背景下，商品的流通渠道是决定经济运营质量的关键。国际特许经营企业内部犹如一个利益紧密的供应链，在全球范围发展被特许人形成巨大的产业链，使优质的经营资源得以复制。

本书编写的指导思想是注重实战，着眼于“适用、够用”，各篇章是在大量参考国内相关学者优秀的研究成果基础上，通过特许经营逐渐发展的线索谋篇成章的。近年来，在业内人士的积极宣传和着力实践下，特许经营在相关行业的拓展颇有起色，特别是一些国际特许经营企业在中国的成功案例，已经成为中国特许企业的“模板”，同时也在一定程度上激发中国特许经营企业积极拓展国际市场的信心和勇气。本书立足于特许经营不断发展的视角，从国内国际两个方面，探讨国际特许经营企业在拓展业务空间的过程中所涉及的相关内容：特许总部经营战略、特许体系构建、特许体系设计、国际特许经营法律、特许经营品牌管理等问题，努力勾勒出国际特许经营企业发展的基本流程和战略思维脉络，为相关专业的学生提供理论模型支持，希望本书成为积极致力于国际特许经营体系推广的人士提供相关的研究辅助材料。

全书共分十章，其中第一章至第六章由刘常宝编写，第七章至第九章由大连艺术学院国际商务学院王娜编写，第十章由刘常宝编写，全书由刘常宝统稿。

本书在编写过程中得到李丹、刘安妮等热心人士的支持和帮助，在此表示感谢。

编　者

2013年8月

目　　录

第一章 国际特许经营综述

学习任务

通过本章的学习，主要掌握和理解：

1. 特许经营及国际特许经营的含义；
2. 国际特许经营的发展历程及各国特许经营的主要特征；
3. 国际特许经营的发展趋势；
4. 国际特许经营所面临的挑战。

特许经营是当前最先进科学的企业经营模式，尤其是商业企业在国际范围内低成本扩张的重要方式。本章从研究国际特许经营的基本来源及发展历程入手，分析的目的是明确国际特许经营的理论框架和思维方法。通过学习，学生掌握国际特许经营的基本概念和理论，为参与国际特许经营活动做好准备。

案例导入

2011 年 8 月底，麦当劳中国有限公司正式宣布启动发展式特许经营模式，与云南昆明诺仕达集团签署了中国大陆首份发展式特许经营合作协议，后者将拥有 20 年内，经营麦当劳在云南市场现有的 11 家餐厅以及开设新餐厅和保护麦当劳品牌的权利与义务。

“如果一个省份被麦当劳指定为发展式特许经营，那么这个省份所有(餐厅)的选址、经营、投资均由该省授权的运营商来决定，即区域加盟。”麦当劳中国有限公司 CEO 曾启山如此解释“发展式特许经营”这个拗口的名词。

众所周知，加盟业务是麦当劳在全球许多市场取得成功的关键因素，美国本土的麦当劳加盟店占其(全美)总餐厅数的 85%；全球范围内，加盟店占总餐厅比例超过 75%，创造了近 70% 的利润。

然而，和其全球市场特许经营的遍地开花相比，在中国市场上，麦当劳的加盟业绩不值一提。在牵手诺仕达之前，麦当劳在华仅拥有 6 家传统加盟店，不足在华门店总数的1%。事实上，麦当劳在中国的“加盟之路”可谓坎坷。

2003年，麦当劳首度在中国尝试加盟业务，并选中了天津一位投资者进行试水。然而这段“婚姻”很快便以加盟者的退出而告终，麦当劳随即收回经营权并中止了加盟业务。

3年后，麦当劳卷土重来，再次从沈阳、无锡、义乌挑选了三块试验田，最终也都无疾而终。经过两度潜伏试水，直到2010年，麦当劳才正式在其官方网站发布关于“特许经营”的公告。

在这份公告中，麦当劳关于加盟店资质的规定可谓严之又严：既要求申请者拥有不少于800万元现金，又要求申请者拥有在麦当劳一年以上的工作经验。在中国，你很难想象一位拥有800万元的人会花一年让自己接受麦当劳品牌文化的洗礼。

第一个把麦当劳引进中国并一直负责运营30年的“中国麦当劳之父”朱源和曾对麦当劳在国内谨小慎微做加盟的态度做出解释：“麦当劳的特许经营讲究的是双赢，加盟投资者要赢，我们自己也要赢。”

这种谨慎并非没有道理。中国商业市场诚信度相对较低，且法制不够健全，品牌一旦受到加盟商泄密等违规行为侵害时，存在无法维权的隐患与风险，这是国际跨国巨头们最不愿看到的局面。

然而无论如何，单纯的“直营”显然无法维持麦当劳接下来的发展。它的死对头肯德基通过特许经营已经成功将自己在中国的店面扩张到超过3 000家。对比之下，麦当劳的门店数仅有1 000余家。

为扭转局面，2011年6月，麦当劳将特许经营的价格从每店800万元下调至200万元，降幅高达75%。

随后，麦当劳很快推出了自己的“发展式特许经营”。现在，麦当劳的目标是：每天开一家新店，2013年，预计在中国市场店面突破2 000家。换言之，从门店规模上，用三年时间再造一个麦当劳。

“其实说到底，这就是区域加盟。”中国政法大学特许经营研究中心李维华研究员认为，麦当劳的发展式特许经营模式并无特别之处。他称，加盟分为单店加盟和区域加盟两大类，前者招收加盟商相对容易，但风险大、管理难；后者招收有资质的加盟商相对较难，但风险相对较小，管理也相对省心。

在凌雁管理咨询首席咨询师林岳看来，借助当地一些有实力的企业的资金和他们对当地商业模式熟悉的优势开店，然后整体输入自己的标准化管理模式和流程，自己坐收加盟费、品牌使用费，比自己开门店更省力。

“寻找区域合作伙伴的思路不仅有利于麦当劳获得政策上的一些支持，

也更有利于打开区域市场，实现快速扩张，这或将成为其在中国市场后发制人的重要砝码。”

（资料来源：http://sydc.suzhou.soufun.com/2011－11－29/6460340.htm）

第一节 特许经营与国际特许经营

特许经营不是一种独立的商业模式，只是一种生产与营销某种商品或服务的方法。经过几十年的商业运行实践，商业特许经营已经在许多国家得到推广，不论是在发展中国家还是发达国家，特许经营都已被证明是一种有效的分销商品和服务的科学方法，并对所在国经济可持续发展产生了积极的影响。

一、特许经营的概念

特许经营原是英文 Franchise 的汉译。从国内现有的文献资料看，对 Franchise 这个概念的理解和翻译有以下两种：

一是把 Franchise 翻译为特许经营或特许专卖。把特许经营组织与连锁商店、自愿连锁、消费者合作社等并列，将其视为所有权性质不同的商店。此种分法与西方市场营销学中的界定是一致的，特许经营此词也符合 Franchise 在英语中的含义。在我国绝大多数的市场营销学著作中，对 Franchise 的理解和翻译都是如此。

二是把 Franchise 翻译为特许连锁、加盟连锁等概念，把特许经营看做是连锁店的一种组织类型。这种理论认为连锁店包括三种类型，即直营连锁、自愿连锁和加盟连锁（或称特许连锁）。在西方，这几种经营形式是有严格区别的，各自的定义不同，而且在实践中各有不同的特点。

（一）国际特许经营协会定义

位于特许经营的发源地美国的国际特许经营协会（International Franchise Association，IFA）严格意义上说只是美国本土的一个协会，旗下 1 300 多个会员中 95% 都是美国国内的企业。

国际特许经营协会对特许经营的定义是：特许经营是特许人和受许人之间的契约关系，对受许人经营中的商业领域、经营诀窍和培训，特许人提供或有义务保持持续的兴趣；受许人的经营是在由特许人所有和控制下的一个共同标记、经营模式和（或）过程之下进行的，并且受许人从自己的资源中对其业务进行投资。

（二）欧洲特许经营联合会定义

欧洲特许经营联合会(European Franchise Federation,EFF)对特许经营的定义是：特许经营是一种营销产品和(或)服务和(或)技术的体系，基于在法律和财务上分离和独立的当事人——即特许人和他的单个受许人——之间紧密和持续的合作，依靠特许人授予其单个受许人权利，并附加义务，以便受许人根据特许人的概念进行经营。此项权利——经由直接或间接的财务交换——给予并迫使单个受许人商号，和(或)商标，和(或)服务标记，经营诀窍，商业和技术方法，持续体系，和其他工业和(或)知识产权，在双方一致同意而制定的书面特许合同的框架和条款之内。

该定义的基本含义包括以下几点：

(1) 特许经营是产品或服务推广销售的一种体系，是商品与服务分销渠道扩张模式，体系中的实体要素是特许人和受许人。

(2) 体系构建中的单店具有法律和财务独立的特点，就是说加盟商具有独立的法律地位，有独立的财务管理权限。

(3) 总部与单店之间是通过合同方式构成的合作关系。

(4) 合同中对双方的权利义务给予明确，标的是商号、标记、服务诀窍、管理手册等知识产权客体。

(5) 基于民法立法原则的合同是在平等、互利、等价、有偿、自愿原则基础上的契约。

所以，本质上，特许经营(Franchise)是指特许经营权拥有者以合同约定的形式，允许被特许经营者有偿使用其名称、商标、专有技术、产品及运作管理经验等从事经营活动的商业经营模式，如图1－1所示。本书主要以商业特许经营为研究对象，其中所述的特许经营特指商业特许经营。

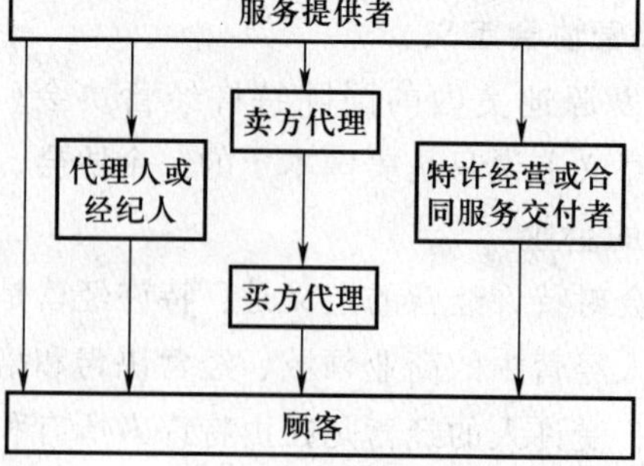

图1－1　商业特许经营模式图

二、特许经营的类型及特征

在商业领域内的特许经营不同于政府特许和工业特许，它发端于一系列的、以特殊知识产权(如商号、经营诀窍、经营手册等)为客体的商业交易过程。这一过程中所积累的方法也是商业特许经营实践所依托的管理工具，还是特许人实施体系构建的技术性因素。在商业交易过程、方法和实践中，以知识产权交易为主要扩张模式的特许经营表现出与其他经营模式(如工业特许或政府特许)不同之处。对不同商业业态形式下(如专卖店、百货店、超级市场、便利店等)的特许经营有如下共同特征：

(1) 权利所有者对商标、服务标志、独特概念、专利、商业秘密、经营诀窍的所有权。

(2) 权利所有者授权其他人使用上述权利。

(3) 在合同中包含若干调整和控制条款，以指导受许可人的经营活动。

(4) 受许可人需要支付权利使用费和(或)其他费用。

根据特许经营活动中所作用的产权客体不同以及特许经营的发展过程，可以对特许经营类型做出以下划分。

(一) 商品商标型特许经营

这是特许经营发展的第一阶段，这一阶段中，商业特许模式表现并不明显，基本是介于工业特许与商业特许之间的混合形式。在这种经营模式的特许经营中，特许人通常是一个制造商，为其品牌化的产品寻求销路，或者是一个产品部件生产商，寻求最终产品组装商，并把品牌化的产品分销给零售商。在这种模式中，特许人可能提供某种形式的商标广告、管理协助和培训，但受许人通常作为一个独立的分销商经营业务。此种模式的特许经营即特许人授权受许人拥有对特定产品或商标进行商业开发的权利，作为回报，受许人需定期向特许人支付费用。特许人仍保留对获得商标的所有权，而产品开发所获得的利益特许人仍然保留从中获益的权利，通常特许人以收益金的方式来保证利益获得的持久性，而且与该商标相连的品牌价值的任何增加都主要由特许人获得。

商品商标型的特许经营已经有很长的历史，因此也被称作“第一代特许经营”。商品商标型特许经营中，比较著名的有可口可乐、百事可乐等饮料生产商，福特汽车公司等汽车制造商以及各大石油公司等。

(二) 经营模式特许经营

商品商标型特许经营(第一代特许经营)毫无疑问是分销产品的重要手段。但是人们通常所说的特许经营往往是指经营模式特许经营(或称第二代特许经营）。

1. 经营模式特许经营的方式

这种经营模式的特许经营可分为三种方式：

（1）工作型特许经营。这种方式只需受许人投入很少的资金，通常受许人可在自己的家中开展业务。“工作型”的含义是受许人实际上为自己买了一份工作。很多只需一个人手的业务，如家政服务等，并不需要一个营业场所。

（2）业务型特许经营。这种方式需要相对较大的投资，如用于采购商品、设备和购买或租赁营业场所。因其经营规模比工作型特许经营大很多，因此受许人往往需要雇用一些员工以便进行有效的经营。这种方式的业务范围相对较广，如冲印照片、会计服务、洗衣店以及快餐(外卖)等。

（3）投资型特许经营。这种方式需要的资金金额更高。投资型受许人首要关心的是获得投资回报。旅店业可作为投资型特许经营的黄金型，许多快餐店也可被认为是投资型特许经营，因为在许多情况下，建一个快餐店的费用也相当高。

2. 经营模式特许经营的基本特征

经营模式特许经营有如下特征：

（1）一份包含业务经营所有方面内容的合同，合同中还明确规定了双方的权利和义务。

（2）受许人被允许使用特许人的商号、经营方式等在限定的区域和时间内进行业务经营。

（3）特许人提供包括经营各方面内容的全套方案，通常体现在操作手册中。受许人必须遵守方案中的相关规定，以保证所有受许人提供的商品和服务保持同一质量标准。

（4）特许人提供的经营模式需在其直营店中经过全面的测试，并被证明是成功有效的之后才能提供给受许人。

（5）在受许人开业之前，必须经特许人对其进行培训。

（6）特许人在受许人开业以后应提供持续不断的支持和协助，包括各种必要的服务以及广告和促销活动等。

（7）受许人得益于特许人的良好商誉。

（8）受许人应为特许权、特许人的培训及其他服务支付费用，包括首期特许费和后续的年金等。受许人也应为特许人安排的广告和促销活动提供资金支持。

（9）特许人可要求受许人为其业务经营投入一定数额的资金，并在日常经营中积极工作。

（10）受许人拥有其业务，在法律上与特许人相互独立，可自由处置其业务。

（三）转换型特许经营

转换型特许经营是指将已有的独立的业务项目转换成特许经营单位。这种方式对特许人的利弊表现如下：

（1）使特许人得以进入以前得不到的零售黄金地段。

（2）减少了需特许人提供的细节培训和监督工作。特许人还能享受到有经验的企业家加入特许经营体系后，能提出新颖的想法与经营新方式等所带来的好处。

（3）特许人能得到一些间接收入，因为受许人已经在经营业务，这样就可以节省在谈判、等待授权许可和开业筹备所花费的时间和资源等。

（4）特许人无须考虑对经营场所进行安排，因为受许人在其原有业务经营时就已经签署了有关经营场所的合同。

（5）特许人需要使受许人变得听话，有时候，这是个难以解决的问题。

（6）受许人的业务可能会受他以前的债务、旧的雇员、坏习惯和顾客心目中的不良印象影响。

虽然将现有业务转换成特许业务，所需的各种费用较少，但特许人仍需仔细评估目标受许人的能力及其参加特许组织的积极性。

（四）分支特许经营

很多时候，成熟的公司将其所拥有的分支店转为独立所有的特许经营单位，能带来更多的利润和更快的业务增长速度。传统的公司扩展方式是增加公司拥有的分支店的数量，这需要花费大量的资金用于地点选择、装修、存货和经营管理等。虽然公司扩展本身能提供潜在的收益，但它同时也增加了经营风险。

分支特许经营使得公司可从销售分支店业务中收回投资成本，还能继续以年金和服务收费的形式获得利润。分支店的任何改动和装修所需资金以及其流动资金都由受许人自己提供，这就减少了特许人的成本负担。同样，分支店雇用和监督雇员的权力和责任也都是受许人的。因此，公司就可以不受其资本和管理资源的限制开设更多的分支店。

而且，分支店的经理拥有店面所有权以后，其工作会更积极、更有效率，分支店也能实现更高的销售额，并可在经营区域建立更好的顾客关系。

三、国际特许经营的定义

特许经营的概念最早发源于政府将自己的某些专属权利，授予私人或商家使用，本质上是一种政府的行政许可，称为“政府特许经营”。后来这种概念被商家所借用，一些商家将他们的某些专属权利，授予其他私人或商家使用，并从中获利，从而形成了“商业特许经营”，授权的一方就称为特许人(franchisor)，被授权的一方则称为受许人或加盟商(franchisee)。而国际特许经营是由国际贸易中的知识产权贸易发展而来的，它是许可证贸易的一种变体，许可证贸易是技术许可方将其交易标的的使用权通过许可证协议或合同转让给技术接受方的一种交易行为，又称“许可贸易”。许可证的标的，通常是“软技术”，可以是专利、设计、工业模型、商标及版权，也可以是专有技术诀窍，在交易客体上与目前的商业特许有相似之处，只是在知识产权的外延与交易的主体及范围上有所差异。国际特许权转让方将整个经营系统或服务系统转让给独立的经营者，后者则支付一定金额的特许费(Franchise fee)。

国际特许经营是国际特许经营实体之间的一种双边协议或许可与被许可关系。受许人有权使用特许人的商标和运营模式等，在某一特定的区域从事特定商品或服务的经营活动；为了获得这种权利，受许人有义务向特许人支付加盟金和特许权使用费。从更加宽泛的角度看，特许经营可以看做是市场主体获取利益的经营机会，即一种服务或一种使用特定商标的产品的所有者(厂商或分销商)将当地分销或销售专有权赋予某一个人，该人要向所有者支付各项费用或专利权使用费。其中赋予他人权利的个人或经营企业称为特许人；被赋予经营权并根据选择的方法生产或销售产品或服务的个人或企业称为受许人。而特许经营企业跨越国界的特许经营活动被称为国际特许经营。

阅读资料

我国法律、法规规定，特许经营产品和服务须经批准方可开展，如我国入世承诺中未完全放开的领域，如汽车、书报杂志音像制品、药品、农药、农膜、原油、成品油、化肥、粮食、植物油、食糖、烟草、棉花等商品，对外商进入设有一定限制。如，根据我国入世时列出的《服务贸易具体承诺减让表第 2 条最惠国豁免清单》，在零售服务中明确排除烟草类，并且将允许外国服务提供者从事除下列产品外的所有产品的零售，加入后

1年内允许从事图书、报纸和杂志的零售，加入后3年内，允许从事药品、农药、农膜和成品油的零售；加入后5年内，允许从事化肥的零售。中国加入后3年内，取消限制，但下列产品除外：超过30家分店、销售来自多个供应商的不同种类和品牌商品的连锁店。对于此类超过30家分店的连锁店，如这些连锁店销售任何下列产品之一，则不允许外资拥有多数股权：汽车(限期为加入后5年,届时股比限制将取消)，及以上所列产品和《中国加入WTO协定书》附件2A中所列产品。外国连锁店经营者将有权选择根据中国法律和法规在中国合法设立的任何合资伙伴。二是部分设置前置性行政审批的行业，如培训、婚介、保健、医疗美容等。在进驻我国之前应办理相关审批手续。

四、国际特许经营的历史

国际特许经营从理论到实践，在西方特有的政治制度和经济体制下不断完善发展，许多国外的特许经营企业在市场扩张时将触角伸向境外，在国际范围内开展特许经营业务，由此就产生了国际特许经营实体如何面对新的生存环境，有效地在东道国开展特许经营业务的问题。国际特许经营理论及实践就日益成为业内关注的对象。

特许经营对我国而言本身就是舶来品，基本具有国际特许经营的实质要件，通过国际特许经营在全球范围内的发展阶段也可以考察中国特许经营的历史及现状。国际特许经营实践经历了以下几个发展阶段。

（一）国际特许经营发展的萌芽阶段

国际特许经营发展的萌芽阶段是19世纪40年代至20世纪初。商业领域的特许经营开始于19世纪40年代，当时欧洲的一些主要啤酒制造商将销售啤酒的专卖权授予一些小酒店。而这些小酒店分布范围广，加之欧洲地域特点，采取特许经营方式客观上促进了国际特许经营的出现。

1851年，胜家(Singer)缝纫机公司为了扩展其缝纫机业务，开始授予缝纫机的经销权，在全美各地设置加盟店。胜家撰写了第一份标准的特许经营合同书，在商业界被公认是现代意义上的商业特许经营起源。

（二）国际特许经营发展的第一阶段

国际特许经营发展的第一阶段是20世纪初至20世纪30年代；在这一期间伴随着现代大工业，特别是汽车业和石油业的迅猛发展，在西方国家出现了许多以特许授权方式建立起来的大规模产品销售网络。这个阶段，产品商标的使用权和产品的销售权是特许授权的主要内容，我们称此类特许经营为商标—产品特许(brand - product franchise)。

20世纪初，特别是第一次世界大战之后，美国的大型产业，如以福特为代表的汽车制造商和以德士古(Texaco)为代表的石油公司，分别以授予汽车分销权和加油站经营权的方式建立起大规模的营销网络。与此同时，可口可乐也通过将产品的生产和分销权授予2 000多个灌装厂的方式在世界范围内迅速扩张市场。

这一时期的国际特许经营主要集中在商品流通领域，其特点是在国际范围内以产品的分销权、产品商标的使用权作为特许经营授权的主要内容。被授权的加盟商除了销售产品外，还负责向客户提供售前和售后服务，并且被禁止销售竞争者的产品。这一特点被归纳为产品 - 商标特许(product - trademark franchise)或产品分销特许(product distribution franchise)。它折射出这一时期社会化大生产对于社会化大分销的要求。当时众多的产品制造商一方面缺少建立产品零售专卖店的资金，同时，又需要产品尽快销售出去收回资金投入再生产，于是借助于经销商的资金来建立自己的分销网络，国际特许经营客观上满足了这方面的要求。

(三) 国际特许经营发展的第二阶段

国际特许经营发展的第二阶段是20世纪40年代至70年代。

20世纪40年代至70年代，国际特许经营进入了一个全面发展的时期，并且在众多的行业开展。在这一期间以麦当劳等为代表的西式快餐业特许经营在全球兴起，特许经营授权的内容除了商标的使用权、产品和服务的销售权以外，更增加特许人商号的使用权、单店经营模式的使用权、单店管理体系的使用权、单店VIS使用权等内容，并允许加盟商完全以特许人的形象在市场上出现。特许人在对加盟商提供更多培训和支持的同时，也大大加强了对加盟商的管理和控制，实行六个统一，即特许经营单店的统一CIS、统一管理、统一广告促销、统一配送、统一价格以及统一商品和服务标准，从而确保了特许人品牌的市场竞争力和快速的拓展。这种类型的特许经营被称之为“经营模式特许”。其主要表现如下：

(1) 以麦当劳、肯德基、当肯(Dunkin)等为代表的快餐业特许经营和以假日酒店(Holiday Inn)，Travelodge等为代表的酒店业特许经营开始兴起，紧随其后的还有商务清洗业的Jani—King等，从此极大地推动了特许经营进入消费及商务服务领域，众多知名品牌的特许经营企业在国外以直营或加盟形式拓展市场，赢得高额利润。

(2) 第二次世界大战之后，在美国有大量的士兵退伍，由于战争使他们失去上学或工作机会，因而就业成为难题，于是美国政府推出一项退伍兵特许经营发展计划，帮助退伍军人利用手中的转业费开始加盟创业，从而也大大推进了美国特许经营的发展。

(3) 1960年，国际特许经营协会在美国成立，特许经营作为一股新兴的商业发展力量，正式登上了社会经济的舞台。在组织架构设计方面，国际特许经营协会提出很多具有建设性的指导意见，对特许经营模式在国际范围内发展起到巨大推动作用。

(4) 1979年，美国联邦贸易委员会（Federal Trade Commission, FTC）颁布了FTC规则（FTC Rule），对特许经营正式立法。FTC规则主要在于保护加盟投资人的利益不受侵犯，防止特许经营诈骗。从这个意义上讲，FTC规则的颁布实际上标志着特许经营正式作为一种投资方式被美国社会所接受。

(5) 在这一时期美国许多大学开设了特许经营课程，甚至开办了特许经营学院，特许经营开始形成一门新兴的学科。

这一时期以美国为代表的特许经营模式的特点是：

(1) 特许经营授权的内容除了产品和服务的经销权、商标的使用权以外，更增加了单店经营模式和运营管理体系的使用权。特许经营体系设计逐步具有一定科学性，为国际特许经营业务扩张提供组织保障。

(2) 特许人在对加盟商提供更多培训的同时，大大加强了对东道国加盟商的管理和控制，实行统一管理，从而保证特许人品牌的核心竞争力。

（四）国际特许经营发展的第三阶段

国际特许经营发展的第三阶段是20世纪80年代至90年代末。

从20世纪80年代开始，由于计算机网络通信技术在商业上的广泛应用以及现代化大规模物流配送的出现，全球物流供应链的形成，为国际特许经营的有效开展提供物质保障，特许经营模式在全球范围内进入了一个迅猛发展的时期。

在这一时期，高新技术如条形码、POS机、数据库、ERP、EOS、CRM系统等在商业上的广泛应用，使以7-ELEVEn为代表的便利店在全球范围内迅速扩展。

在这一期间，“经营模式特许”发展到了极致，渗透到社会商业和服务业的方方面面，在全球范围内，至少有75个不同的行业采用了特许经营的商业模式，超过1.5万家企业在全世界范围内开展特许经营，超过120多万个加盟店在进行实际运作。在美国，商业零售总额的将近60%是由特许经营加盟店实现的。在新加坡，特许经营更被政府确定为社会经济发展的国策。

在这个阶段，国际企业巨头不再局限于自有资本的规模，而将其成熟的品牌产品、管理模式、技术手段、文化理念和服务体系以特许经营合同的形式进行输出，迅速地在全球范围内把不同的投资主体凝聚在一起，形成一个统一经营的外在形象，大规模地进行海外市场的“强行进入”，成为绕过进入国投资领域限制，规避投资风险，扩大国际贸易的有效手段，产生了简单资合性企业集团难以望其项背的规模效益，引发了一次新的“全球性商业革命”。大量的国际资本以特许经营的形式在国际范围内流动，一方面促成知识经济的迅猛发展，另一方面，加快了在全球范围内配置无形资产的速度，为构建全球产业价值链提供了有利支持。

（五）国际特许经营发展的第四阶段

国际特许经营发展的第四阶段：20 世纪 90 年代末至今。

这一阶段的特点，可以用一句话高度概括：借助信息技术和网络技术，国际特许经营以空前的速度、规模以及强大的市场渗透力向前推进，发展成为全球化经济中的一股创造性的重要力量，国际特许经营已经真正成为具有强势竞争力的商业运作模式。

在这一期间，特许经营也第一次跨出一般的商业领域，进入到非营利性组织的市场化运作当中，奥运会特许经营项目就是最典型的案例。奥运会特许经营是指奥组委授权合格企业生产或销售带有奥运会标志、吉祥物和奥委会商用标志等奥林匹克知识产权的产品。奥运会特许计划旨在推广奥林匹克理念和奥运品牌，为公众提供接触奥运的机会，激发奥运热情。同时，被授权的企业要向国家奥组委交纳一定的特许权使用费，对奥运会做出贡献。作为北京奥运会市场开发计划的三大组成部分之一，特许经营计划于 2004 年 8 月开始试行，2005 年 11 月正式启动，并开始公开征集特许企业。由于北京奥组委审批严格，加上社会各界对该计划兴趣浓厚，使得入围门槛很高，特许企业大多具有较强实力或独特优势。参与的特许生产商有 59 家，特许零售商 73 家，在全国大多数省市的重点城市开设的特许零售店近 600 家。奥运会期间特许商品单品种类超过 4 000 种。

日本 1973 年引进第一家 7—ELEVEn，到 1998 年底全国已发展到 7 000 家，并将发展的触角伸向国外，先后在东南亚地区发展加盟店。2010 年，7—ELEVEn 三万多家店铺遍布世界 18 个国家和地区，全世界每天有超过 2 000 万人次的顾客，接受着 7—ELEVEn 提供的服务。7—ELEVEn 店内除销售各种日常生活用品如饮品、面包、零食、杂志之外，还有各式特色商品：新鲜饭团、温香好炖、清爽沙拉、美味甜点、营养套餐等。

屈臣氏创立于1828年，原本只是广州的一个小药房。通过10多年的发展，于1841年将业务拓展到香港。通过李氏团队出神入化的经营，使屈臣氏成长为全球首屈一指的个人护理用品、美容、护肤商业业态的巨擘。发展至今屈臣氏在全球门店数已超5 000家，销售额逾百亿港元，业务遍及亚、欧等40多个国家和地区，业务遍及全球36个市场。

同时，特许经营模式在国际范围内与BOT、SCM、EDI等模式相互整合，形成跨领域、跨行业、跨区域的现代经营模式，在国际范围内，商业领域内竞争方式发生巨大逆转，供应链之间的竞争、特许经营体系之间的竞争成为主流竞争模式。特许经营模式的内涵在逐渐缩减，而其外延却在逐渐扩大。国际区域性的利益集团也正在利用特许经营模式获取巨额的商业利益。

五、国际特许发展的外在动因

随着许多特许人走向国外，特许经营已日益成为一种国际性的活动。其中，有两个理由促使特许人致力于涉足国际市场。一是由于企业在本国市场上缺乏扩展机会，或者特许人对能得到的营业地区和主要市场失去耐性，使得他们决定进军外国市场；二是特许人被外国市场日益增长的机会和需求所吸引，在掌握国外市场的大量法律、经济、文化等信息基础上，在目标市场开展特许经营业务。

国际特许经营不仅是进一步扩张企业规模的主要途径，也是国际商业发展的一个新的经济增长点。在全球范围内，国际特许经营已渗透到各个行业。其发展的动因成为特许经营的内在驱动力。产生的动因主要体现在：

（一）激烈竞争的压力

当前，国际上，特许企业的联合兼并活动前所未有的活跃，激烈的竞争是诱发购并的主要动因。企业期望通过兼并获得更大的市场份额，更大限度配置资源，节约采购、物流和管理成本，使体系的运转更有效率，对加盟者的支持更有力度。同时技术的进步也使超大型企业的高效管理成为可能。如希尔顿饭店连锁集团与汉普顿集团宣布合并，合并后希尔顿—汉普顿公司拥有1 700个中高档饭店和希尔顿饭店、大使馆饭店、汉普顿饭店等六个特许连锁分号。麦当劳公司也加快了兼并的步伐，在短短一年多的时间里，先后收购了Chipotle墨西哥风味烤肉特许连锁店、伦敦的阿罗玛咖啡连锁店、Donatos比萨连锁店和波士顿炸鸡公司。

（二）品牌组合战略的实施

品牌嫁接活动已开始在特许经营领域普遍出现，合作双方的品牌吸引力和营销活动给双方带来了更多的商机，不断上扬的地价也是促使品牌嫁接的重要原因。加油站是品牌嫁接的先行者，澳大利亚最大的特许运营商 Coles 与澳大利亚美孚石油公司联手，在美孚加油站旁边开设了“快鲜超市”。当汽车加油时，司机们可以在旁边的快鲜超市买到速食品、水果、蔬菜、面包，还可以品尝咖啡。

（三）信息技术使企业寻求更大的利润成为现实

特许品牌在发展地面的联合扩张的同时也向电子商务领域寻求新的联合。如今，通过使用国际互联网、局域网和网上采购等新技术，特许者拥有了更经济的手段加速体系的扩张。目前，大部分国际特许企业建立了自己的网站，其主要动因是招募加盟者。很多加盟者也自己开办网站以吸引当地的消费者，但他们必须遵守总部统一的企业形象宣传。除了服务顾客，很多特许企业开始发起网上批量采购活动，让加盟者订购设备、货品，供应商直接向加盟店供应，并获得更优惠的价格。

第二节　国际特许经营的现状

根据国际特许经营协会（IFA）提供的数据，到 21 世纪初在全球范围内超过 120 万个加盟店在进行实际运作；至少有 75 种不同的行业采用了特许经营的商业模式，其中最热门的 10 大行业是：快餐业、零售业、服务业、汽车服务业、餐馆、修理业、楼房和建筑施工、食品零售、商务服务、房屋出租等；至少有 50 个国家和地区有特许经营协会或商会；国际性的特许经营品牌遍布世界各个角落；特许经营的书籍，仅 IFA 提供的书目就达 70 多种；全球性的特许经营展览会，提供了有效的信息沟通渠道。所以，特许经营模式目前已成为国际性经济现象，结合不同的国内和国外业务特点，各国特许经营业态发展十分迅猛。目前，超过 1 000 个特许经营加盟商的国家大约有 20 个，大约有 15 个国家和地区有超过 200 个特许经营授权商在本国境内运作。

一、国际特许经营模式

国际特许经营在实践中表现出多种模式，这些模式可总结为下面典型的五种类型：

（一）境外服务业的特许经营

国际特许经营最早发展于服务业，主要包括酒店业和连锁快餐业。许多国家欢迎国外特许经营商进入本国酒店业，因为发展酒店业的目的主要是为了吸引外国游客，为发展经济营造良好的外部环境，著名的特许酒店如万豪、希尔顿等都落户在不同国家。同时对如麦当劳、汉堡王、肯德基等快餐店的加盟也给予支持。

（二）本土服务业的特许经营

随着国外特许经营业者的进入，本土的商业团体和政府逐渐发现了这些新业务中存在着巨大的潜在利润。借助于特许经营模式的引进，对国外先进的管理手段和操作技术也逐渐掌握，使本土的特许经营体系得到极大的激励和高速的发展。同时各国对类似麦当劳、汉堡王、肯德基等快餐店的加盟也在政策上给予支持，引进不同品牌的特许经营体系进入本国服务业，以此促进本土市场的竞争，提升本土服务业的运营质量和国际竞争力。如在南美洲，Bob's Ham burgers 是巴西最大的快餐汉堡包供应商，规模超过麦当劳，它得到巴西国民青睐的原因，就是拥有与麦当劳一样地道的口味和优雅的环境。这是特许经营标准化、系统化思想被本土经营者所掌握的基本体现，也是国际特许经营的精髓所在。

（三）外国零售业、商业服务和其他特许经营

一个国家引进特许经营后，许多当地商人将寻找更多商业利润的特许经营方式加以引进。除了快餐店，零售业和服务业的特许经营也已逐步融入到当地商会。在引进中，特别注重与当地的服务业态进行组合，构建新的商业运行模式。

（四）国内零售业的特许经营

东道国商人开始发展国内的特许经营，在国内扩展业务。同时，各国的特许经营企业也进入了全面扩展时期，东道国商业企业与外国的竞争日趋激烈，而且他们通常会选择最好的产品——通过当地的实力产品或服务来与公司或个人合作，还在熟悉相关的外国法律法规甚至文化宗教等基础上，建立具有核心竞争力的特许经营体系，如中国的全聚德的分店遍布其他国家，在经营上获得成功。

（五）出口本国的特许经营

Fast Frame Inc. 和 The Body Shop 是从英国引进到美国的，是获得巨大成功的特许经营模式。把国内的特许经营出口到国外，是发展特许经营的最后一步，很多特许经营企业一旦在国内获得成功，就有能力考虑向国外扩展。目前，出口商业模式成为许多国家在国际范围内开展新一轮竞争的战略重点。

二、国际特许经营策略

国际特许经营在战略上体现出经济全球化、区域经济一体化的趋势。同时，各国的经营者们都在实际运作中充分考虑自身的优势与劣势，灵活地使用不同的策略来为经营发展服务。归纳起来主要有以下五种策略：

（一）直接特许策略

直接特许是特许人直接授权加盟商自行开设一个或多个门店。直接特许是在我国法律中最早被确定的两种特许经营形式之一。2004 年颁布的《商业特许经营管理办法》中对直接特许的定义是："（特许者）将特许经营权直接授予被特许人，被特许人投资设立特许经营网点，开展经营活动，但不得再次转授特许经营权。"

直接特许是特许人在国内进行扩张时经常使用的策略，一些特许人在向国外扩张的时候，也选择了这个策略。

1. 实施直接特许策略的原因

特许人在向国外扩张时选择此策略的原因主要是：

（1）业务规模。特许人拟在国外发展的业务规模相对较小，也就是说当特许人试图在特定地区或国家开设的门店的数量较少的时候，直接特许策略较实用。

（2）特许经营体系。如果特许经营体系自身的结构不复杂，特许人可以通过总部向海外的加盟商直接提供及时的服务和有效的监督，加盟商和他的员工也可以在特许人所在的国家接受有效的培训。

（3）地域、文化关系。如加盟商所在的国家在地理上靠近特许人所在的国家，交流比较容易；或者加盟商和特许人所在的国家或地区在语言、文化、习俗、法律和商业习惯等方面比较相似。

（4）其他因素。如特许人由于法律的障碍无法或是难以在海外设立子公司或合资企业；或基于税务上的考虑，等等。

2. 直接特许策略的优点

直接特许由于在组织结构上简单明晰，管理成本较低，所以具有诸多优点，主要包括以下四点：①由于特许人不必在海外设立办公机构及配备人员，所以资本负担相对较低。②由于特许人和加盟商之间没有第三人，特许人对特许体系有更完全的控制。特许人可以通过收取加盟费及各项费用获得更大的利润，而不需要像开展区域总特许或合资企业一样同其他合作伙伴分享利润。③直接特许使特许人可以更快地进入国外市场。④直接特许可以回避直接投资或设立合资企业可能面临的法律上的障碍。

3. 直接特许的主要缺点

虽然直接特许有着诸多的优点，但是由于在复杂外界环境下，直接特许经营也面临许多约束性因素。

（1）受到海外复杂情况的制约，扩张速度有限。直接特许虽然给特许人提供了一条快速进入国外市场的通道，但是，在当地的政策法律制约下，一定程度限制了特许体系在境外的发展。由于特许人需要直接在国外选择加盟商，而特许人对国外市场的情况难以有充分的了解，对于特许人来说可供选择的加盟商可能很少，而每个加盟商通常只能开一个店面，即使采用多店模式，单个加盟商能拥有的店面数通常也很有限。

（2）采用直接特许模式，特许人不仅直接向加盟商授权，也需要直接提供服务和支持，并进行监督和管理。虽然采用直接特许策略的特许人对特许体系在国外有更好的控制，但由于地理上的距离和文化上的差异，特许人也许会发现提供服务和支持很困难，进行监督和管理则更困难，从而导致特许人不能很好地控制自己体系的标准化推行和特许商标的使用。

（3）直接特许可以让特许人更快地进入国外市场，但是，某些国家对直接特许经营制定了相关的法律法规，可能形成对国外扩张的限制。

（二）直接投资策略

直接投资是特许人在海外设立子公司或分公司，由子公司或分公司代替特许人在特定区域进行特许经营。为了更好地控制特许体系，很多特许人在实施国际特许经营时选择了直接投资。2004 年颁布实施的《外商投资商业领域管理办法》第三条规定，外国公司、企业和其他经济组织或者个人必须通过在中国境内设立的外商投资企业从事特许经营活动。该办法中所指的外商投资商业企业包括直接投资设立的外商独资企业或通过合资、合作设立的中外合资经营企业或中外合作经营企业。

1. 实施直接投资策略的原因

特许经营直接投资是特定国际经营环境下的产物，有其内在的原因。

（1）直接投资的适用性比较强。直接投资适用于和直接特许相似的许多情况，因为特许人并没有在他和加盟商之间设立第三方。如果特许企业在海外设立子公司，虽然特许人与海外的子公司从技术上来说是不同的法人，但是由于特许人对子公司有着完全的控制，所以说子公司和加盟商签订的特许合同是受特许人控制的，可以说与特许人直接和加盟商签订合同并没有不同。

（2）可以实现特许核心资源的全球配置。当特许人有良好的资金来源和足够的管理人员时，可以用来在海外设立子公司或分公司，并能在当地有效地监督特许体系的运营和商标的使用。通过直接投资可以使特许人的战略决策得以彻底的实施，在总部系统控制下的资源配置更为有效。

2. 直接投资的优点

直接投资的优势是非常明显的，主要包括以下几点：

（1）特许人可以在东道国雇用懂得当地市场、法律和文化的工作人员，可以根据当地的情况更好地选择加盟商和调整自己的体系；

（2）特许人在东道国既可以自己设立门店，也可以特许，更快地占有更大的市场份额；

（3）特许人对自己的商标和知识产权有更好的控制；

（4）特许人对加盟商的培训、管理和监督由于通过当地的子公司或分公司进行，可以更直接和更有效率。

3. 直接投资的缺点

直接投资的缺点包括：设立子公司或分公司会产生相对高的费用；如果设立分公司开展特许，特许人将直接承担由于分公司的经营所带来的责任和风险，包括可能需要直接参与各类纠纷引起的诉讼。

（三）区域特许策略

区域特许是特许人和区域总加盟商签订特许合同，授权区域总加盟商（也同时是下一级加盟的次特许人或称分特许人 Sub - franchisor）去设立一个或多个门店并向下一级加盟商进行特许。区域特许是一种应用极为广泛的跨国扩张模式，也是我国法律最早定义的两种特许经营模式之一。

我国 2004 年颁布的《商业特许经营管理办法》第四条对区域特许的定义为：（特许人可以）将一定区域内的独家特许经营权授予被特许人，该被特许人可以将特许经营权再授予其他申请人，也可以在该地区设立自己的特许经营网点。在美国，50% 的企业使用区域特许的方式向海外扩张，而 34% 的澳大利亚企业使用区域特许向海外扩张。

1. 实施区域特许经营策略的原因

区域特许被广泛使用，是因为它适用的情况有着普遍性。

（1）当特许人没有足够的资金注入国外市场，去设立办公机构，进行培训，或雇用当地工作人员进行市场调查的时候；或自己在国外建立本土特许经营总部构架的特许体系，并寻找合适的当地供应商，监督和管理特许经营体系运营有困难的时候，特许人可考虑使用区域特许。

（2）当特许人没有比授权第三方来设立和管理特许经营体系更好的方式的时候；或当特许人没有优秀的管理人才，在海外设立和管理特许体系；如特许经营总部和海外市场的距离十分遥远，对特许人的工作人员来说在两地间旅行很困难或费用太高；或由于语言、文化、习俗、法律制度和商业操作的不同，特许人认为依赖一个在当地更有经验的合作伙伴去建立特许体系更为合适。

2. 区域特许策略的特点

（1）优点。区域特许的广泛使用也是因为它自身所具有的优点是很多特许人所需要的。它的主要优点包括：

① 最大限度地减少了特许人的资金投入。由于特许人可以完全利用总部的人员和设施，不需要在国外设立办公机构和招募人员，所以需要投入的成本很低；

② 由于区域总加盟商承担了大部分风险，对于特许人来说风险相对较低；

③ 区域总加盟商和下一级加盟商签订合同，避免了特许人被直接涉及法律诉讼中去；

④ 由于区域加盟商对当地法律、市场、文化非常熟悉，有利于特许体系在该区域的发展。

（2）缺点。世界上没有完美的商业模式，区域特许在广泛的适用性和众多的优点之外，也有一些缺点：

① 特许人对特许经营系统商标使用的控制相对困难，因为特许人需要授权给区域总加盟商去监督、控制该系统的商标在该区域的使用情况；

② 当出现不合格的区域总加盟商的时候，终止区域特许合同非常困难。因为该区域总加盟商可能已经在该区域发展了相当多的门店和下一级加盟商，建立了一定的网络；

③ 区域特许策略会减少特许人的利润，因为区域总加盟商通常在区域特许的区域提供各项相关服务，获取相应利润；

④ 如果区域总加盟商是门店的承租人或所有者，特许人将很难终止特许经营合同；

⑤ 一个区域总加盟商的失败可能会导致特许人的特许经营体系在这个地区或国家的失败。

（四）合资协议策略

特许人可以通过与海外的合作伙伴签订合资及合作协议设立合资合作公司，然后通过和合资公司签订区域开发合同、区域总特许合同，来授权合资公司在该国家或地区通过自己开店和(或)特许的方式发展特许业务。

1. 实施合资协议策略的原因

(1) 一般认为，适于设立合资合作企业的情形和区域总特许及区域开发协议有某种类似。当特许人希望能通过合适的区域总代理商或区域开发商去发展国外业务，但是特许人又找不到拥有足够的资金的区域总代理商或区域开发商去建立和发展特许体系。在此情形下，特许人可采用合资或合作的方式，自己投入一定的资金，在推动海外市场中扮演一定的角色。

(2) 当特许人希望进入某些国家或地区的市场，如南美和东欧，依照当地的法律和政策，合资企业是唯一现实的选择。改革开放初期的中国市场也属于这种情况，所以很多早期进入中国的特许企业都选择了合资公司的形式。

(3) 特许人希望能够在国外市场保留一定的份额，同时又控制风险。

(4) 特许人希望能够借助合作方的资源和技能，包括合作方的资金、知识以及在该国家或地区从事商业运作的能力。

2. 合资协议策略的优点

合资策略主要有如下优点：

(1) 当地的合作伙伴由于对当地的法律、市场、文化非常熟悉，为特许企业在该地区的成功着陆提供了保障。

(2) 在某些情况下，合资企业享有税务和其他方面的优惠。

(3) 特许人对自己的特许体系和商标使用有着较好的控制。

(4) 特许人可以和当地的合作伙伴一起分担资金上的负担和风险。

(5) 特许人可以通过合资企业避免直接的法律诉讼。

目前，按照中国法律，特许经营合资合作企业有两种形式：一种是中外合资经营企业，一种是中外合作经营企业。

3. 合资协议策略的缺点

通过合资合作形式进入海外市场的主要缺点有：

(1) 合资伙伴选择困难。在海外找到合适的合作伙伴，并就合资合作事宜达成一致，这本身就具有相当难度。

(2) 特许企业需要考虑的问题更加复杂。通常，在选择国际扩张策略乃至国内发展策略的时候，特许企业主要考虑的问题包括：总部对特许经营体系以及商标使用和知识产权的控制程度、成本预期和利润空间、特许体系发展和市场占有的速度以及合同解除的相关问题和诉讼的避免。

(五) 区域开发协议策略

区域开发协议是特许人和当地的开发商签订开发协议，由开发商在特定区域开设并拥有多个门店。区域开发协议和区域总特许的区别在于：区域开发协议中的开发商不得向他人特许，而是就每一个门店和特许人签订协议，拥有并经营该门店。

1. 实施区域开发协议策略的原因

区域开发协议适用的情况主要有以下几种：

（1）特许人通过直接特许或设立子公司、分公司形式进入国外市场时都可以使用区域开发协议。是直接特许还是设立子公司，取决于特许人计划签订的区域开发协议的数量。如果特许人只想在该区域让一个开发商去发展整个区域，特许人就不需要在该国家或地区设立子公司或分公司。相反，如果特许人计划签订多份区域开发协议，每份协议只涵盖少量的门店，则它需要在该国设立办公机构。

（2）特许人可以通过适当方式限制加盟商的数量，以保护先期进入特许经营体系的加盟商，它可以通过在该国授权一个或多个开发商去拥有和设立多个门店，这样特许人可以保持对特许体系的直接控制。

2. 区域开发协议策略的优点

（1）特许人可以依靠开发商的资金和人力资源等在目标国或地区设立和发展特许体系。

（2）与前几种策略相比较，区域开发协议的运营成本更低，因为特许人对受许人的培训投入少，可以实现特许经营的低成本扩张，使发展加盟商相对容易。

（3）在特许经营加盟金、保证金、营业收入的基础上，会增加特许人其他项目收费。通常，特许人除了从每个门店收取特许费（加盟金、保证金）以外，还可以依照区域开发协议收取开发费，所以可能获取更大的利益。

（4）采用区域开发协议还具有采用直接特许或子公司形式所能具备的优点。

3. 区域开发协议策略的缺点

虽然，区域开发协议有着上述优点，在实践中的使用尤其是在中国市场的使用却相对较少，这是由它的缺点造成的。区域开发协议的主要缺点包括：

（1）一个开发商的失败将影响它所拥有的所有门店。

（2）拥有多个门店的开发商可能比一般的加盟商更难应付，管理难度增大，如果处理不好，可能造成喧宾夺主，客大欺店的后果。

（3）由于开发商必须拥有所有的门店，所以它必须有足够的资本和人力资源。在市场规模很大的情况下，依靠一个或几个开发商去开设所有的店，这通常很难。

（4）由于门店的经理是由开发商雇用，而不是门店真正的所有人，所以通常没有在直接特许中真正拥有门店的加盟商对自己门店的热爱和敬业精神，而这种精神也是推动特许经营体系发展的一个重要因素。

(5) 由于特许人要和开发商就每个门店签订特许合同，所以特许人直接和开发商建立了一个合同关系。当有纠纷发生时，特许人可能直接参与法律诉讼，而区域总特许则很好地回避了直接的法律诉讼。

(6) 当一个国家或地区有多个开发商时，特许人需要承担设立广告基金和协调的工作。同样，特许人还要在选择供应商方面承担责任，以保证特许体系的标准化和统一性。

区域开发协议是特许人和当地的发展商签订的开发协议，由发展商在特定区域开设并拥有多个门店，发展商在当地以分特许经营者身份开展经营活动。分特许经营者可以以特许人的身份转授予直接从事特许经营的分受许人，形成又主特许人、分特许人、分受许人三方以区域开发协议形式构成两个合同、三层特许关系的授权体系。

阅读资料

分区特许经营是指特许人在特定区域内将特许权独占授予分特许人，再由分特许人转授予直接从事经营的分受许人。分区特许经营是分区域开展特许经营的方式，涉及主特许人、分特许人、分受许人三方当事人。主特许人把自己的产品、商标、商号等的使用权出售给某个区域的分特许人，并允许其在该区域内代表主特许人向该区域内的分受许人授予特许权，分特许人既是主特许人的特许权的有权使用者，又具体负责一定区域内的特许权的授予。因此，在分特许经营中，就会存在两份不同的特许经营合同，一是主特许人与分特许人签订的《区域总特许经营合同》，二是分特许人与分受许人签订的《区域分特许经营合同》。分区特许经营扩张速度较快，在国际特许经营中较为常见。

三、国际特许经营的经营策略分析

国际特许经营策略具有很强的操作性，在实践中也表现出不同的特点。上述五种国际特许经营策略都有自己的优劣之处。应在具体的特许经营国际推广实践中结合本身的特点有针对性的实施。

(1) 从对特许经营体系以及商标使用和知识产权的控制来考虑，直接特许、直接投资和设立合资企业相对较好。而从投资成本来考虑，直接特许、区域总特许和区域开发协议对特许人资金的要求相对较少。从获取最大利润来讲，直接特许和直接投资由于不需要和第三方分享利润，可以实现利润的最大化。但在很多情况下，直接特许却是最不利于特许体系迅速发展和占有市场的。同时，由于特许人所处的行业不同，特许体系各自的特点以及东道国或地区的经济、文化和法律各不相同，特许人在向国际扩张的时候所面临的问题不同，各有侧重，所以选择的方式也不同。

（2）在合资策略中，由于合资双方对公司的权利的对等性，可能会导致公司在双方经营理念不一致时，难以操作。决策出现相互矛盾，不利于及时反映市场变化，调整经营方针方向。特别是文化差异较大的合资双方对某些经营观念上的理解和实施会产生偏差，导致特许经营企业在市场拓展和利润获取方面的损失。

（3）合资双方决定合作的理由可能各不相同，所以，从一开始就存在着矛盾。由于对企业经营目标的理解上东西方企业有较大的出入，如日本企业注重服务水平的提升，而美国企业则更加关注企业的利润指标的完成。

（4）由于特许人在合资企业中属于外商，所以可能经常处于劣势。对东道国宏观环境的了解不足，导致在决策方面缺乏客观性和针对性。

第三节　国际特许经营模式创新

国际特许经营模式随着国际经济环境的变换其表现形式也在发生变化。尤其是在全球金融危机的背景下，国际特许经营在商业领域里的价值更引起人们的重视。当前，国际范围内特许经营在快餐业、旅馆业、零售业、服务业(包括教育、医疗、社会中介等)为主体的经营模式是现代特许经营的主流模式。沃尔玛的成功使人们改变了以往特许商业模式价值空间局限的观念。特许经营行业虽然在总体规模上无法和汽车、石油、金融等行业相提并论，但依靠特许经营特有的知识产权优势，依然有众多特许企业跻身世界500强的行列。同时，在特许经营领域里，竞争的激烈程度与方式也发生变化，兼并开始出现在特许经营领域，如百胜并购小肥羊，埃克森美孚式的兼并已成事实。

从肯德基于20世纪80年代进入中国市场以来，国际特许经营在国内的发展给我国特许经营模式的建设与创新提供了坚实的基础，目前我国国内各类总特许经营体系超过600个，更多的商业企业也正在考虑采用特许经营模式在国内外开展业务。不过，国际特许经营业务的发展具有很强的不平衡性是中国特许经营发展所面对的事实，而世界各国因地域、经济政治体制环境、产业发展现状的不同，使得特许经营模式推广无论在发展规模上，还是行业归属上都各具特色。

从古老的政府特许到近代的工业特许，再到现代的商业特许，伴随各国经济结构的调整，在世界范围内，特许经营的应用领域越来越广泛。在经济全球化和区域经济一体化的大背景下，世界各国经济的依存度越来越高，跨国经营采取特许经营模式已经是国际化企业的首选。多数境外企业进入东道国并采取加盟、特许合作方式拓展市场，同时东道国很多企业也纷纷效仿了这种低成本扩张的方式。目前世界国际特许经营发展花样繁多、形式各异、种类齐全的各种不同类型特许经营、加盟合作招商项目广告，充斥着报纸、电视、网络、杂志，吸引着东道国许多企业和个人投资加盟进行合作经营。当前，国际上的不同经济实体间加盟合作，而区域特许经营主要存在于第三产业下的各行业中，尤其以衣食住行等与民众日常生活方面息息相关的商业服务领域为居多，运作方式在生产经营型、服务经营型、销售经营型等基础上有新的创新，具体的合作方式多种多样、十分灵活。

一、特许兼并成为国际特许经营扩张重要模式

2010 年年初，饭店特许企业的领头羊希尔顿连锁集团与汉普顿饭店集团宣布合并。希尔顿以每股 38.5 美元的价格购买了汉普顿 55% 的股份，合并后的希尔顿——汉普顿公司拥有 1 700 个中高档饭店，29 万个房间和 85 000 名员工，新公司麾下包括希尔顿饭店、大使馆饭店、汉普顿饭店等六个特许连锁品牌。

同时期，麦当劳公司也加快了兼并的步伐，在短短一年多的时间里，先后收购了 Chipotle 墨西哥风味烤肉连锁店、伦敦的阿罗玛咖啡连锁店、Donatos 比萨连锁店和波士顿炸鸡公司。其中的波士顿炸鸡是美国五大炸鸡快餐连锁公司之一。新成立的麦当劳——波士顿炸鸡公司拥有 108 家加盟店和 751 家直营店，使麦当劳在美国炸鸡连锁体系占据了一席之地。其后的百胜兼并中国的小肥羊也是国外特许经营企业在中国市场扩张的关键步骤。

特许经营企业的联合兼并之所以出现前所未有的活跃，取得核心竞争优势是主要的动因。特许经营企业通过购并，市场份额快速扩大，配置资源明显优化，运营管理成本大幅度降低，体系运转更加高效，对加盟者的支持也更有力度。同时，信息和网络技术的进步也为合并后形成的超大型企业的高效运转提供了条件。特许总部与上游的供应商和下游的单店形成了利益共享、风险共担、信息共享的供应链模式。

特许经营的联合兼并与石油、汽车、银行、电信等其他行业相比，最突出

的问题是要处理好与加盟者的关系。如 Field 好人甜点公司兼并大美国甜点公司时，便招致了加盟者的强烈反对，甚至诉诸法律，虽然起诉没有阻止二者的合并，但对特许人提供了一个有益的提示：即在合并的过程中，特许人除了考虑总部的利益，还应兼顾原加盟商的既得利益，平衡各方利益关系，实现平稳过渡。

二、品牌嫁接方兴未艾

特许经营中的品牌嫁接是指在同一店铺内或在同一经营地点开设两个或两个以上的特许品牌店。品牌嫁接最早以快餐店、便利店和加油站的合作为主。近几年，品牌嫁接已成为特许经营领域普遍采用的手段。合作双方的品牌吸引力和营销活动给双方带来了更多的商机。加油站充当了品牌嫁接的先行者，合作的方式也更加丰富多彩，如澳大利亚最大的超市公司 Cole's 与澳大利亚美孚石油公司联手，在美孚加油站旁边开设了“快鲜超市”。当汽车加油时，司机们可以在旁边的快鲜超市买到速食品、水果、蔬菜、面包，还可以品尝咖啡。与便利店相比，超市向加油站顾客提供的商品、价格和选择性更有优势。而壳牌石油公司与法国卡西诺零售集团签署了一份合作协议，壳牌公司将利用卡西诺的中央采购系统采购商品，在壳牌加油站附设的便利店中销售，该协议还约定由卡西诺公司提供自有品牌商品，并协助壳牌进行商品组织和市场营销。在法国三个店铺的实验成效突出，销售增长了 50%，两家公司计划下一步把这种合作扩张到 250 个店铺。

品牌嫁接也为知名的特许品牌和刚起步的小特许商提供了快速扩张新渠道。Radio Shack 是美国最大的特许非食品零售商，拥有 7 000 多家家电连锁店，从 1997 年开始采用品牌嫁接的方式拓展网络。他们选择中小社区经营有方的零售商作为招募对象，这些零售商作为加盟者，需投入 6 万美元，并在原有的经营场所开辟 100 平方米左右的营业面积，销售由 Radio Shack 提供的 1 900多种畅销商品。在两年多的时间里，Radio Shack 采用这种方式发展了 450 个联合品牌的加盟店。沃尔玛公司与一家叫做 Computer Doctor 的从事计算机检修业务的特许企业合作，在沃尔玛的十个大型综合超市向顾客提供计算机维修服务，如果进展顺利，该特许商将依托沃尔玛的连锁网络推广自己的特许体系。小企业通过与知名品牌的合作，在经营原有业务的同时，在客流、管理和利润等方面得到了明显的提高，大企业也从中找到了新的发展空间。

三、电子商务的助力作用

网络技术的发展与应用使特许人更具扩张能力和盈利能力，但给特许人带来竞争优势的不是技术本身，而是如何利用这些技术。特许经营在40年代起步之初，由于比传统经营方式更快速地完成了市场渗透，使很多特许企业成为家喻户晓的品牌。今天，通过使用互联网、局域网和网上采购等新技术，特许人拥有了更经济快捷的网络扩张手段，以实现其低成本扩张的经营目标。

（一）发挥特许网站的桥梁作用

以美国为例，1996年美国只有不足15%的特许人使用互联网，现在，大部分特许企业建立了自己的网站，促使特许商在短短几年时间里建立网站的主要动因是最快速度地招募加盟者，最大限度地提高加盟成功率。加盟者招募网站可以减少总部制作广告和邮寄材料的支出，特许人可以请有意加盟的人上网了解更详尽的材料，包括投资要求和培训内容等。大部分特许企业在把网站作为招募潜在加盟者工具的同时，也加强了服务加盟者和最终消费者的功能。特许企业把目标客户分为两类：消费者和加盟者，他们通过开办电子商务网站帮助顾客购物并获取信息，同时把注意力放在加盟者这一特殊的客户群体上，利用互联网工具使这些小企业更有效地运转，进而更好地服务消费者。

国内的许多特许经营企业也开始利用企业自己建立的网站开展特许经营体系构建活动，通过网站，特许企业一方面向加盟者介绍投资规模、企业历史、培训内容和目标市场细分，另一方面帮助消费者在网上预约最近的加盟店。企业可以在网站上设置一个小型搜索引擎，帮助客户寻找最近的加盟店，把当地的信息、地图和优惠券与每个具体的加盟店所在地相链接。消费者可以了解自己所在地的加盟店名单，点击自己所在城市的名称，即可连接到当地加盟者的网页，了解当地的产品或服务和价格。除了服务顾客，很多特许企业开始发起了网上批量采购活动，让加盟者订购设备、货品，供应商直接向加盟店供应，使加盟店获得更优惠的价格。

（二）局域网成为内部沟通的主要方式

局域网更适于特许体系内部的信息沟通与传递，因为局域网只有得到认证的用户方可进入，安全性能高，特许人可以更低的成本实现管理流程的现代化。一个基本的局域网包括个人电子信箱，加盟者可以向总部或其他加盟者发送信息。复杂的局域网则具有研讨会或公告牌功能，加盟者可以交换建议、意见和问题，并传递重要信息，如财务报告、新产品信息、营销计划和产品分销计划，而成本比邮件、电话、传真和旅行要低得多。此外加盟者通过公司的局域网采购产品，可以降低采购成本，并获得更好的服务。

（三）特许品牌在扩张中与电子商务寻求联合

这方面最具代表性的是全美最大的邮箱公司MBE与最大的网上拍卖公司

e-Bay 以及 i Shop. com 的合作，他们的联合无疑为我们提供了一条电子商务从空中落地的解决方案。他们的合作方式是：e-Bay 的网民在网上买卖商品，出售商品的网民委托 i Shop. com 把商品运送到买方最近的 MBE 加盟店，买方在店里开箱验货并付款。

Pizza Inn 是一家市值近 5 000 万美元的快餐特许连锁公司，他们与 Food. com 开展合作，消费者在 Food. com 公司的网页上订餐，由 Pizza Inn 的 509 家加盟店送餐。Food. com 与 Pizza Inn 的合作只代表了该公司 11 000 家合作连锁店的一部分。

（四）网上特许的法律保护

从世界范围看，网上交易的普及与相关法律制度的建设存在着不协调的情况，由于与互联网应用的配套法律尚不完善，特许人在保护自身利益时更需注意。国外特许人在这方面已经积累了一些有益的经验，我们应当结合我国特许经营的具体情况加以借鉴。

尤其是特许人，应针对加盟者开展网络营销的情况，修订完善原有的特许协议或专门制订一个互联网站用户许可协议，维护特许人利益。原有的加盟者签订协议时可能没有涉及互联网问题，特许人可以修订总部的运营手册和管理流程，通过手册和流程形成一个审批网站的固定标准和控制办法。

在网站政策和程序的确定上，核心内容是对特许人的商业秘密和专用权进行保护。总部的商业秘密、专有权利和版权资料，未经总部当面许可，不能登录在网页上，以保证网站政策与原有协议的统一。如果加盟者打算在自己的网页上使用总部标志，也必须得到总部的批准。此外，特许人还要明确加盟者错误使用第三方权利时的责任问题，如果加盟者在没有得到第三方许可的情况下使用其知识产权，会引起法律纠纷和赔偿。

总之，国际特许领域的变化日新月异，许多衍生模式令人目不暇接，对国际特许经营实战研究是进行理论研究的起点。对于出现的新情况，我们应当及时了解，积极借鉴，使我国的特许经营上一个新台阶。

本章小结

1. 特许经营是企业为取得或保持持续竞争优势的利器，国际特许经营是国际特许经营实体的一种双边协议或许可与被许可关系。某一个人或集体（受许人）有权使用另一个人或企业（特许人）的商标和运营模式，在某一特定的区域从事特定商品或服务的经营活动。为了获得这种权利，受许人有义务向特许人支付加盟金和特许权使用费。

2. 国际特许经营的五种类型：外国服务业的特许经营；本国服务业的特许经营；外国零售业、商业服务和其他特许经营；国内的特许经营；出口本国的特许经营。

3. 国际特许经营的五种经营策略：直接特许、直接投资 、区域特许、合资、区域开发协议。

4. 特许经营模式的新发展：兼并形势日趋明显，品牌嫁接方兴未艾，电子商务推波助澜。

思考题

一、简答题

1. 国际特许经营的含义是什么？有哪些最基本的内涵？

2. 什么是区域特许经营模式？请举例说明区域特许经营的主要特征？

3. 举例说明国际特许经营的区域开发协议策略有何优点和缺点？

4. 国际特许经营模式创新的基本思路是什么？

5. 谈谈你对品牌嫁接的理解，结合实际说明这种经营模式的实用价值。

二、实训题

请针对某一国外特许经营企业在我国的经营现状，分析并绘制其竞争优势图表。

案例分析

案例一：

案例背景

2010 年，针对百胜餐饮集团旗下比萨连锁企业必胜客公司在美国本土宣布大降价的举动，百胜餐饮集团中国事业部公共事务部相关负责人称，“美国必胜客的价格策略不会影响中国市场。中国必胜客是‘西式休闲餐饮专家’，产品线及价格策略都与美国不同。”

此前为了应对竞争者达美乐比萨公司咄咄逼人的市场攻势，美国必胜客开展了比萨大降价的促销活动，其店内菜单经过简化后，仅仅销售售价为 8 美元、10 美元和 12 美元的三种比萨。据悉，在 2010 年 8 月的第一周内，必胜客公司这一新的促销策略将在美国本土 2/3 的店铺内实施。

分析人士表示，此次必胜客比萨在美国本土大降价，并推出新的宣传广告，是为了应对美国第二大比萨品牌达美乐咄咄逼人的攻势。据了解，达美乐自2009年12月推出新口味比萨以来，两款中号、两种馅料的比萨只售5.99元，受到顾客追捧，这也使其第二季利润激增56%。

至于在中国市场，百胜餐饮集团中国事业部公共事务部相关负责人明确表示不受美国必胜客降价的影响。据介绍，从2008年开始，中国必胜客开始执行"丰俭随意"的价格策略，不仅比萨，全部10大品项都尽量为消费者提供高、中、低的价格选择。此外，中国必胜客每年还不定期举行促销活动，如2009年开始推行的"39元比萨"限时促销，目前正处第二次推广期。

（资料来源：http://www.meishichina.com/News/CanYin/201008/87119.shtml）

问题：百胜餐饮集团的特许经营策略给了我们什么启示？

案例二：

案例背景

"未来三年内，也就是到2013年，麦当劳计划在中国新增1 000家餐厅，其中将有一半是"得来速餐厅"（即汽车餐厅）。"2010年12月15日上午，麦当劳（中国）有限公司CEO曾启山对外介绍称。

曾启山表示，中国是麦当劳全球增长最快的市场。自第一家麦当劳餐厅于1990年在深圳开业以来，麦当劳用了19年时间开设了1 000家餐厅，而未来三年内，麦当劳将再新增1 000家餐厅，达到之前19年新增餐厅的总和。

"我们正在全力加速在中国的发展。今年，麦当劳在华投资总额增加了25%。我们预期2011年投资总额将会进一步增加40%。这些资金将主要用于开设新餐厅，以及对大部分现有餐厅进行形象升级改造。"曾启山介绍。

预计2011年麦当劳在中国新开店的规模将扩大到175～200家。2010年年底前，麦当劳将在中国新开165家餐厅，创下麦当劳在华开店新纪录。

同天，麦当劳位于北京繁华地段的王府井、新东安、灯市口、新世界四家餐厅，集体以新形象亮相，采用源自欧洲的LIM（化繁为简）设计风格，这也是麦当劳在中国首次引入这种具有明显欧洲风的餐厅设计。

据了解，明年麦当劳的新店以及原有餐厅形象升级计划中，35%的餐厅将使用LIM风格。2011年年底前，麦当劳在中国采用LIM风格的餐厅数量将达到100家。

2010年年初，麦当劳在中国正式启动餐厅全新形象升级计划，2013年前，80%的麦当劳中国餐厅将完成形象升级。

对于麦当劳在中国推进餐厅整体形象升级计划，曾启山表示，主要是为了吸引更多的消费者来麦当劳消费。

（资料来源：http://www.storescn.com/show.aspx? id=434&sid=21.2011-3-21.）

问题：特许经营中的商品销售形式变化对业态的发展起到何种作用？

第二章 国际特许经营战略与策略

学习任务

通过本章的学习，主要掌握和理解：

1. 国际特许经营战略的内涵；
2. 国际特许经营背景下的战略构成因素及层次；
3. 国际特许经营战略及其策略类型；
4. 国际特许经营战略管理所面临的挑战。

战略就是企业的向量设定，即发展的方向及扩张的数量指标，它是企业文化、企业经营价值观的综合体现。本章对国际特许经营企业的战略问题进行实证性分析，目的是为国际特许经营企业的可持续发展提供思维框架和模型方法。通过学习，学生可了解战略思想在国际特许经营活动中的重要作用，使学生拥有长远的、全球化的特许经营战略视角。

案例导入

诞生于美国，1974 年被伊藤洋华堂引入日本后，7—ELEVEn 的发展便一发不可收，最终成为了日本最大的连锁便利店集团。由于最初的营业时间为早 7 点到晚 11 点，7—ELEVEn 这一传奇性的名字就此诞生。当然，现在的 7—ELEVEn 便利店的营业时间早已由 7:00—23:00 发展到了 24 小时营业，根据店铺地点不同，每家店铺的黄金营业时间也不同。靠近公司周边的 7—ELEVEn 便利店，每日早晨及中午，为一天的黄金时段。大量的消费者到便利店买便当以及饮料。另外，靠近居民区的 7—ELEVEn 店铺，夜间往往是营业的黄金时间段，由于日本公司加班的现象极其普遍，很多人的夜宵几乎都在回家途中的便利店购买，这一点充分体现了便利店的特性。现在，7—ELEVEn 三万多家店铺分布在全世界 18 个国家和地区，全世界每天有超过 2 000 万人次的顾客，接受着 7—ELEVEn 提供的服务。7—ELEVEn 店内除销售各种日常生活用品，如饮品、面包、零食、杂志等，还有各式特色商品：新鲜饭团、温香好炖、清爽沙拉、美味甜点、营养套餐等。

一个零售业者要取得成功，必须在消费者对此行业的三大诉求面前有其过人之处，这三大诉求就是：价格、商品品种以及便利性。那么，7—ELEVEn满足了消费者什么样的需求呢？从价格上看，7—ELEVEn 的价格要比大卖场和综合超市高许多；在商品品种方面，7—ELEVEn 与超市等相关业态相比也要弱很多，因此便利性成为了便利店业态唯一可以满足顾客诉求的地方。密集布点、推出各种便民服务成为了 7—ELEVEn 打造核心竞争力的关键。

7—ELEVEn 利用自身强大的零售网络和配送功能为网上商店提供物流服务，它的门店成了许多电子商务平台的取货地点——事实上它的门店网络本身就是现代服务业的分销渠道。日本的 7—ELEVEn 可以为顾客复印文件、冲洗照片、交水电气费、干洗衣服，甚至能全天候提供订阅报刊，收发速递、订取船票电影票、学车租车等众多服务，甚至连搬家送货、旅馆预约等服务也一并提供。7—ELEVEn 推出的便民服务，充分做到了一切为顾客着想，让顾客更深切地体会到了“方便”的含义。如，洗手间免费对公众开放，停车场免费供公众使用等。只要人们有需求，不必购买商品，也不必和店员打招呼，就可使用便利店的设施。事实上，免费使用的人只占少数，或是一个面包、一盒冰激凌，或是一瓶水，消费者总会从店内买一些东西回去。

与 7—ELEVEn 相一致，鳞次栉比、五花八门的便利店成了日本大街小巷必有的风景线。并不需要感到有多惊奇，在不久的将来，能在以 7—ELEVEn 为代表的便利店买到汽车也是可能的事情。日本便利店正在不断改变自己的经营方式并告诉消费者什么是方便的真正含义。

（资料来源：http://www.esame.cn/NewsView.aspx? Id = 3519）

第一节　国际特许经营战略概述

源于军事领域的战略（strategy）概念已经逐步在经济领域中推广，国外战略管理的思想对国内企业的影响日益明显。对国际特许经营而言，复杂的国际经营环境使得战略管理更具有实际价值。在波特的战略管理理论中，一个企业如果要创造竞争优势，它就必须能够成功地贯彻一种基本战略：或者成为产业中的低成本领导者，或者在产品或服务的某些方面取得独树一帜的经营差异化，或者集中资源在某一特定的细分市场取得成本优势或差异化，那么它就能获得高于产业平均利润的超额利润。如果一个企业不能在任一战略方向上胜出，它就会被夹在中间，或者失去要求低价格的大批顾客，或者因为与低成本企业争夺生意而在竞争中损失收益，这样的企业注定是低利润的；然而，它在高利润的业务领域又无法战胜那些专攻高利润目标的，或做到了全面创新的企业。特许经营企业也面临企业战略选择问题，不同的战略选择对特许经营会产生不同的影响。

一、一元化发展战略

国际特许经营模式对企业而言就是一种典型的扩张性战略模式，在国际扩张中所采用的方法可以体现出企业在国际特许经营领域的战略导向。

（一）一元化发展战略的种类

一元化发展战略主要包括以下几种类型：

1. 特许人独立所有的机构

如果特许人决定不在目标国通过直接发展加盟店形式进行特许经营业务，但可以建立自己有一定独立权限的组织和部门，相当于国内的特许经营总部即区域性分部，那么特许人就可以采用国际特许经营模式，这也是一种有效的国际扩张方法。这样做必须为相对独立的总部输出必要的组织资源。很明显，这种具有一定独立权限的区域性特许经营分类机构是进一步开拓市场的组织，它需要总部给予金融与财务资源以及人力资源的支持。显然设立这些独立所有的机构也为未来特许经营的发展奠定了基础。

2. 特许人直接进行特许经营业务

特许人在与每一个受许人都分别签署特许经营协议时，如果因为特许人与目标国(受许人)的地理距离较远而导致经营管理上的困难，那么与受许人签署协议时所涉及的行业领域和签署协议的机会都会受到一定限制。

尽管因地域原因导致特许经营协议签订条款受到诸多限制，但直接在目标国(受许人)进行特许经营业务和在目标国建立分支机构或者附属公司相结合将会使特许人一定程度上可以享受目标国税收上的优势和优惠。

3. 建立国际分支机构

大型特许连锁跨国公司如沃尔玛、家乐福等，在其他国家或者地区设立可以直接与目标国政府以及国有大型企业进行业务交往的机构，相当于总部直属的驻外办事处。这种大型跨国公司的特许人在如下两种情况下可使用这种方法：

（1）设立一个分支机构以便为国家级受许人服务，承接国家级的特许经营项目如体育赛事、健康环保等；

（2）为取得一个地区经营基地而建立一个分支机构，这样做通常是由于财政和法律方面的原因而不是商业方面的原因。

国际分支机构与独立所有的机构相比，在自身的权限方面、与总部的隶属关系方面有所区别。国际分支机构相当于特许总部的派出机构，直接受命于总部，自身权限较小；而特许人独立所有的机构则相反。

4. 建立附属公司

附属公司是直接隶属于总公司的“直营店”、“样板店”，在经营方面直接按照特许总部的意图开展业务活动，但是它不是单纯以商品销售、服务提供等经营收入维持生存，而是一个给受许人提供全方位服务的机构。建立一个特许经营附属公司可能会实现下列四种职能的任何一个：

（1）如果由一个受许人直接获得特许权并在目标区域进行经营，那么一个附属公司可以为这个受许人服务；

（2）特许人可以赋予受许人其附属公司所享有的权利；

（3）附属公司在当地可以进行合资经营；

（4）附属公司可以被用作地区业务发展基地，以支持这一地区的受许人或者区域受许人。

显然，在特许人开展特许经营活动的过程中，特许人应根据自身的资源供给能力和目标国的环境特点灵活地采取不同的特许组织形式，有时会在不同国家或地区采取不同的特许形式，以适应地区特许体系扩张的实际需要。

5. 建立合资企业

特许人除了要选择合适的受许人外，还要面对资金问题，即特许人要决定自己希望承担的份额和怎样为自身的投入获取资金。很多区域受许人选择合资企业这一形式，有时受许人对合资企业投入的资金会取代启用费（订约后特许人向受许人收取的一次性费用）；有时特许人会把受许人支付的启用费当做自己对合资企业的投资进行返还。

合资企业同样也存在经营损失风险和在经营事务上范围更广的分歧。应该考虑到的是：与取消一个区域受许人权利相比，疏离令人不满意的合资企业合作者要困难许多。

6. 区域受许人

一个区域受许人（或称区域业务开发者）有权开设自己的店铺和经营渠道，或者把特许权授予次一级的受许人，或者同时进行上述两种活动。如果受许人考虑选择这样做，那么应考虑下面四种因素：

（1）选择正确的区域受许人是十分困难的；

（2）需要在本国建立强大的经营体系和力量以满足区域受许人的需求；

（3）设立区域受许人可能会消耗特许人的人员和金融资源，从而淡化国内的业务和经营，产生过多地偏重于境外特许经营业务，这种情况可能超出特许人的想象；

（4）设立区域受许人所需要的时间往往比特许人预计的要长。

由于下列三个原因，以区域特许经营企业身份存在的区域特许人，以及与受许人签订的区域特许经营发展协议可能是开发目标市场最合适的方法。

（1）建立了一个跨国经营网络和受许人组织；

（2）可以要求区域受许人提供金融资源来建立和利用业务发展体系，无论这些金融资源表现形式如何，都必须由区域受许人投入；

（3）可以要求区域受许人为特许人及其企业组织招聘雇员。这可能会通过区域受许人对当地市场的了解，保证特许人的企业发展体系融入当地的经营环境。

（二）打入国际市场需要的条件与环节

特许经营企业进入国际市场必须从战略层面详细考察自身的优劣势，打入国际市场需要的主要条件是：

（1）选择正确的合作伙伴；

（2）选择正确的协议形式和合作安排；

（3）细致全面地完成法律方面的文件工作。

建立和经营国际特许经营企业所必不可少的重要环节包括：

（1）拥有足以支持在本国以外从事经营活动的加盟店；

（2）招募到足够多的合格的受许人；

（3）培训受许人以使他们可以在本国以外的经营地点工作；

（4）有效控制在本国以外进行经营活动的受许人；

（5）保持合格的质量控制；

（6）应对和处理关于商标和版权的法律问题；

（7）保证有充足的管理资源用于在国际上扩展业务；

（8）遵守目标国政府的或者法律的约束；

（9）分析不同市场的发展潜力；

（10）获取充足的目标国当地融资；

（11）制造目标国当地消费者可以接受的产品；

（12）返还特许权使用费；

（13）克服语言和文化方面的障碍；

（14）为存货和其他相关生产资料安排物流渠道；

（15）处理和应对在目标国所面对的税收政策法规和进口关税；

（16）获得足够的适合经营的地点；

（17）在目标国使用合理的营销方法；

（18）应对外国货币币值的不确定性以避免损失；

（19）重新确定一揽子特许经营权以使其可以在本国以外的市场上进行推销；

（20）考虑目标国的竞争者。

二、多元化发展战略

在经济全球化趋势日益明显的情况下，企业的竞争环境日益复杂，竞争压力也逐渐增大。尽快建立新企业，占领行业市场，赢得时间优势是竞争中首要问题，速度是特许经营企业必须考虑的重点，在多领域、多区域同时发展扩张的视角是企业需要辩证面对的哲学命题。一个公司在外部竞争压力减慢公司的快速发展以前，就应在市场上充分利用自身竞争优势的时间和时机来寻求发展，在市场上使企业的独一无二的竞争优势达到最大并保持这一竞争优势。

（一）多元化发展战略的种类

多元化发展战略主要包括以下几种类型：

1. 直接经营

公司发展直营部门的优势在于公司对相关标准和程序步骤有完全的控制权。公司直接控制的分支机构（相当于公司的直营部门）经营加快了跨地区的业务发展的速度，这种基于组织内部的特许经营管理模式与前述的基于区域性权利分配而形成的，国际分支机构最大特点就是权利分配的范围。

然而，要获得从事多元化发展所需的资本，一些资源是必不可少的，但对一个正在发展的组织来说，它通常并不能获得这些资源，这限制了直营部门的发展。特许人可以考虑另一种发展方法，按照这种方法，连锁特许总部可以发展它的经营链条但却不用承担大量的资本成本。一个经营模式特许经营的最简单形式是在各个不同的地区直接对单店开展特许经营业务，这种特许经营形式只要求有销售人员、培训人员和特许经营体系支持人员。所以，对连锁特许总部来说，这种直营形式可以在不承担资本开支的情况下，通过直接的特许经营业务进行最快的扩张。

2. 转型特许经营

转型特许经营与直接特许经营相似，基本上都是通过经营隶属关系的有效转化，变成独立继续经营的企业来发展一个特许经营体系。由原来总部直接控制的直营形式转化为独立特许经营形式，需要已经脱离总部形成的直营特许企业处理好与原独立公司之间的隶属关系以及知识产权转换问题。目前，许多企业都是从原有的直营形式转变为独立特许经营企业，这就使得脱离特许总部直接控制的独立特许企业与原来的母公司之间的关系变得十分微妙，因为与独立公司进行谈判并且使该公司与自己现有的特许经营体系相一致会耗费更多的时间，所以，在某些行业市场上难度较大。

3. 区域专利使用权转让

又被称为次特许经营，它是制订一个协议或进行一项安排，通过此协议(安排)授予目标区域的一个公司或个人特许权，该公司或个人在获得特许权以后可以根据特许权来经营公司或者单店，或者在规定的时间内和区域内把特许权再授予一个经营性的次级受许人。为了更有效地使用销售和支持人员，并使他们的效能发挥到最大，特许人应该提出一个多领域、多区域的发展协议，该协议要求受许人在规定的时间内、在规定的经营区域开设一定数目的店面。

这种协议使受许人在其有能力在经营方面和财务方面开发经营区域之前，就已经知道自己获得了所选择的区域。一方面，特许人可以在相对较小的单位销售和保养、保持费用下清楚地确定较大经营区域的范围，并对该经营区域进行开发和利用。另一方面，特许人失去了其对标准和程序步骤的直接控制。

区域专利使用权授予是国际特许经营策略中经常使用的办法。其他通常使用的国际发展策略主要包括：建立一个附属公司以在特定的国家销售特许经营权；建立一个背负式特许经营企业，该企业在现有的部分商店内设立加盟店。

多元化发展协议通常被认为是特许人将其国内业务最大化的最具有吸引力的方式，尤其是对那些资本密集型和高创业成本产业更是如此，如酒店和旅馆。与其他的特许经营发展策略(如个别单店的直接特许经营和主特许经营协议)相比，特许人在多元化发展战略中所要承担的运营成本最小。作为特许经营重要的法律文本，区域发展协议扩大了主特许经营协议的受签范围，形成规模化的协议群，降低交易成本。区域专属权既是区域特许协议的主要内容，也是影响区域特许经营成本的主要因素。因为单个的特许经营协议所要求的开支更大，对于每一个单店的特许权的销售，特许人都要重复支出销售、开发、培训和保养费用；特许人不能从受许人群体中获得规模经济报酬。但是，如果协议订立过程不能很好地控制，对特许人来说，区域特许经营协议可能会产生高昂的成本，因为要使特许权成为一个令受许人满意的权利，协议就必须要求更多的开业支持。特许人通常要雇用一个中间人来帮助自己寻找一个合适的受许人，而建立一个合适的组织和确立目标经营区域通常要花费更长的时间。最后，区域特许人可能成为法律诉讼的目标对象或者卷入其他纠纷，因为所产生较为复杂的委托、授权等关系，很容易导致出现各种问题和纠纷。

4. 合作与投资

在多元化特许经营权销售中，在特许经营关系中出现了类似 BOT 模式的关系群体并按照项目化运营，特许人在其中担当着发起人的角色，特许经营活动的开展取决于投资人。最主要的投资者就是受许人，同时也存在一些非受许人投资者。特许人总会倾向于招募有一定经济实力的投资者。这些投资者已经有了一定的投资方向规划，做好了一些前期准备，并急于开始经营活动。他们开展活动的领域和地域与受许人有趋同性，并且能以较快的速度开展业务。同时，特许人也制定相应的协议以确保投资者，即受许人能够成功地经营加盟店。受许人获得如下保证：他将得到专有的权利并在规定的范围内开展业务，而特许人会保证在这一受保护的领域或区域内不再把特许权授予其他组织或个人。

由此，特许人获得了一个执行其地区或者国家发展计划的具有成本效益的方法，同时，用上述方法实现计划所需要的时间要比通过单独销售特许经营权实现计划所耗费的时间短得多。由于多元化特许经营(或者区域特许经营)给予了受许人更多的与特许人讨价还价的权利，它使受许人可能抵制特许人所提出的战略和策略的改变。这样特许人与受许人以及特许体系中相关利益者之间的合作就显得十分重要。

(二) 对受许人经营地域的不同选择

为了使特许经营体系足够强大，就需要向受许人提供持续服务，为此而所要支付的开支是十分巨大的，这种资金上的压力往往使得特许经营组织实现这一目标(强大的经营体系)的时间大大拖后，刚进入市场的特许人给予受许人的专有经营区域一般都很大。然而，给予受许人过于宽泛的经营区域可能会产生一些问题。如受许人在一个新开发的特许权的经营中会遇到困难，受许人会缺乏足够的动力来按照特许人期望的速度发展。另一个问题可能也会阻碍受许人的发展，即：在受许人的贷款人承诺提供更多的款项支持受许人进一步发展之前，特许人可能会要求受许人建立相关的记录和保存相关资料。有些时候，受许人的财务情况发生了变化，由此，他们开发其经营区域的兴趣也会减弱。如果投资情况出现问题，即特许人不能按照特许协议通过资金注入有效开展特许经营活动，使特许权的所有者陷入困境，这甚至在特许经营权被运用得很好的时候也可能会发生，这种情况下特许人就要与受许人进行谈判以买回受许人在那一地区所享有的权利。谈判的过程和地区经营权的转售都会进一步延迟这一地区的特许经营的发展。而另外一些时候，这种资金压力在特许人身上可能产生相反的结果——给予受许人的经营区域太小，尤其是在快速发展的地区更为明显。

特许人和受许人之间最基本的冲突往往集中在特定的市场中应该有多少营业地点或销售渠道。从长期来看，如果特许人在一个有限的市场中设立过多的经营网点，很可能会导致经营失败。然而，特许人有时难以抵御从销售特许权及扩展特许权使用费收入渠道中获得额外收益的诱惑。在特定市场的过度发展可能会导致经营网点的平均收益下降，并由此导致潜在的收入减少。但特许人所承受的销售特许权的压力可能会使特许人不能清楚地认识到经营网点平均收益下降将导致潜在的收入递减。

要合理地划定一个经营区域是十分困难的，尤其对于想把业务扩展到新的经营地区的新兴特许经营组织来说就更是如此。一个快速发展的特许经营体系通常所面临的实际问题是，一方面，在一个成熟过热市场内设立过多的经营场所以至于该市场过度饱和；另一方面，给予受许人一个过大的经营区域，在这个经营区域内，任何单一的经营者都不可能在预期的时间内建立经营体系并进行经营。

特许人应在考虑特许经营计划的性质和类别、交易涉及的地域、受许人的经济实力、当前居于主导地位的经济环境和特定市场的竞争环境后，再给予受许人特定的经营区域。以北京为例，对于朝阳区的一个特定区域，一个特许人可能会关闭他在偏僻地方的商店以把该地区的专营权授予一个受许人，这样做是符合常理的。然而，该特许人可能不愿意把在北京的地区专营权授予别人。在后者的情况中，特许人自身能力有限但项目本身却具有很好的发展前景，如果把特许经营权力利润回报心理预期减少，会使特许人有更好的发展空间，形成规模化经营态势，增大市场占有份额，防止其他竞争者进入自己原有的商圈，最终导致整体区域规划链断裂。

（三）注重特许经营形式创新

特许经营的发展趋势表明，特许经营本身的性质正在发生变化。在未来，随着受许人角色和作用的变化，对较大地区的专营权的要求将会减弱。在过去，特许人通常寻找拥有“巨额财富”的投资者，这些投资者将会在资金上承担资本密集型项目和特许业务的迅速扩张所产生的成本。然而，随着特许经营的快速发展和不断普及，未来将由以前从事特许经营业务的退休人员和女企业家来领导特许经营行业的发展。

现在在美国，1/3 的加盟店都是完全或部分归女性经营者所有。在 1989 年，国际特许经营协会的报告中说明，超过一半的新受许人在其国家把资产作为抵押来获得贷款，然后再用贷款来购买特许权。这些受许人通常寻求获得较小地域内的专营权，对一个刚刚进入特许经营业务的受许人来说，获得融资以购买第一个和第二个特许权和(或)单店是他们所要面对的基本挑战，而想获得加盟商的特许经营组织将不得不以不同于以往的方法来帮助他们的受许人获得资本。从而，重新从事单一特许权的特许经营业务、在多地域特许经营权融资中特许人的更多参与、低成本的经营网点(背负式网点或者其他具有创造性的方法)等方式越来越多地为特许经营组织所应用。

特许经营连锁加盟设立区域分部(公司)模式见图 2-1。

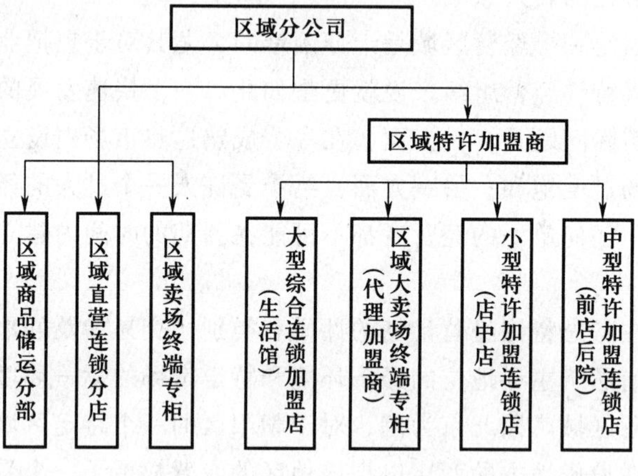

图 2-1　特许经营连锁加盟设立区域分部(公司)模式图

阅读资料

首批服装特许试点企业研修班于 2011 年 7 月 28 日在京举办。“未来五年，我们能不能拿回利润的 40%？”“能不能先把我们最大的一块利润，也就是丢掉的部分——商业和品牌的东西拿回来？进行经营管理模式的创新，把经营的利润掌握在自己手里？”这是中国纺织工业协会会长、中国服装协会会长杜钰洲对全行业的呼吁。随着全球纺织服装业的产业布局结构横向调整和全球商贸经济的市场一体化纵向整合，商业创新已成为我国从纺织服装生产大国向纺织服装品牌强国进军途中不可逾越的关键环节。杜钰洲会长认为，企业全方位的经营管理创新，以及以商业链为核心的产业链的整合创新，是关系到企业和品牌80%的利润所在，其中，商业创新是重中之重。据了解，国际上纺织服装领域的商业贡献率通常在整个产业价值链中占据40%～60%的比例，是推动产业完成结构调整、转变增长方式、实现品牌价值的核心动力。因此，提倡自主品牌商业创新，开展商业创新工程，被中国服装协会纳入“十一五”期间的重点工作规程。中国服装协会常务副会长蒋衡杰指出，中国如不能成为一个商业大国就无法成为一个品牌强国，商业变革是中国最后进行的变革领域之一，产业、技术、品牌的潜在价值都需要且只能通过商业来完成与市场的价值转换，否则只能是零价值或负价值的成本。如何才能有效实现商业创新？商务部有关人士表示，特许经营是商业创新的有效形式之一，是新经济时代品牌全球化扩张的最佳商业模式之一。

三、区域发展战略的再思考

在区域发展战略选择方面，资源的约束性是非常重要的制约因素。对希望以最快速度发展的特许人及受许人来说，较大经营区域内的快速扩张因资源问题可能是难以实现的，所以特许经营组织可能不得不寻找其他的方法来进行业务扩张。对于特许经营者来说，对现有的经营网点进行改造和转化可能是第二个最好的办法，因为对经营网点进行转化和改造的成本较少，并且几乎可以立刻获得收入。然而，招收新的工作人员可能会耗费大量的时间，且不一定能招收到足够数量的合适工作人员，已经签订的特许经营协议的违反则可能会使特许人卷入潜在的法律纠纷。一个耗时较小的方法是区域特许经营者获得一个较小地区的经营链，一旦特许权的销售完成，这些经营链就会被交给特许权的所有者。

使用这种方法的特许人的业务成熟程度已经达到一定水平，可以承担购并和与之相关的活动成本。而刚刚从事特许经营业务的受许人往往不可能承担那样高的成本，正因为如此，我们将会看到在已经建立的特许经营组织中，越来越多的组织愿意花费必要的资源来进行经营网点的转化和改造。

另外一种方法是制订多种经营网点的设立和经营机制，有时，一个商业区域只适合一种独立的零售商店或者销售渠道，而另外的产品和服务可以通过其他的销售体系进行扩展。一些特许经营组织通过和一个大的地区食品杂货连锁经营商进行谈判，并在这些连锁经营的店铺内设立被称为“小亭子”的微型店铺，这些店铺亦可由相应的受许人来经营。在与传统的零售结构的约束下扩展市场相比，通过专心研究和应对现在居于主导地位的市场分割的方式，特许人可以更深入地打入市场。

第二节　国际特许经营战略决策

对特许经营企业而言，在竞争环境日益严峻的情况下，必须采取科学、果断的决策来应对外部竞争。竞争优势外生论隐含一个基本假设，即同一行业内的企业之间不存在资源与能力的差别，企业以获得平均利润实现彼此之间的竞争相对平衡。然而，实践表明，同一行业内各企业会在市场竞争中表现出不同的市场绩效，这使得企业间形成了以竞争为基本生存形式的对抗而谋取超额利润。国际特许经营的发展促使理论研究者对于特许企业竞争优势的来源从“企业外部——行业”，转入了“企业内部——资源与能力”。

一、特许经营企业的资源分析

资源是企业进行生产经营活动的基本条件，分为有形和无形两种类型，就是说一个企业的竞争优势来自有形资源和无形资源的独特组合。有形资源是指可见的、能够量化的资产，如企业的厂房设备及其先进程度，企业获取原材料的能力，企业拥有的专利、商标等。无形资源是指那些根植于企业的历史、文化而长期积累下来的资产。因为它们是以一种独特的方式存在，所以非常不容易被竞争对手了解和模仿。无形资源以知识、经理及职员间的信任和联系、他们的思想、创新能力、管理能力、管理惯例、企业产品和服务的声誉、核心竞争力及竞争优势所做贡献的程度等来衡量。资源是企业能力的来源，企业能力决定了企业核心竞争力，核心竞争力是竞争优势的基础。与有形资源相比，无形资源对企业能力的影响更大。一种资源越是不可见，在它之上建立起来的竞争优势就越具有持久性。同其他资源一样，特许经营资源有其独特的特点：

（一）无形性和附属性

特许经营资源多为无形资源，看不见、摸不着。其之所以能为特许人带来经济利益，是因为特许人能将这种无形资源转化为有形产品。如专利，本质上是一种制造专利产品的技术方法，是无形的。特许人通过自身使用或者将之授权许可受许人使用，制造出有形的专利产品，实现无形向有形的转化，从而给特许人和被特许人带来经济利益。注册商标、专有技术、商业秘密等也与之相似。

正因为其无形性的特点，特许经营资源本身是不能被终端消费者使用的。在终端使用过程中，其必须附属于特定的产品或者服务。只有这样，才能使受许人或终端消费者更容易理解、接受这种资源，并心甘情愿为消费使用这种资源付出代价。一个再有知名度的注册商标，如果没有一个有形的产品或服务作为其载体，终端消费者也不会去购买徒有其表的商标图案。

（二）多样性和广泛性

我国《商业特许经营管理条例》（以下称《条例》）明文规定了注册商标、企业标志、专利、专有技术四种经营资源，但特许经营资源并非仅限于此四种，某种经营资源，只要能通过特许的模式经营，便可称之为特许经营资源。著作权、商业秘密等就常被作为一种特许经营资源。

特许经营资源的多样性和广泛性还体现在以下几点：

（1）特许经营无形资源可以细分。如专利就包括发明专利、实用新型专利、外观设计专利等种类。

（2）特许人可同时拥有多种特许经营资源。如技术、设备、工艺、管理方式等。

（3）拥有上述经营资源的非特许企业众多，这些企业一旦按照特许经营模式经营，其拥有的这些经营资源也毫无疑问成为特许经营资源。

（三）知识性和经济价值性

在法规明文规定的和实践中经常使用的特许经营资源中，绝大部分属于知识产权。知识产权是人类智慧的结晶，凝聚了人类大量的智慧和心血，具备极强的知识性。知识性价值的存在，是特许经营资源具备经济价值性的重要因素之一。特许经营资源必须能给特许人带来经济效益，具备经济价值性，否则便不能称之为经营资源了。

（四）占有性和流转性

特许人占有特许经营资源，其创造的价值为特许人占有。特许经营资源的收益归谁，是特许组织经营者十分关注的头等大事。很难设想一个特许经营组织的资源所创造的价值，为他人所无偿占有。特许人通过授权受许人使用特许经营资源，或者授权受许人使用凝聚特许经营资源的特许产品，使特许经营资源在特许人、受许人、消费者之间实现流转，在流转中实现特许经营资源的经济价值。

（五）发展性和积累性

特许人在使用特许经营资源过程中，会运用自身的智慧，对其进行再开发、组合、创新，使其功能更加完善。如特许人在使用专利的过程中，通过对现有专利的不断改进完善，并申请获得功能更好更强的新专利。随着时间的推移和特许人的努力，特许经营资源不断向前发展，特许人拥有的资源种类也不断增加，一段时间后会积累成更加先进、更具竞争优势的特许经营资源。这两种特性的存在，决定了在特许经营合同中，合同双方应当就改进后的特许经营资源的权利进行充分约定。

二、特许经营能力分析

拥有资源只能说明特许企业具有成功的可能性，但是将这种可能性变为现实还需要能力。能力是指企业分配资源的效率，即将资源有目的地整合在一起，以达到一种预想的最终状态。能力通过有形资源与无形资源的不断融合而产生，它使企业能够创造和利用外部的机会并建立持久的优势。企业要获得竞争优势，关键是要将能力建立在发展、积累信息和知识，并实现企业员工之间不断学习的基础上。国际特许经营竞争的实践表明，企业的人力资本所拥有的知识是最重要的能力。在信息和知识水平对企业竞争能力的影响不断增大的现实生活中，企业正在逐步从更多地在实物运行中获取价值，转向更多地在人们不断丰富的知识、技术诀窍、知识产权和竞争能力中获取价值。因此，特许经营组织面临的挑战在于为人们创造一种经营环境，使人们能够将他们个人的知识要素组合在一起，并更加有效地共享相互拥有的知识，最终形成产生核心竞争力的能力源泉。对特许经营企业而言，其能力主要有以下几个方面：

(1) 特许经营体系构建与扩展能力，即设计构建特许总部的组织体系、制度体系、特许权体系以及单店各种体系的能力。

(2) 特许经营管理知识的复制能力，即遵循“三原则”思想将特许经营模式在更大的范围内经营快速复制、推广的能力。

(3) 特许经营管理的培训与督导能力，即对区域分特许以及加盟店的人员培训以及质量监控的能力。

(4) 总部对加盟店物流配送能力，即在区域跨度较大的范围内对多个单店进行有效的物流配送，保证单店正常经营，持续获取利润的能力。

除以上几个方面外还应该注重信息管理能力、文化体系设计能力、市场营销推广能力、人力资源规划能力等。

三、核心竞争力分析

特许经营企业与普通企业一样，在竞争中非常关注核心能力，以服务业态为主的特许企业其核心能力培养具有更重要的实际价值和考量意义。

（一）核心竞争力的含义与作用

在分析了自身拥有的资源和能力后，企业应该确定它们的核心竞争力。特别对于国际特许经营企业而言，核心竞争力更是企业在国际范围内实施规模扩张，利润提高，经营持久的关键。

核心竞争力是指能为企业带来相对竞争优势的资源和能力。作为企业竞争优势的来源，核心竞争力反映了企业独特的能力，这种能力使企业在竞争中具有了超越对手并给自己的产品或服务增加价值的可能性。但是并不是所有的资源和能力都能成为核心竞争力，有些资源和能力还可能会削弱核心竞争力。

（二）核心竞争力的分析方法

分析和确定企业的核心竞争力，可以借助于两种工具：一是四种战略能力标准法；二是价值链法。

（1）四种战略能力标准法。四种战略能力标准法，是通过满足产生持久性竞争优势的四个标准，即有价值的能力、稀有的能力、难于模仿的能力和不可替代的能力，来判别企业哪些资源和能力是核心竞争力的方法。有价值的能力是指那些能为企业在外部环境中利用机会、降低威胁而创造价值的能力。稀有的能力是指那些极少数现有或潜在竞争对手能拥有的能力。只有当企业发展了那些与竞争对手之间共有能力区别度较大的能力时，才会产生竞争优势。难于模仿的能力是指其他企业不能轻易建立起来的能力。如特许经营企业悠久的历史、独特而有价值的组织文化和品牌、产生竞争力原因的模糊性、社会资源的多元性等，都有助于形成难于模仿的能力。不可替代的能力是指那些不具有战略对等资源的能力。如果两种能产生价值的企业资源在执行相同战略的情况下，能分别产生价值，那么它们就称为战略对等资源，也就是可以替代资源。一般来说，一种能力越是难以替代，它所产生的战略价值就越高。

根据四种战略能力标准法，每一种核心竞争力都是能力体现，但并非每一种能力都是核心竞争力。在实际操作中，一种能力要想成为核心竞争力，对于特许经营企业而言必须是从特许体系的客户角度出发，有价值并不可替代同时可在体系内复制；另一方面从竞争者角度出发，是独特并不可模仿的并具有知识产权的专属性。因此，只有运用那些有价值的、稀有的、难以模仿的及不可替代的能力，才能获得持久性的竞争优势。在一定的时间内，特许经营企业必须维持核心竞争力，但是不能将它们变成僵化的因素，即要把核心竞争力看作是一种不断变化的因素。核心竞争力只有在它们能够促使企业利用外部环境中的机会创造价值的情况下，才能成为竞争优势的来源。

（2）价值链法价值链分析模型。该模型由美国哈佛大学商学院教授迈克尔·波特于 1985 年提出，目前已成为各国企业战略分析，特别是企业内部竞争态势分析的重要工具。

价值链是指在企业创造与实现价值的活动中，一系列互不相同但又相互关联的环节所构成的动态过程，也被称为活动成本链。每一项增值活动或者经营生产活动就成为该价值链上的一个环节。对特许经营企业而言，价值链的各环节组成会有进一步拓展，媒体、政府、社会组织都被纳入价值链当中，成为特许企业增值的关键性要素。

如图 2－2 所示，价值链可分解为两大部分：下部是企业的基本增值活动，即一般意义上的生产经营环节，如材料供应、生产操作、成品储运、营销与销售和服务，这些活动都与商品实体的加工流转直接相关。上部是企业的辅助增值活动，包括企业基础设施、人力资源管理、技术开发和采购供应链。这里的技术和采购都是广义的，既包括生产性技术，也包括非生产性技术的开发管理；既包括原材料管理，也包括其他资源投入的管理。

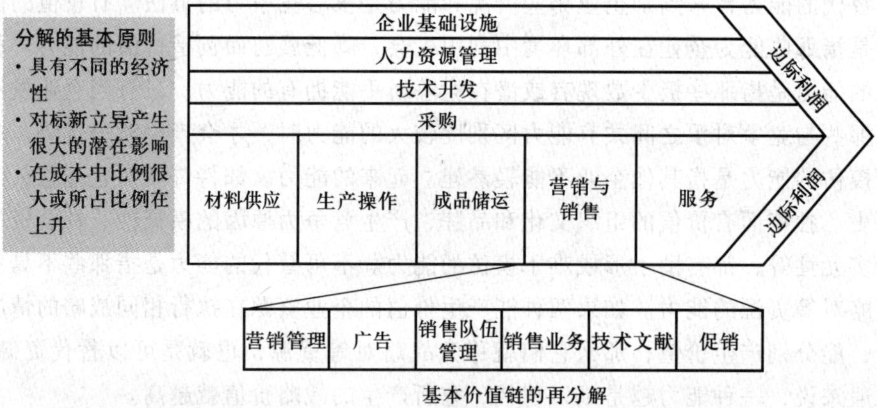

图 2－2　企业价值链分解模型

根据产品实体在价值链各环节的流转程序，企业的价值活动可分为上游环节和下游环节两大类。材料供应、生产运行是上游环节，成品储运居中，市场营销、售后服务则是下游环节。可见，企业的整体经营活动是基本增值活动与辅助增值活动、价值链的上游环节与下游环节交互作用的结果，它决定着企业的营销效益与竞争实力。一般生产性企业的上游环节以产品为中心，而在特许经营企业的价值链中，上游环节往往是以服务为中心。

任何企业的基本活动都可以用价值链来表示，但行业不同则价值链的具体构成亦不同，并且同一环节在各行业中的重要性也不同。特许经营企业的价值链具有自身的独特之处，价值链理论认为，在一个企业众多的价值活动中，并非每一个环节都创造具有意义的价值。企业创造的价值主要来自于价值链上的某些特定的活动，这些真正创造价值的经营活动就是企业价值链的“战略环节”。企业的竞争优势，特别是长期竞争优势，就是在价值链某些特定战略环节上的优势。一个企业只要抓住了这些关键的战略环节，也就抓住了整个价值链。这种战略环节在不同行业表现为不同的内容。只要把价值链上的战略环节紧紧地控制在企业内部就可以保持自己的竞争优势。其他非战略性环节可以放弃，并通过市场方式降低成本，提高灵活性。对战略环节的控制可以表现为多种形式，如对关键原材料、人才、营销渠道、市场等的控制。当然，在强调战略环节的同时也必须注意对“辅助性增值活动”环节的控制。很多国际特许经营企业都注意客观审视自身的能力，将非核心能力业务外包，专心于核心能力的强化和培养，这在零售业特许经营中表现更为明显。

价值链分析模型为企业内部优势和劣势分析提供了重要的科学手段，为企业趋利避害、扬长避短、提高竞争优势创造了有利的基础和条件。只要把企业的所有活动按价值链进行系统化的分解，就可以从中找出对企业竞争力最具关键作用的“战略环节”。

综上所述，资源、能力、核心竞争力及竞争优势的逻辑分析，为特许经营企业策略的制定提供了最关键的依据。

四、特许经营进入国际市场的战略决策

特许经营企业在进入国际市场前，需要对目标国家和市场进行仔细的分析，特许人必须明确准备进入的国家是否有充足的市场机会，是否允许国际特许经营的加入。进入国际市场的战略决策可分为以下几个方面：

（一）评估和决定进入国际特许经营决策

特许人对进军国际市场要做充分的准备和努力。在进入国外市场时，特许人要仔细考虑可行的财务和利润问题，要分析和评估该国市场的利润率和投资寿命，地理距离会使产品和服务的价格上升，语言和文化的差异也会影响经营。特许人应收集意见，使产品和服务更易于被目标市场所接受。正式开始在该市场发展特许经营体系时，最好先在该国进行产品和服务的试销。总之，进入任何一个外国市场前，特许人都要确保商标能安全注册，能找到可靠的、有业绩的公司或个人合作，还要熟悉相关的外国法律。

（二）特许经营进入国别决策

特许人必须清楚所要进入的国家或市场是否与企业自身文化相容，特许人应分析目标国家或市场的经济稳定性、政治和法律环境、经济周期发展阶段以及市场需求。除此以外，还要作适当的分析和预测，比如：潜在的市场、潜在的销售、未来市场、费用和成本的估算、潜在的利润和潜在的投资回报率。可依据潜在市场、市场增长趋势、潜在利润、经营成本、风险度和合作态度把这些国家细分成不同的子市场。特许经营体系可利用多种方法进入国外市场，包括直接向个人授权经营自营企业或成立合营企业。

出售自营特许是最常用的方法，也是进入市场并取得市场份额的最快手段。一般而言，进入国外市场是很困难的，要花费很多时间。国际特许经营的成败有赖于特许人在国内市场的竞争优势和市场渗透力，以及依据不同的文化、语言差异进行调整的能力。如快餐业巨头麦当劳在全球市场上最大的特许经营商Arcos Dorados 2011 年计划赴美上市，此举或将帮助 Arcos Dorados 偿还投资者在2007 年为帮助公司争取麦当劳在拉美及加勒比地区的业务而投入的 7 亿美元资金。

（三）特许经营进入方式决策

特许人一旦决定进入某一个国家市场，就要选择最好的途径来开展运营。特许经营进入方式主要包括以下五种(见图 2－3)

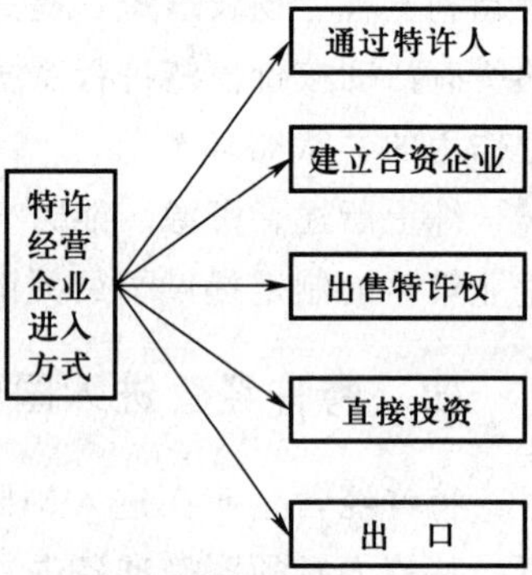

图 2－3　特许经营企业进入方式

（1）通过次特许人。次特许人可以是个人、小企业、大公司，也可以是企业集团，他们要承担在该国建立分销店的权利和义务。次特许人应把所有的商业运作知识传授给受许人。一般情况下，受许人在第一年开 1～2 家分店，5～10 年内开 25～30 家分店。次特许人在某一地区实质上拥有了相当于特许人的地位，受许人要向次特许人支付特许权使用费，其中一部分作为次特许人的报酬，其余上缴用于维持总部的运作和宣传等费用。

（2）建立合资企业。建立合资企业是特许经营对外投资的常用方式，采用这种方式，特许人要与当地投资者合作，建立产品的销售渠道，其优点是由特许人和受许人共同投资、共同经营。

许多国家要求特许人在该国开始经营前，先要投资或购买当地店铺的股份。一种方式是共同经营，共负盈亏，另一种方式是通过签订管理合同，由特许人为合作伙伴提供管理和必要的资本，领取必要的执照和许可证以开展业务，采用这种方式进入外国市场风险较低，希尔顿酒店正是以这种方式来管理其遍布世界各地的分店。还有一种方式是签订生产合同，许多汽车制造商均与外国政府达成协议，允许其产品在该国生产和销售。

（3）出售特许权。国际特许经营常见的方式之一是特许人与受许人签订合约，由特许人提供产品使用权、优质的服务、商标、商业信息、专利权或其他有使用价值的项目，并收取特许费。受许人从特许人那里获得知识和资本，可降低特许人进入该国市场的风险。可口可乐公司进入国际市场大多通过出售“项目包”，并提供必要的糖浆以生产软饮料。

（4）直接投资。采用这种方式，特许人只需向国外子公司直接投资，以这种方式进入国外市场风险很大。但是，一旦几个特许店建立起来后，特许人就可以进行直接投资和建立子公司。某些国家欢迎国外特许人直接投资，以促进本国经济的发展。这类投资的主要问题是投资者不仅需要大力宣传，还要冒政治上的风险，如外汇管制、市场变化、甚至是没收财产都可能导致特许经营企业在国外遭受损失。

（5）出口。许多特许人，如通用汽车公司、固特异轮胎橡胶公司等，都是通过出口进入国外市场的。他们在本国制造产品，通过受许人销往国外。对于特许人来说，国外的受许人相当于国内的经销商。产品不需要经过专门的改变就可以直接销往国外市场。这种进入方式总体上来说成本最低，特许人要做的改变最少。为扩大规模进入国际市场的特许经营公司趋向于首先进入那些文化语言差异很小或几乎可以忽略的国家，然后再进入那些市场很大而且曾经实行过令人满意的进出口政策的国家。

阅 读 资 料

我国2005年开始实施的《商业特许经营管理办法》第四条中对具有国际特许实质性特征的区域总特许相关规定为：特许人可以按照合同约定，将一定区域内的独家特许经营权授予被特许人，该特许人可以将特许经营权再授予其他申请人，也可以在该区域设立自己的特许经营网点。调查资料表明，在美国，50%的企业使用区域总特许的方式向海外扩张，而34%的澳大利亚企业也使用区域总特许方式向海外扩张。这里区域特许成为国际特许的代名词，其内涵也是国际特许经营的科学定义。

五、国际特许经营的市场营销战略决策

尽管特许经营是基于无形知识产权的有偿交易，但是，无论是总部还是单店，必须向消费者展示有形的产品或流程，仍然要研究市场营销战略决策，传统的市场营销的4P策略在决策中仍然有一定应用空间。国际特许经营的市场营销战略决策主要包括以下几点：

（一）国际特许经营的产品决策

在国外市场销售产品主要有三种策略：

第一种策略是产品直接销售策略，由特许人提供与国内市场相同的产品销往国外，在进行销售前，必须要调查清楚消费者对该种产品所持有的态度。可口可乐公司采用这种策略成功地向全世界推销了它们的饮料，但是，有些公司却遭到失败，那是由于他们仅是简单地把与在本国销售相同的产品销往国外，不做任何变化。

第二种策略是产品调整策略，指改变产品以迎合当地的实际情况和消费者的需求。许多公司发现很有必要根据目标市场消费者的偏好来调整产品，以保证市场份额和利润。

第三种策略是发明新产品，制造出新的产品以增强竞争力。如许多快餐店在进入外国市场时会在主菜单中加上当地人喜欢的菜式，这些菜式甚至会成为基本菜目。制造新产品是所有策略中成本最高的一项，但它却最吸引消费者。这一策略一般是在产品被使用后，提高了销售额和利润的情况下才被采纳。如，相对于汉堡的局限性，由于提供的饮食日益多样化，麦当劳得以在经济衰退中，成为全美绩效最佳的餐饮企业。该公司认识到，消费者可以选择的饮食不计其数，他们希望，除了一日三餐，其他时间还能到麦当劳喝点东西，吃块点心。因此，该公司推出了现在十分流行的创新性饮品。这些饮品，从水果冰沙到特色咖啡饮品，无所不包。

（二）国际特许经营的促销决策

特许人可以继续使用相同的促销广告或进行调整以适应当地市场。有时候广告可以简单地译成外国语言，有时候适用于本国的广告可能会冒犯其他国家，为了保证一开始就能够找到目标顾客，最好重拍广告或宣传节目以适应目标市场的需要。据报道，近来受老龄化社会问题严重，经济不景气等多重压力影响，业绩增长缓慢，成本居高不下的日本家电连锁业兴起一股创新促销的广告方式。

当前，对特许连锁企业而言，各大连锁巨头一方面开始重新评估报纸夹页

等传统促销手段的效果，另一方面则高度重视互联网营销手段创新。尤其是在顾客信息收集方面，互联网开始成为各大连锁巨头争夺“顾客源”的新战场，社交网站嵌入式广告成为新式广告武器。

如日本第7大家电连锁巨头上新电机，已经开始针对在其邮购网站留言评论的顾客，提供价值10日元的电子优惠联票积分赠送奖励。同时，山田电机等家电连锁巨头则通过日本最具影响力的社交网站GREE、Mixi、MySpace、Facebook以及Bebo等开展网上营销行为。尽管各大巨头不断压缩报纸、电视、广播、站牌等传统促销媒体预算，互联网传播费用的预算则丝毫未受影响，并且有一定的增加。作为一种新兴的促销手段，互联网传播正在影响着各大家电连锁巨头对有限经营资源的再分配决策，日本家电连锁业传播大战从地面转向网上的趋势也越来越明显。

（三）国际特许经营的价格决策

在国外市场，特许人经常发现有必要改变原有的价格结构。价格决策应该由受许人根据当地公司的成本和利润来做出决定。有些国家的平均国民收入较低，为了卖出商品和服务，需要降低价格。低价也是占据市场份额和促销产品的有效策略。但以低于本国市场的价格在国外市场销售会构成对方的反倾销。如一些国家对在本国进行倾销的公司征收反倾销税。

阅读资料

麦当劳在通货膨胀压力下，采取相应的价值策略给予应对。目前，麦当劳运营利润中的绝大部分——近2/3来自特许加盟费，这使其很大程度上免受变化无常的市场因素的影响。但即便如此，食品价格上涨仍然会给麦当劳带来不小的风险。由于注重节省的消费者对于价格上涨异常敏感，各特许加盟店在处理涨价一事时，必定是左右为难。如果价格上涨到一定程度，以致特许加盟店难以再进一步扩大规模时，最终势必会影响到整个连锁店的利润。所以，虽然麦当劳2010年的销售额和利润依然继续增长，但是收入增长的幅度已逐渐放缓。2010年麦当劳利润涨幅为16%。2011年，利润涨幅降至10%。

（四）国际特许经营的分销渠道战略决策

国际特许经营的分销有三种方式：总部分销、各国之间的分销和在某一国国内进行分销。这三种渠道对于保证商品在国内的成功分销和使用是十分重要的。总部有责任保证在国内生产或开发的产品安全运达受许人所在国。而国内分销渠道要保证产品在特定条件下运达特许店，卖给消费者。当产品到达某国时这一渠道开始运作，产品开始在该国进行分销。在一些小的发达国家，小心寻找和指派分销商、进口商尤其重要。许多特许人需要提供分销权给当地的产品分销商，他们所能享受到的权利取决于他们的素质。

（五）国际特许经营的组织结构战略决策

几乎每一个特许人都有与其独特的经营方式相适应的组织结构，国际特许经营组织的结构要根据其在目标市场的经营方式而制订。特许经营组织一般既成立出口部门，又有国际决策部门。出口部门基本负责产品的外销，随着业务的扩展，该部门常常演变成国际决策部门。国际决策部门最终会涉及国际市场和业务活动的决策。特许人不得不考虑如何与各个国家相互合作以发展在该国的特许经营，如图 2－4 所示。

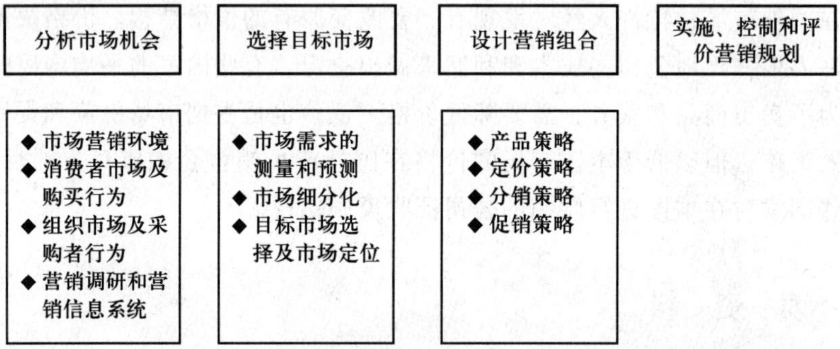

图 2－4　国际特许经营的市场营销战略决策

总之，特许经营模式将会持续推广，因为它的核心经营思想是双赢，这样会使特许人与受许人同时受益，而扩大产品或服务的知名度和提高产品或服务质量是特许经营在 21 世纪持续增长的根本原因。其正确的战略决策选择是实现这个目标的途径和手段。

第三节　国际特许经营战略实施措施的选择

越来越多的企业使用特许经营来销售产品和提供服务，而许多事实也日益表明了特许人与受许人建立亲密的合作关系的重要性。受许人极大地推动了特许经营市场的发展，使得特许经营这一概念已经渗透到各行各业之中。特许经营是企业扩张的一种形式，然而，这种扩张形式并不是盲目的，而是需要经过一系列策略选择的，以下提供了特许经营的六种策略选择。

一、经营模式创新

特许经营作为一种营销方式，由美国胜家(Singer Sewing Co.)公司首创。当时只是产品型特许经营(Product Franchising)，作为特许方，制造商以签订契约的方式为其品牌化产品寻求销路；而受许方，则是作为独立的经销商销售商品。这种基于制造商与经销商的买卖关系很难保证特许人与受许人之间的全方位联动，从而影响总公司目标的实现。唐肯甜甜圈(Dunkin'Donuts)的创办人威廉·罗森堡率先看到了传统特许经营的这一缺陷，在公司创业5年之后的1955年，开始向独立的店主提供许可，允许这些业主“克隆”他的零售经营模式。这种通过给予特许权，在其他地区再现特许人的经营模式和管理体系的营销方式就是经营模式特许经营(Bussiness Format Franchising，BFF)。特许人不仅可获得一次性的加盟费，在业务运行过程中还可以按加盟店销售总额的某一比例收取特许权使用费。受许人不仅有权使用特许人的商标，而且在经营的整个过程中都可以使用特许人开发的营销模式和操作流程，并获得预期的收益。BFF不仅有助于加盟店取得成功，也促使主办公司得到快速发展，真可谓是一种双赢模式。20世纪50年代末，BFF成为美国零售业的主要力量。在此期间，唐肯甜甜圈也经历了相似的增长。到1987年末，北美地区共有1 478家唐肯连锁店在营业，其中有1 449家属于特许经营，只有29家是直营店。同时，唐肯还授权另外191家连锁店在世界其他地区营业，从而形成一家跨国公司。

二、瞄准顾客群

选准目标顾客是特许经营取得成功的关键。某著名餐饮特许经营企业为了准确地锁定其顾客，曾作过一项全国性的市场调查，调查的对象是15分钟内能从住所到达餐饮连锁店的顾客。调查者按购买用途将顾客分为社交型(11%)、工作型(19%)，家庭型(70%)。家庭和社交型购买主要是在家中进行消费，而70%的工作型购买则是在工作场所进行消费。无论哪种类型的顾客，他们之所以选择某类食品，注重的主要是产品新鲜及质量稳定两个特性。

同时，通过调查发现，有22%的顾客属于频繁购买用户(即每周去连锁店一次以上)，48%是中等频度的用户(每周去一次)，30%是零星用户(每月不到一次)。对各细分用户群来说，产品品质和新鲜是他们选择餐饮店购物的最主要原因。但对频繁用户来说，上等的咖啡和快捷的服务，也是他们成为该店老主顾的重要动因。

2011 年，麦当劳位于北京王府井、新东安、灯市口、新世界四家餐厅集体重装开业，其首次引入中国，源自欧洲的 LIM(化繁为简)设计风格。而到 2012 年，麦当劳在中国 35% 的餐厅都使用如此风格。在王府井餐厅可以看到，过去以红黄为主色调的餐厅已经改为黑、白相间风格，餐厅内墙上还贴满了涂鸦和简约风格的图作、软坐沙发替代了原本的木质座椅。除了传统的汉堡、薯条等餐品外，还增添了多种风格的咖啡和蛋糕类甜点。

三、明确竞争对手

找准竞争对手关系到市场战略的竞争定位，如餐饮企业通常将其竞争对手设定为其他餐饮店、面包店、饭店以及便利店。原先并没有把快餐店看做是现实竞争对手，但麦当劳大举进军早餐市场时，特许企业会逐渐改变这种看法。此外企业必须同特许经营小吃店展开间接竞争。

(一) 竞争的广泛性

丰富的电视节目、实用的天气信息、最新的娱乐新闻、你最感兴趣的产品信息。在美国，要看到这些电视节目也许并不需要回家，只需要到 7 - ELEVEn 连锁便利店就可以了。美国 7 - ELEVEn 连锁便利店目前已经在加利福尼亚州、得克萨斯州和佛罗里达州的 60 家连锁店铺中安装了数字电视网络，并且计划逐步在全国的六千多家店铺中都安装上数字电视。据相关专家预计，这些被称为是“7 - ELEVEn 电视”的数字终端一旦全部安装在全美国的 7 - ELEVEn 店铺中，将会拥有 1.9 亿的受众，届时 7 - ELEVEn 电视网络将会成为美国国内最大的家庭外数字电视网络。

当然，7 - ELEVEn 连锁便利店安装这一数字电视网络并不是为了公益事业，而是希望在市场中争得先机。据了解，美国 Denny's、必胜客和沃尔玛等零售商经常在店内进行促销活动，目的就在于让消费者产生愉快的消费体验，进而吸引消费者再次光临。而 7 - ELEVEn 作为第一连锁便利店也一样不能远离促销这条商路。这个数字电视网络不仅仅提供有趣的电视内容，还会提供一些介绍产品和品牌的短片，传播一些促销信息，这对于吸引消费者来说是很重要的。

(二) 便利化是竞争焦点

一些餐饮业特许经营管理者通过研究认为，在便利店购买某种速食品的消费者主要寻求的是便利，而不是产品质量。便利店从面包店购买某种带包装的速食品，或从当地速食品店购买某种新鲜的油炸速食品，但由于在销售之前常常要在货架上放置一段时间，有时就变得不新鲜了。为此，一些企业的特许加盟店开发了向当地便利店批发非品牌速食品的业务，从而找到一个新的利润增长点。

（三）抑制内部竞争

除了外部竞争，同一特许经营企业内部的各特许加盟店之间也有竞争。新开设的加盟店以及寻求扩张的加盟店往往会吸引现有加盟店的一部分顾客。如某知名品牌企业制定特许经营协议约定，加盟店只在一个特定地点营业，但同一区域并不排除特许其他加盟店营业。这种竞争机制从总体上促进了公司的发展。当然，每开一家新的加盟店时，公司要对预选的地点进行谨慎的筛选，并研究竞争环境、周围店铺的销售额和利润、顾客购买行为、人口状况以及这些地点的自然属性，力图在不危及其他加盟店业务的前提下，强化特许人在每个市场上的渗透力。

四、选择加盟店铺的开发主体

是由特许总部直接开发加盟店还是由现有的加盟店再去开发新加盟店，这是两种不同的战略选择。很多特许企业最初都直接发展特许经营加盟店，开发部分房地产租给加盟店来营业。通过开发店铺，并租给加盟店，公司从中所得到的租金收入比它所收取的特许经营费的总和还要多。之后由于开发成本上升的压力，同时为使公司有更多的投资选择，企业会逐步尝试减少公司开发店铺的比例，将开发责任逐步转到特许加盟店。

与公司相比，特许加盟店的投资选择以及开发个人资产的机会不多，受许人往往会发现，如果有足够的资本，自己开发房地产，不仅回报很诱人，还可以扩大他们的现有业务。由于加盟店开发和管理的是自己拥有的房地产，因此，与公司所开发的店铺相比，他们对业务更投入，管理更严密，实现的收益也更大。加盟者作为业主占有着房地产，并且愿意从事特许经营业务，这就为公司提供了更为有效的分销渠道。

五、定位发展地区

定位发展地区主要体现在特许企业根据自身优势，在某一个特定市场拥有相对高的市场份额。全球最大的餐饮运营商百胜餐饮集团在全球拥有 37 000 家连锁餐厅，建立连锁店是其谋求自身发展的主要方式。因美国快餐市场业已成熟，中国成为该集团迄今为止最重要的增长市场，此外其还计划在印度建立 1 000 家餐厅以便在该国获得迅速扩张。和拥有数十亿人口且处于快速发展中的中印两国相比，法国市场似乎在重要性上略逊一筹，但百盛餐饮的高管们亦将法国业务视为进一步向欧洲大陆进军的立足点。肯德基在欧洲的餐厅数不及800家，远远落后于汉堡包连锁店麦当劳，后者在欧洲的餐厅数达到5 600家。投资机构史蒂弗尼克拉斯公司(Stifel Nicolaus)的专家称：中国是所有市场中最重要的，正如法国是欧洲的重要市场，百胜餐饮在法国拥有相当可观的增长机会。在法国，麦当劳也占据数量上的优势，其餐厅数超过1 100家。不过，与激烈争夺顾客的数千家经营法国菜的餐厅相比，快餐业在这里的竞争要小得多，主要竞争对手只有麦当劳和当地企业欧贵客快餐连锁(Quick Meals)。

六、选择市场营销管理系统

通常，特许经营企业的营销系统由三个层次组成：一是总部营销开发部门，主要负责总部营销计划的制定与实施；二是区域的营销代表，将总部开发的营业计划公布给加盟店，同时负责管理和监督计划的执行；三是特许加盟店，在店铺运营中贯彻执行营销计划。除此之外，一些特许经营企业还设立了地区或区域经理，每个地区经理负责监督其所分管区域中的特许加盟店或公司直营店的业务。这种设计使公司的营销活动形成一个整体，有利于实行网状管理，大大提高了管理效率。营销系统的运行策略包括：

(一) 促销手段的先进性

在促销方面，现代信息技术的使用为促销手段更新提供可能，在德国一些超市结账时，不必用现金，也不必用银行卡，只需伸出手指接受一下指纹扫描即可。德国正在小范围试行指纹结账，即利用指纹扫描确认顾客身份后从顾客银行账户扣取消费金额。若试验效果理想，有望大范围推广这项技术。想用指纹结账的顾客需事先到商店登记。顾客留下左右手上各一个指纹，同时留下地址和银行账号。商店会将这些信息存储在一个高度安全的数据库内，这些信息会与顾客其他个人信息和账户信息分开存储。

这种结账方式最受青睐之处是它的快捷。店方反映：“平均而言，用指纹结账一次耗时7秒，用需要输入密码的银行卡需要12秒，用现金需要20秒。”收银员说：“你可能忘记带钱，或者丢了银行卡，这些事都不会发生在手指上。”在德国南部经营的连锁超市埃德卡有约100家店铺开始使用指纹结账。另外一家德国超市经营商麦德龙也在试行这项技术。

(二) 分销渠道的适应性

在分销方面，在经济危机环境下，为了适应销售额增长速度下降、竞争日趋激烈的市场，为了不断开发新市场，形成新的利基市场，可以选择实行区域性的特许经营。区域特许经营可采取两种形式：一种是次级特许经营，即在某一特定区域，区域分特许人买断并向其他加盟者转让次级特许经营权；另一种是独家特许经营，即受许人购买某一地区的特许权，并于约定期限内在该地区开设和经营一定数量的连锁店。在次级特许经营中，次级特许加盟店按销售额的一定比例向区域分特许人支付特许费用，同样，区域分特许人也要向总公司支付特许费用。两种类型的区域特许经营都可以使企业在新市场上迅速扩张。此外，一些企业还会选择一定数量的便利店，向这些参加分销的店铺直接供应标有公司品牌的产品。

（三）品牌管理的科学性

"一流企业卖品牌"这个道理对特许经营企业同样适用。21世纪是知识经济时代，也是市场经济更加深化发展和品牌经济的时代。在品牌经济更加发展的21世纪，品牌战略具有愈来愈重要的意义。品牌战略的直接目标是创立、发展和保护企业名牌商标，名牌商标是一个国家、一个地区、一个企业的经济实力和竞争力的象征和标志。随着市场经济的发展，名牌商标战略将更加广泛而深入地渗透到经济生活的各个领域，尤其是企业品牌对特许经营企业的国际业务拓展更具有重大意义，将为特许经营企业发展、提高其国际竞争能力注入生机。

从我国上海的情况来看，目前，上海已有50项中国名牌、422项上海名牌、40项中国驰名商标和318件上海著名商标。还有8项列入了商务部重点培育和发展的出口名牌。上海有效注册的商标已经达到8.7万项。

需要注意的是，对特许经营而言，品牌化产品战略在运作中会在特许加盟店之间造成额外的摩擦。因此，特许经营企业必须设计一个管理系统，将特定的便利连锁店在参加分销的特许加盟店之间进行划分，从而避免了特许加盟店之间的相互摩擦。

第四节 赛百味特许经营战略的实证分析

全球门店最多的快餐巨头是如何让中国消费者爱上三明治的。赛百味(Subway)总发展代理穆择华(Alexander Moody - Stuart)原本应该穿西装，在伦敦金融城的办公室工作，但这位剑桥大学的高材生却没这么干。"在英国做银行工作是一种选择"，他告诉《环球企业家》，"但是我觉得还有更带劲的"。现在，他控制了中国超过1/3的赛百味特许快餐店。这项看似枯燥的快餐生意他已经干了超过六年。

穆择华将经营重点放在餐饮零售业上，他认为随着中国城市人口的增加，这个行业将迅速增长。这个国际快餐巨头在全球拥有3.5万家店铺，比麦当劳还多出1 012家。但在中国，它落后很多：只有226家门店，而麦当劳中国门店总数已经超过了1 000家，肯德基则达到了2 100多家。穆择华的办公室内悬挂着不多的装饰画，其中一张是可口可乐送的，目的是纪念赛百味亚洲突破1 000家店铺。在这个类似波普艺术的时髦画作中，一个巨型三明治包裹着印度泰姬陵、马来西亚双子塔、中国澳门大三巴牌坊等亚洲名胜。办公室内还摆着很多大大的奖杯，其中之一是穆择华参加2010年赛百味全球大会所获得的，就在芝加哥一个豪华酒店里，他被评为赛百味全球销售单周冠军。

现实中的穆择华却颇为低调。要想找到他的北京办公室绝非易事，这座毫不起眼的建筑掩映在北京草场地高高的白杨林和低矮的平房之间，只有外墙粉刷的巨大的赛百味LOGO告诉你，这是赛百味中国总部。这是一份迟来不易的成绩单，在刚刚过去的2011年，赛百味全球卖掉了25亿份三明治，总长度超过80万千米，仅仅在4月份的北京就卖出了50万份。

一、建立可以复制的管理制度

对于特许经营，穆择华将之概括为两点：一是简化的力量，二是严格的标准化以确保质量。以赛百味为例，每天11点前必须丢弃昨日剩下的面包就是铁律。“面包的好坏一眼就可以看出来，我们有办法确保加盟商100%这么做”穆择华说。穆择华绝非唯一被中国快餐市场的强劲增长所吸引的企业家，这个美国快餐品牌在中国至今仍采取多个总加盟商分区域发展的模式。而穆择华管理的北京地区市场显然是最为成功的一个。

穆择华并非赛百味中国市场的开创者。现年56岁的白杰夫(Jim Bryant)早在1995年就将赛百味引入中国，但此后的糟糕的生意却差点搞垮了他。早期赛百味在国内发展一直步履蹒跚。以2005年为例，白杰夫的计划是在北京开38家，但结果只开了19家。由于开店数量不足，赛百味总部每月罚他2 000美元以示警告。沮丧的白杰夫最终选择了转让，于是穆择华就成了接盘者。

二、注意消费群体的定位

在穆择华看来，经营的主要盈利点就在于消费群体的选择。2005年前后，赛百味的客人多数是外国人，店铺布局几乎是围着使馆区。而穆择华则将目光瞄准CBD、写字楼、旅游景区等。现在大约94%的顾客是中国人。不仅白领开始接受这种简单方便的食物，年轻人也非常欢迎它。孩子们非常喜欢自我选择的感觉——“喜欢什么就可以要什么，而不是强迫你必须要这种口味，通过对店员提出要求，孩子们会有一种长大的满足感。”穆择华说，这些都是他与年轻人攀谈得知的。

三、科学的扩张模式

赛百味的扩张模式迥异于麦当劳和肯德基的“直营+加盟”模式，赛百味只做加盟。前两者主要售卖汉堡和炸鸡以及各式甜点，需要很大的厨房，单店面积多在300平方米以上，但是赛百味用不了那么大——你只需要将面包、蔬菜和酱料等以流水线的方式组装起来即可——35平方米就可搞定这一切。专业的冷链物流配送公司负责原料配送，赛百味独有的IT系统则可以通过计算面包销售数量核算营业额，长达40年的积累使得数据臻于完善，经营者可以直接任意生成各种复杂的专业财务报表。这种强大的后台管理系统使得赛百味以一种奇怪的方式野蛮生长，在中国它甚至没有一个统一的总部，各地区总代理直接向新加坡总部汇报工作。

四、注重特许体系构建

位于新加坡的总部在每个地区招募一个类似于穆择华这样的总代理，后者本身就是一个加盟商，自己开店，同时还承担在自己的代理区域招募加盟商的任务，以及随后的初步的资质审核、帮加盟商选址、店面设计、订购设备、开店培训等，还要担当他们与赛百味公司之间的联络人。而每个加盟商都要注册一个公司，以公司形式与赛百味签约。以北京为例，现有的75家门店系由27个加盟商所有，其中12个加盟商拥有3家以上门店。

五、合理的盈利模式设计

为了鼓励开店，赛百味规定：每个加盟商开第一家店缴纳加盟费1万美元，从第二家往后，每家店只收5 000美元。一家赛百味门店的总成本可以控制在80万~100万元人民币之间，而开一家麦当劳则需要超过600万元。“比较而言，赛百味所需资金更小，风险控制能力更强，要是你，你肯定更愿意选择开七八个店而非一个。”穆择华说。单店数量是衡量一个特许经营体系规模的基本指标，也是赛百味最核心的业务指标。在穆择华看来，赛百味能达到如此之大的规模并保持有序地运营，得益于其高效的扩展策略和完善的全球运营管理系统，而赛百味所采取的逐层监控的体制则恰恰与它的规模特点相适应。

六、组织架构设计

特许经营常见的授权体系结构有三种：单店授权方式、区域授权方式和区域主授权方式。其中区域主授权方式更适合国际特许经营。赛百味并没有仅推行区域主授权方式，而是创新地引入了发展代理制。赛百味山东总代表魏佳说，发展代理必须首先是受许人，这一点与区域主加盟商是类似的，但发展代理并不和区内其他加盟商发生特许关系，只负责开发区域市场，督导区内众多加盟商。仅此而言，穆择华的角色更像是区域总监，但不同之处在于他并非赛百味内部职员，与特许人之间并不存在行政隶属关系，而是接受赛百味的监督管理。赛百味总部对于发展代理要符合什么要求、职能范围以及如何获得收益等均作了严格的规定。若想成为发展代理，首先必须经营加盟店半年以上，在考察期内，其加盟店运营必须完全符合总部的各项苛刻条件。

七、强化总部培训督导功能

每个月，总部都会派匿名的调查代表到各个单店中去视察，确保其卫生状况和运营情况都符合规章标准。运营审核通过后，总加盟商需要详细的企划书呈交给总部。其中一项硬性指标即其所在区域内的赛百味单店数量不得少于区内最大竞争对手的店铺数量——这无形中对店铺运营能力提出了最高要求。赛百味总部对这类区域发展代理的选择确定则非常谨慎，目前公司在中国包括香港仅有 13 个发展代理，多数地区仍是空白。位于新加坡的赛百味亚洲总部每周大约收到 1 000 份加盟申请，但获得批准的却寥寥无几。

赛百味严谨的特许加盟体系设计的核心在于控制加盟商，从事前筛选到事后监督辅导环环紧扣。加盟商资质由总部统一筛选，加盟者首先要填写申请表，总部决定审批与否，申请通过后将向各个准受许人提供“公告”——这份繁长厚重的文本显示了一切赛百味的相关信息，甚至包含诸多与受许人之间的各种法律纠纷事宜，类似透明做法的目的是防范日后的法律纠纷。准受许人在获悉这份文件后 10 天内必须签收，之后可以正式加盟并支付加盟金，价格为 10 000 美元，合同期限则持续 20 年。受许人秘密缴纳加盟金以后，必须通过总计 15 小时、总数达 20 个的在线课程及 40 小时店内实习，然后才能参加为期两周的培训课程，且必须通过课程考核，否则不能开店。加盟者必须完成数量相当的“家庭作业”，穆择华会特意安排这些潜在加盟者去一些特定店完成特别的调研课题，以理解以下问题：“什么是好的，什么是不好的，存在的问题以及对餐饮业的看法。”这些加盟者还会被要求充当店员实际工作一到两天。穆择华会留意这些人的工作态度，一些人将会被淘汰。“如果这个人内心不喜欢店铺运营，更别提管理。店铺就是这些人未来每天面对的生活，如果不喜欢肯定搞不好。”随即而来的还有12小时在线课程。此外，为了扶植新开的店铺，穆择华会为这些新店提供80小时的辅导期，经验丰富的店长会从总部派往分店以协助分店熟悉采购物品种类、数量以及各类流程。

八、对单店管理体系构建的关注

对于加盟者来说，首要的问题是寻找店址。这也是穆择华最为关键的工作之一。在北京的数十家门店中，绝大多数都是由发展代理进行选址的，小部分则由加盟商自己寻找地址。穆择华本人亦独自管理着8家门店。一旦找到了合适店面，加盟商需要提供店面计划书，由发展代理将之提交给亚洲总部，再由总部将信息输入计算机并规划整个门店的布局，最大限度地提高店铺利用率。门店的具体格局，包括库房、前台以及就餐座椅的位置都会显示在设计图上。加盟商确定选址之后会将门店的平面图交由美国总部进行审核，由总部设计师进行设计审核，包括桌子的数量、整体布局以及如何摆放，一旦确定，不允许随便更改。上述流程少则需要数天，如果涉及房屋改建，则麻烦得多。一份有关门店租赁合约的复印件会被寄到总部接受审批。未经总部批准，加盟商不得签署租约。

本章小结

1. 进行国际经营扩展的主要方法有：公司独立所有的机构，直接进行的特许经营业务，分支机构的经营，附属公司，合资企业和区域特许经营。

2. 多领域和区域发展的扩张战略：直营形式、多边协议、吸引投资者、确定受许人区域。

3. 特许经营进入国际市场的战略决策：评估和决定进入国际特许经营决策，特许企业进入国别决策，特许企业进入方式决策。

4. 国际特许经营的市场营销战略决策主要包括以下内容：产品决策、价格决策、渠道决策、促销决策、组织结构战略策略。

5. 国际特许经营的策略选择包括：经营模式创新，瞄准顾客群，明确竞争对手，定位发展地区，选择市场营销管理系统。

思考题

一、简答题

1. 国际特许经营战略的基本内容是什么？包括哪些最基本的方面？

2. 什么是国际特许经营的战略决策？它具体包括哪些方面？

3. 结合实际谈谈如何实施国际特许经营的营销战略。

4. 特许经营企业资源的特点是什么？

5. 国际特许经营的策略有哪些主要的选择？

6. 赛百味特许经营战略的实证分析的目的是什么？通过调查讨论：我国特许经营如何借鉴其经营战略？

二、实训题

请针对某特许连锁企业进行经营环境分析，并绘出 SWOT 示意图。

案例分析

案例背景

中国有着五千年的饮食文化，中式快餐有着丰富的饮食品种和深厚的文化底蕴，在这种文化基础上发展起来的中式快餐，进而再发展中式快餐加盟行业，自然而然就标记上了鲜明的中国特色。

一、中式快餐的优势

西式快餐品种、品味单调，文化传承不深，以麦当劳和肯德基为主要代表的西式快餐连锁品牌，其快餐以汉堡、炸鸡块和薯条作为主打产品。而中式快餐品种丰富，能满足不同年龄层次的消费者的餐饮需求，如天津的“食为天”旗下产品在天津市和全国烹饪比赛中获得了 50 多个奖项，江苏的“大娘水饺”目前共有 100 多个品种，而且以每月三个品种的速度递增。价格定位适中使中式快餐在快餐加盟整体市场上更具有竞争力。现阶段，价格仍然是影响我国居民消费的关键因素，西式快餐每次人均消费为 20 元 ~ 30 元，而中式快餐，如“马兰拉面” 10 元左右就能吃得很好，到“惠美饺子”花上 15 元就能吃到多种的纯正口味的美味饺子。

二、中式快餐的劣势

首先，中式快餐创新能力不足。虽然中式快餐品种丰富，口味齐全，但是大多都是消费者很熟悉的炒饭、盖饭、烩面、拉面、豆浆、油条等，即使是具有地方特色的中式快餐，仍然是常年不变地守着祖宗传下来的菜谱，很多快餐只是将现有的品种拼凑在一起。品种创新对中式快餐而言往往只是个名词。而肯德基则以月平均推出两款新产品的速度遥遥领先。

其次，中式快餐连锁企业内部员工管理理念落后。在当今时代，快餐连锁企业竞争归根到底是内部组织文化的竞争，通观全球500强企业，每家企业都有着独特而优秀的企业文化。优秀的企业文化能提高组织的凝聚力，能够激励组织的成员为着组织的共同目标而竭尽全力。内部员工管理落后导致的直接后果是服务水平的低下。西式快餐加盟连锁在中国之所以受欢迎，与其说是享受特色餐饮产品和异域文化，不如说是去享受服务。肯德基快餐加盟连锁有全球统一的经营方针“CHAMPS”，人们到肯德基来享受的是微笑服务，休闲环境，快速的服务。肯德基要求顾客从排队到拿到所点的餐点不得超过5分钟，餐桌必须在2分钟以内清理干净。而中式快餐在这方面往往不尽如人意，根据笔者的一次亲身经历，在成都某品牌的中式快餐连锁店从点餐到上餐足足等待了28分钟！连颇具规模的中式快餐连锁品牌尚且如此，那些单兵作战的“散店”就更不用说了。

再次，中式快餐技术难以标准化。中式快餐讲究火候和调料剂量的把握，很大程度上依赖于厨师，不同的师傅做出来的菜很难保证口味相同，有时即使是同一个师傅也不能保证做出来的每一道菜味道一致，这也是中式快餐难以留住回头客的一个重要原因。相反，肯德基和麦当劳产品的制作早已实现了标准化和工业化，如烤鸡块的时间和调味料的剂量都有严格的标准。

最后，市场难以定位。对于中式快餐来讲，进行差异化定位很难。因为中式快餐的传统小吃中都是大众化食品，没有专门为某一个细分市场设计的产品，即使出现了永和豆浆、西安羊肉泡馍、武汉“野人饼”、台湾一品面等新式连锁餐饮，也没有能针对特定的细分市场，比如女性、儿童、老年人，开发的新产品。

（资料来源：http://www.2muslim.com/forum.php? mod = viewthread&tid = 42587）

问题：你认同本案例中的观点吗？你认为发展中式快餐应采取何种基本策略？

第三章 国际特许经营体系构建

学习任务

通过本章的学习，主要掌握和理解：

1. 系统和体系的含义；
2. 特许经营总部体系的历史沿革、体系构成要素；
3. 体系结构特点及体系构建基本原则；
4. 特许经营总部及区域分部体系的结构、设计理念、构成要素；
5. 掌握特许经营总部以及区域分布体系构建的基本过程。

特许经营体系的构建是国际特许总部工作的核心，是特许经营模式在国际范围内扩张的基础。同时，具有范式意义的总部特许经营体系，也是国际特许企业吸引东道国企业与个人加盟的关键所在，此项工作对国际特许人而言有重要的战略意义，学习本章时，应在了解掌握特许经营战略的基础上，从研究总部体系构建入手，进一步掌握特许经营总部系统的基本概念、体系结构及构建原则，深刻认识和理解特许经营总部体系的设计理念。

案例导入

中国连锁经营协会发布的调查显示，截至2008年年底，中国的特许经营品牌超过3 500个，加盟店总数在30万以上，覆盖的行业业态超过60个。2008年，中国特许经营连锁百强销售规模达到2 199亿元，百强企业门店总数为85 316个，其中加盟店铺数为69 729个。百强企业的单店平均投资金额约78万元，直接带动社会投资金额近200亿元，直接创造就业岗位数超过100万个。根据特许经营模式在中国各行业与业态的发展程度不同，2008年中国特许经营连锁百强企业分为超市/便利店、服装、农资连锁、餐饮、培训教育、酒店、家装、干洗、美容健康、其他零售与服务等大类，共涉及54个行业与业态。2008中国特许经营连锁百强企业中，海外特许品牌不到10家，国内品牌占绝对主导地位。联华超市、李宁(中国)体育用品、内蒙古小肥羊、北京福奈特等均列行业前位。2008年度，百强企业销售收入平均增幅为32%，门店数量的平均增幅为28%；百强企业中，酒店与培训教育业的增幅最高，酒店企业的平均销售收入增幅为63%，门店数量增幅87%，而培训教育企业的销售收入平均增幅52%，门店数量平均增幅43%。

2008年以来，席卷全球的金融危机正在向实体经济蔓延。而作为中国一直发展迅速的连锁行业，也受到了较大的冲击，市场尚未走出低迷期，特许企业体系扩张速度放缓，行业发展前景喜忧参半。2009年一季度，社会消费品零售额同比上升8.3%，呈现了经济放缓对零售市场的影响尚未达到最严重的地步。而零售额升幅较去年同期的16.1%已明显减速，当中以大额类和奢侈品消费的下降最为明显。2008年上半年，中国连锁经营协会分两次对北京、广州、深圳、上海、南京、武汉等地近40家连锁企业进行调研，其总体结果表明，企业的销售、利润均有不同程度的下滑，总的形势不容乐观。

与2007年相比，参与调查的130家特许会员企业，门店总数增长了25.9%，销售额增长了16.7%。店铺增幅比上一年下降了13.8个百分点。不同业态、不同区域表现不同，生活必需品的消费相对平稳，一线城市市场次于二三线城市市场。消费动力持续减弱。零售商纷纷评估各分店盈利水平，对于续约持谨慎态度。商场表现参差，部分非核心区域的商场压力较大，业主纷纷减租吸引新租客进驻，从而导致本季度整体租金水平自2006年以来首次出现双位数字下降，环比下跌11.5%。更值得关注的是，特许企业虽然在2008年保持着较快的扩张速度，但销售增长低于店铺增长的矛盾依然没有得到有效解决。其门店总数增长了25.9%，其销售额增长了16.7%。销售增长明显落后于店铺增长。长此以往，特许企业保持持续增长的目标将无法实现。2009年，零售商将继续谨慎扩张，预计非核心商业区的商铺租金会继续受较大压力，全年平均租金下调。目前，特许企业面临的主要问题，除了市场下滑、选址、商标侵权以及体系的标准化和专业人才的缺乏等以外，如何处理好提高市场份额与加盟商商圈保护、解决同品牌竞争，已经成为进一步拓展的瓶颈。2009年特许企业的开店计划更趋稳健。这其中，加盟店的开发速度将比上一年有所放缓，增幅从25%下调至19%。

（资料来源：http://www.51baogao.cn/lingshou/200909031170.shtml）

第一节 特许经营体系概述

特许经营体系设计遵循系统学的基本原理，在构建过程中对核心要素以及要素功能格外重视。良好的体系结构意味着普适、高效和稳定，特许经营作为一种极具发展潜力的商业经营模式，有其特殊的交易客体：特许权。特许权的本质是特许人的产权自身就是一个完成的体系，其核心是特许人的知识产权，包括专利权、商标权、著作权等。特许权的独特性恰恰在于它不是一种有形的商品，不具有交易的排他性，它是一种无形的权利，可以在一个特许人与多个受许人之间平行地实现交易，在这种一对多的商业关系基础上就形成了一个有规模的、具有新型产权结构的经济组织体系——特许经营体系，如图 3 - 1 所示。

特许经营体系是指在统一的品牌和经营模式下，由特许人和受许人共同经营的一个管理和运营系统。如百胜餐饮集团成立于 1997 年 10 月 7 日，当时百事可乐公司将其三个餐饮品牌——肯德基、必胜客和塔可钟分离出来成立百胜餐饮集团，旗下包括肯德基、必胜客、塔可钟、艾德熊及海滋客 Silver's(LJS) 五个世界著名餐饮品牌，分别在烹鸡、比萨、墨西哥风味食品及海鲜连锁餐饮领域名列全球第一。2007 年百胜全球营业额达 100 亿美元，包括直营和加盟费收入。2011 年 5 月，百胜宣布拟以每股 6.50 港元的价格收购小肥羊公司股权。11 月 7 日，商务部批准了百胜集团的收购计划。目前，百胜在中国已有 3 000多家的肯德基和 800 多家的必胜客门店。这些门店中只有小部分采取了特许经营的方式。

一、特许经营体系设计与构建基本思想

特许经营作为一种现代营销手段，在近百年的实践中，在全球各国获得了巨大成功。伴随着特许经营的国际化趋势和中国零售业的不断开放，研究特许经营体系的设计与构建已成为十分重要的课题和方向。特许经营体系中总部和分店的关系是以经营垄断权和经营技术为纽带的。特许人将自己所拥有的商标、商号、产品、专利和专有技术、经营模式等以特许经营合同的形式授予被特许者使用，被特许者按合同规定，在特许者统一的业务模式下从事经营活动，并向特许者支付相应的特许权使用费用。加盟店在财产和法律关系上是独立的，但在经营管理上自主权较小，经营权属于总部，要按总店规定要求行事。特许连锁体系中更注重企业内部管理，其优势是总部投入较少资本就可以

实现快速扩张，很多集团公司都通过运用特许经营扩大了企业规模、提高了管理水平。特许人、受许人、分受许人、其他供应商以及客户是特许经营体系中的五个利益主体；特许经营总部、区域分特许人、单店是特许经营体系中的三个基本的组织形态。这 8 个部分以及它们之间的互动就构成了一个完整的特许经营体系。这些要素及相互之间的关系就是特许体系设计与构建的主要内容如图 3－1 所示。

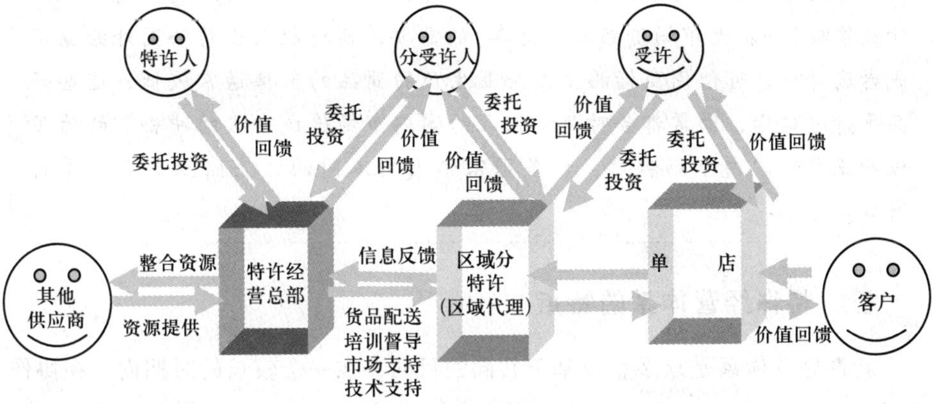

图 3－1　特许经营体系构建流程图

二、特许体系内部关系的性质

国际特许经营的快速发展和成功，已经引起了实业界和理论界的普遍重视，近些年学术界关于特许经营的研究成果大量涌现，形成了一股研究潮流。但仔细分析发现，人们主要将研究目光汇聚于特许经营体系产生的原因以及这种组织形态的优劣势分析上。学界基本上认可将特许经营体系的组织属性界定为企业和市场之间的一种中间性组织形态。

特许经营体系用较低的组织成本获得了较高的非一体化下的合作程度，用较低的交易成本获得了较高的交易市场化程度。从不同的角度看，特许经营体系具有不同的组织内涵。具体而言，从制度经济学的角度看，特许经营体系是一种介于科层组织和纯市场之间的中间性体制组织；从创新经济学的角度看，特许经营体系又是一个创新系统。

阅读资料

平行进口(Parallel imports)是指本国的商标权人将自己生产的商品出售给国外经销商或者将自己的商标许可给国外生产企业后，这些国外的经销商或者生产企业将其与商标权人在国内生产的相同的商品，重新进口到商标权人所在国的做法。这些产品本来是由商标权人投放海外市场的合法产品，但由他人在未经商标权人同意的情况下进口到本国市场。由于这种未经许可的进口往往与正式许可的进品平行，故被称为平行进口。由于市场营销策略(如扩大市场份额和占有率)的需要，商标权人出售给国外经销商或者国外被许可使用商标的生产企业生产的商品的价格通常较低，这些产品平行进口后，通常都会对商标权人的国内市场造成一定的冲击。故为了保护正常的国内市场秩序，许多国家都采用不同的方法阻止商品的平行进口。

三、特许经营体系的特点

特许经营体系是众多企业基于共同的目的，在一个较长的时期内，在协作的过程中形成的一个相对稳定的网络组织，其主要特点表现在以下几个方面。

(一) 规模的经济性

新制度经济学认为企业的边界(Enter prise boundary)是内部组织费用与外部交易费用相等时，在这种情况下就会达到最适度的生产规模。如果在此规模基础之上，企业规模再扩大，那么企业效益就会减少而不是增加。事实上，把企业内部活动外部化正是特许经营体系形成的一种方式。合作一体化就是企业规模、企业边界扩大的过程。如从企业和市场之间关系的角度看，它也可以看做是把原来属于市场交易关系的活动内化为企业内部活动的过程。非一体化是相对于一体化而言的。非一体化是指将原来属于企业内部活动的过程外化为市场交易关系的活动。在这个外化的过程中，企业的有形边界得到压缩、规模不断变小。甚至于原来隶属于一个大企业的下属单位可以变成新的、规模较小的、完全独立的企业。这样，单个企业部门的规模趋于缩小，而功能却趋向于专业化。相反，整个企业集团辐射的范围在增大，产品的生产销售更多是依赖众多企业的合作而非由单个企业独立完成。

(二) 关系的契约性

加强组织间的协调对特许经营体系中的各方十分重要，因为体系内各部分具有相对独立性。特许人和受许人是两个独立的实体，分别拥有各自的所有权，彼此之间没有依附和支配关系，从这个意义上说二者处于市场组织状态。但两者之间的交易关系又不同于纯粹的市场交易关系，纯粹的市场交易关系具有自发性、盲目性以及临时性的特点，而特许人与受许人之间的关系具有稳定性和长期性。双方以特许合同为纽带，形成了一种契约关系，通过特许合同实现了双方权利的安排和控制。双方关系的稳定性与长期性保证了产品的高质量以及供给的稳定性，大大降低了市场波动和不确定性风险，使得特许经营体系的发展具有一定的安全保障机制。

在一体化的企业里，企业的活动要贯穿于产品研发、生产及销售整个过程。而在非一体化下的特许经营体系里，特许人和受许人处于价值链的不同环节，双方分别贡献出自己所拥有的独特资源，通过能力和资源的互补，形成了分工协作的关系。根据新制度经济学派的观点，对于经济规模分散的组织，其品牌促销活动最好集中进行，而产品和服务分销最好本地化，特许经营体系就具有上述特征。这样，大规模的集中品牌促销与产品/服务本地化的高效率分销相结合。降低了特许经营体系中特许人与受许人在经营活动中的交易费用。此外，受许人通常都是在本地经营，比较了解当地习俗、消费习惯和需求等具体情况。因此，特许经营实现了“本土化”经营，这在一定意义上比企业依靠自身的力量进行扩张更有利，从而在一定程度降低交易费用。从以上分析我们看出。特许经营的产生与发展与企业间的分工、合作密切相关。正是这种非一体化下的合作解决了科层组织内部组织费用过高的问题，从而提高了效益。

（三）交易的低成本性

企业之所以替代市场是因为企业内部组织费用低于市场交易费用，企业的出现是因为劳动力市场效率高于中间产品市场交易效率，这两种理论都暗含着，以一个长期劳动契约取代一系列短期契约，使企业家对企业内部的劳动者进行统一指挥、协调，而非直接出售企业家的经营决策和管理知识来获得收益是节约成本的。这种解释无疑具有一定合理性。但问题在于，随着社会的不断发展，企业之间的交易已突破以传统的标的物为交易对象的框架，在市场交易中，也包含有归属于科层组织内部的经营决策、协调、知识等非市场因素。特许经营的核心是知识产权的转让。特许人作为知识产权的生产者和所有者，他在与其他企业进行交易时，在标的物交易的同时伴随的是经营管理知识的跨企业使用，是特许人经营管理知识向受许人的外溢，是特许人向受许人的管理输出和超边界管理。特许人利用知识产权资本的非重复性、可复制性、可消费性和可学习性，通过特许经营的方式扩张和发展分支机构，将企业的无形资本的潜在价值转化为现实价值的规模效益，以便形成规模经济，并获得成本节约优势。这进而会吸引更多的企业尤其是缺乏先进管理和技术的中小企业，出于分享科学的管理和先进的技术的动机而加入到特许经营体系内，使特许经营体系得以不断发展和壮大。

（四）角色的双重性

科层组织在其内部通过权威来指挥协调工作；在纯粹的市场中，企业之间仅仅通过市场界面来交流信息、相互作用。而在特许经营体系内，市场主体已经超越了自己的“本分”，超越了产权边界和市场关系，与相关企业不仅在市场界面上交流，而且在一定程度上介入了与之相关联的企业内部生产过程，发挥原来只有在科层组织中才存在的指挥、协调和干预作用。因此，我们可以认为特许经营体系是一种中间性组织，认为它兼具市场和企业的特征：“它像市场体现于特许方和受许方在资本、劳动和产品市场上的交易；特许经营类似于企业的特点在于双方之间约束性的双边关系，这种关系常常很像完全的纵向一体化。”特许经营体系构建需要外界条件支持，在不同条件下，体系构建的程度会有所不同。这与特许经营特点及业务流程特性有很大关联性。

第二节　特许经营总部体系设计与构建

特许经营总部体系的设计与构建需要以科学的理念作指导，同时必须遵循特定的原则。在以往经营实践规律总结的基础上，可以提炼概括以下一些基本思想和原则。

一、体系设计的基本理念

特许经营企业重要的业绩衡量标准之一是体系的数量以及扩张范围，一个庞大的特许经营体系的建立作为管理者必须首先具有系统的思想。下面从系统的基本概念出发，站在理论高度来理解特许经营体系概念。

（一）系统的定义

“系统”这个词来源于古希腊“system”一词，有“共同”和“给予位置”的含义。现代关于“系统”一词的定义也不统一，一般可以理解为“由两个或两个以上相互区别、相互作用的元素组成，为了达到一定目的而形成的整体”。系统这个概念涵盖非常广泛，宇宙中的星系、人类社会、企业甚至是人体都可以看做为一个系统，系统中的每一个单元也可以成为子系统。一个系统可以是另一个大系统的子系统，它也可以继续分成更小的系统。如一个特许经营企业由采购部门、督导部门、销售部门、质量保证部门、人力资源部门、财务部门等组成，那么这家特许经营企业就可以看做一个系统，各部门可以看做是企业这个系统的子系统。

（二）系统的特点

尽管系统是由不同的元素构成的统一体，但是单纯的集合体不同，系统具有自身的特点。

1. 整体性

组成系统的各个元素不是简单集合在一起，而是有机地组成一个整体。每个元素要服从整体，追求整体最优，而非每个元素最优。

2. 层次性

系统中的每个元素本身又可自成一个系统，可称其为系统的子系统。以国民经济系统为例，包含许多子系统，如工业系统、农业系统、金融系统、商业系统、交通系统等。而其中交通系统又可进一步分为民航系统、公路系统、铁路系统、水运系统等。

3. 相关性

组成系统的各个元素相互关联、相互作用。如在一家特许经营企业中，采购部门为销售部门采购商品，配送部门为销售部门配送商品。组成系统的各个元素相互关联、相互支援、相互制约，使之有机结合成有特定功能的社会系统。

4. 目的性

任何系统都有目的和目标，无目标的元素组成的集合不能称之为系统。如连锁配送系统的目的是为了实现物品的时间价值、空间价值和形状价值。

5. 环境适应性

任何系统都处于一定的环境之中，系统总是要受到环境的影响和制约，系统也会对环境的变化做出反应。人们把环境对系统的影响称为刺激或冲击，将系统对环境的反作用称为反馈。系统对环境的适应性表现为环境对系统提出的限制和系统对环境的反馈控制作用。

（三）系统的一般模型要素

系统是相对外部环境而言的，并且和外部环境的界限往往是模糊的，所以严格地说系统是一个模糊集合。外部环境向系统提供劳动力、手段、资源、能量、信息，成为系统的“输入”。将系统的“输入”进行必要的转换处理活动，使之成为有用的产成品，供外部环境使用，成为系统的“输出”。输入、处理和输出是系统的三要素。如一个特许经营企业输入人员、材料、设备等资源，经过经营活动的处理，得到一定商品(服务)作为输出，这就成为特许经营总部或单店的运营系统。外部环境因资源有限、需求波动、技术进步以及其他各种变化因素的影响，对系统加以约束或影响，这些因素被称为系统的“干扰”因素。另外，输出的成果不一定是理想的，可能偏离预期目标，因此要将输出的信息返回给系统，以便调整和修正系统的活动，这成为系统的“反馈”。

(四) 体系的概念

体系泛指一定范围内或同类的事物按照一定的秩序和内部联系组合而成的整体，是不同系统组成的系统。对特许经营体系而言，其特征与一般经济产业体系有许多相似之处。由于商业特许经营行业属于第三产业，所以，其发展必须依托其他产业发展，第一、第二产业的发展是第三产业的基础，而第三产业发展也为商业特许经营的发展提供物质条件。

20 世纪 80 年代起，商业特许经营在发达国家首先兴起，伴随现代服务业的快速发展，特别是虚拟经济的成功，使传统意义上的特许经营发展出现了新的更加具有战略意义的盈利点，而且发展势头强烈，这也从侧面说明产业经济体系与特许经营体系的密不可分的关系。

二、特许经营系统化设计的理念

系统论思想最初由美籍奥地利科学家贝塔朗菲(Bertalanffy)提出来的，起初主要应用领域在生物学界，后来人们将这种分析方法逐渐推广到经济社会领域。在质量管理领域，美国质量专家戴明(William Edwards Deming，1900—1993)提出的系统理论极具科学性，不仅在质量管理活动中得到广泛应用，在特许经营体系设计中也有相当实用价值。SIPOC 模型就是戴明提出来的组织系统模型，是一组非常有用而且常用的，用于流程管理和改进的技术。

(1) 供应商(Supplier)——向流程提供关键信息、材料或其他资源的组织。之所以强调“关键”，是因为一个公司的许多流程都可能会有为数众多的供应商，但对价值创造起重要作用的只是那些提供关键东西的供应商。在特许经营模式中供应商主要指向核心流程提供资源的组织。

(2) 输入(Input)——输入是控制论中的一个概念，包括物质输入、能量输入、信息输入，即表现为系统的功能，反映能量转换的过程。输入是系统存在的必要条件。通常会在 SIPOC 模型中对输入的要求予以明确，例如输入的某种材料必须满足的标准，输入的某种信息必须满足的要素等。特许经营模式中一般把输入看做是供应商提供的各类资源。

(3) 流程(Process)——使输入的信息资源等发生变化成为输出物(产品)的一组活动。

(4) 输出(Output)——流程的结果即产品。通常会在SIPOC模型中对输出的要求予以明确，例如产品标准或服务标准。输出也可能是多样的，但分析核心流程时必须强调主要输出甚至有时只能选择一种输出，判断依据就是哪种输出可以为顾客创造价值。

(5) 客户(Customer)——接受输出的人、组织或另一个流程，不仅指外部顾客，而且包括内部顾客，例如材料供应流程的内部顾客就是生产部门，生产部门的内部顾客就是营销部门。对于一个具体的组织而言，外部顾客往往是相同的。

戴明认为任何一个组织都是一个由供应者、输入、流程、输出、客户这样相互关联的5个部分组成的系统，如图3-2所示。

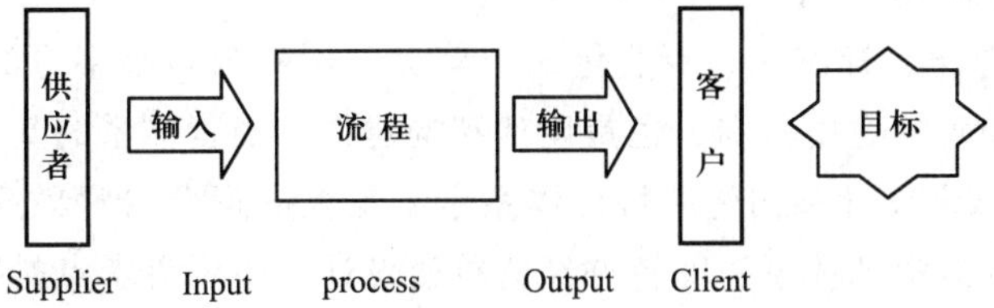

图3-2 SIPOC模型

SIPOC模型对于特许经营企业有着重要指导意义，它将过去一直被人们当作组织以外的部分，即客户和供应商，与组织主体部分放在一起，作为一个整体来研究。同时SIPOC模型特别强调系统的目标与系统密不可分。如果特许经营企业没有恒久而明确的目标，就无法设计一个有效组织系统。

特许经营企业应当运用系统论思想进行有效管理，在特许体系设计与构建中，戴明的系统(过程)思想更具有指导意义，可以说系统化思考是设计和构建特许体系的必须遵循的最基本理念。

总部系统的功能包括如下几个方面:

(1) 对单店商品/物料配送的功能;

(2) 对单店市场支持的功能;

(3) 对单店技术支持的功能;

(4) 对单店培训和督导的功能;

(5) 收集和处理单店经营信息的功能;

(6) 整合和管理系统中其他供应商的功能;

（7）授权和管理加盟商的功能。

特许经营企业作为一个由总部机构和众多受许人(加盟商)与加盟店所组成的庞大而复杂的体系，需要严密和科学的管理。在特许经营体系运行中所发生的人事、财务、物流、培训、督导等众多事务都必须要在总部的统一管理下有条不紊地运转，任一环节的失误都可能导致整个体系遭受不可挽回的损失。有人形象地将特许经营体系的总部比作整个体系的"龙头"。有了一个科学、高效和强有力的总部，才能使整个特许经营体系保持生机和活力，并在激烈的市场竞争中立于不败之地。

三、总部特许经营体系构建的原则

在特许经营体系构建中运用系统思想方法具有一定的科学性，实践证明这种思想方法对提高体系构建的效率作用显著。在体系构建中应当坚持以下原则。

（一）3S 原则

3S 是简单化、标准化、专业化 3 个英文单词的第一个字母的组合。3S 原则既是特许经营的通用原则，也是设计和构建特许经营体系的基本原则。遵循 3S 原则将给未来设计和构建的特许体系带来最大的运营管理效率。3S 原则中三者之间有一定辩证关系，即特许经营单店设计的主要诉求点是吸引顾客、标准化和与顾客有直接关联。

1. 标准化(standardization)

标准化是为了有利于特许经营模式的复制、有利于特许经营体系的管理和控制，及保持整个特许经营体系的一致性，特许人对其业务运作的各个方面，包括流程、步骤、外在形象等硬软方面，经过长期摸索、谨慎设计之后而提炼出的，能够随着特许经营体系的扩大而适应各个地区加盟店的一套统一的模式。

2. 专业化(specialization)

专业化就是特许经营体系各个基本组成部分的总体分工，特许经营体系为了保障其良性运转，必须把不同的职能交由不同的部分来完成，然后各个部分协调、合作的结果才能使特许经营体系成为一个具有自我发展和良好适应外部环境能力的有机整体。

3. 简单化(simplification)

简单化指作业流程简单化、作业岗位活动简单化，由此可以使员工节约精力，提高工作效益，以最少的时间和体力支出获得最大的效益。很多成功的特许人都会对作业流程和岗位工作中的每一细节作深入的研究，并通过手册归纳出来。著名的麦当劳手册中甚至详细规定了奶昔员应当怎样拿杯子、开机、灌装奶昔，直到售出的所有程序，使其所有的员工都能依照手册规定操作，即使新手也可以依照最有章法的工作程序，迅速解决操作问题。

贝塔朗菲的重要贡献之一是建立关于生命组织的机体论，并由此发展成一般系统论。1937 年，他提出了一般系统论的初步框架，1945 年在《德国哲学周刊》第 18 期上发表《关于一般系统论》的文章，但因战火，未被人们注意。1947 年他在美国讲学时再次提出系统论思想。1950 年发表《物理学和生物学中的开放系统理论》。1955 年其专著《一般系统论》成为该领域的奠基性著作。20 世纪 60 – 70 年代其理论逐渐受到人们重视。1972 年他发表《一般系统论的历史和现状》，把一般系统论扩展到系统科学范畴，也提及生物技术。1973 年修订版《一般系统论：基础、发展与应用》再次阐述了机体生物学的系统与整合概念，提出开放系统论用于生物学研究，以及采用计算机方法与数学模型建立，提出几个典型数学方程式。

（二）统一性原则

统一性原则是指特许经营的单店必须遵守设计及运营管理的基本规范，这些规范被概括为 6 个统一。

（1）统一 VIS，即统一商标、服务标志、店面形象、行为规范。

（2）统一管理。日常管理流程按照总部设计的营运手册执行。

（3）统一广告促销。单店日常广告促销活动按照总部统一规划和计划进行。

（4）统一配送。单店货品统一由总部配送中心配送。

（5）统一价格。单店商品进销价格执行总部的统一标准。

（6）统一商品和服务标准。单店商品和服务标准遵照总部设计的商品手册和服务手册执行。

统一性原则可以确保消费者无论走到哪里，看到特许企业经营的产品或服务都是一致的品牌形象，享受的是标准化的服务，支付的是统一的价格，这无疑会给增强消费者的信心，从而建立起特许经营企业的商业诚信。

四、总部特许经营体系构建的可行性分析

（1）构建特许加盟体系的必要性分析

（2）构建特许加盟体系的基础性分析

① 具有成功的盈利模式；

② 具备可知识化的特权；

③ 能够被复制的模式；

④ 完整的运营体系；

⑤ 准确的市场定位；

⑥ 足够的前期资本；

⑦ 广阔的发展前景；

⑧ 持续的创新能力。

（3）构建特许加盟体系的可行性分析

① 融资可行性分析；

② 投资收益预测分析。

（4）构建特许加盟体系的社会效益分析

① 对国家政策和社会的影响：就业、经济结构、经济发展水平、生活质量。

② 与当地科技、文化、基础设施发展水平的相互适应性。

③ 与当地居民宗教、民族习惯的相互适应性。

④ 对合理利用自然资源，保护生态环境和生态平衡的影响。

（5）构建特许加盟体系的社会效益分析

① 对国家政策和社会的影响：就业、经济结构、经济发展水平、生活质量。

② 与当地科技、文化、基础设施发展水平的相互适应性。

③ 与当地居民宗教、民族习惯的相互适应性。

④ 对合理利用自然资源、保护生态环境和生态平衡的影响。

（6）构建特许加盟体系的风险分析。

① 行业风险：行业内竞争激烈。

② 市场风险：竞争环境的变化、政策的变化。

③ 经营风险：经营模式的风险、管理的风险。

④ 政策和法律的风险：投资、商标、税收、行业或地区管制、融资等风险。

显然，总部体系构建的基本理论依据是系统思想，系统的核心三要素体系、过程、要素在特许经营体系构建中得到很好的运用。设计特许经营体系如同设计一座建筑一样，首先要勾勒出基本的体系框架，特别是主要枝干，即在哪几个重要的区域先开展特许经营，推广特许经营权。然后是特许经营推广过程及前述的 SIPOC 过程模型，如何输入资源，如何最有效地进行价值转换等，资源是重要的要素，是驱动特许经营体系扩张的内在动力。

第三节 特许经营区域分部体系设计与构建

区域分部是特许经营体系中的核心构成。特许经营体系的区域分部有几种不同的类型，其主要的区别是区域分部的权利所属方面，如有的分部只能出资建设多家单店而不能再以特许形式发展加盟店，有的分部则可以再以特许方式进行加盟，有的分部则既能自建单店作为样板店同时又可以发展特许加盟店等。

一、区域分部设计的基本构想

区域分部的建设对于特许经营体系而言是一个非常重要的问题，尤其在 CIS 的统一以及充分反映特许人的风格等方面。但遗憾的是，目前国内的许多特许经营企业对于区域分部的 CIS 缺乏足够的关注。其中一个表现就是，我们经常可以看到模式一致的单店，却看不到模式一致的区域分部。某些特许经营体系的区域分部甚至仍然是该区域受许人原来企业的设计模式，从其外观、理念、规章制度、行为作风、企业风格等方面完全看不出它所代表或加盟的特许人的痕迹。这对于特许经营体系的发展具有一定负面性，特许人应该转换观念，强化对区域分部的 CIS 设计工作。

对于分部的设计要注意原则性和灵活性的有机结合。如对于那些为了建设特许人体系的区域网络而单独成立一个公司的区域分部而言，特许人要为他们设计一整套的 CIS，包括 MI、BI、VI、AI、SI、BPI、OI 七个部分，那么这些区域分部的对外形象和内里特征就更像是总部的一个简缩版本或总部的一个分支、子(分)公司。

而对于那些仅以再特许或分销特许经营为自己企业一部分业务的分部而言，因为他们本身有自己企业的一套 CIS，他们只是把分销特许经营作为自己获取额外利益的一项业务而已，所以，特许人必须在特许经营体系的 CIS 与这些分部的 CIS 之间寻求一个平衡。虽然最好的情况是要求分部按照特许人设计的一整套分部 CIS 来建设一个单独的分部，但也允许分部根据自己的实际情况保留自己的一些特色，因为这样对于特许人的特许经营体系扩展是有好处的，否则可能导致因特许人条件的过于苛刻而失去很多潜在的合作者。特许人可以采用一些变通的手法，如要求分部在有关特许经营体系的对外往来上，应采用有特许经营体系标志的一些文件、函单、形象外表、声音、图像、行为特征和甚至精神风貌等。而在他们自己的非特许经营业务上，则可以按照他们自己的一套 CIS 来做，但两者应能明显区分。

（一）区域分部的 BPI 设计

区域分部的 BPI 设计应根据各个特许人对各分部的具体要求来进行，即总部要对不同区域分部的工作流程、步骤等进行分别地规定和描述，以便区域分部人员有章可循。区域分部的 BPI 设计业分为两类：开设区域分部的 BPI 与区域分部日常营运的 BPI。开设区域分部的 BPI 是指一个分部从确定选址原则一直到开业期间应做的工作，其步骤分为：确定区域分部的选址原则、目标市场调查和分析、初选地址、分析并确定地址、人员招聘与培训、证照办理、开业筹备、正式开业等。其设计的基本步骤如下：

1. 确定区域分部的选址原则

因为区域分部的主要任务并不是对顾客进行直接的营业，而是开发、管理和服务本区域的单店网络，所以区域分部的选址原则就和单店的以对外零售为目标的选址原则不同。通常区域分部应遵循下述各项原则：

（1）在组织管理设计上，应便于开发、管理本区域的单店网络；保证区域分部拥有期限与分部的特许合同期限匹配。另外，区域分部设置需要考虑周边配套服务问题，以便于整合社会服务资源，提高经营质量。

（2）在物流功能上，应便于进行单店网络的商品配送、信息传递等辐射性工作。为此，分部的位置最好能选择本区域网络的中心或一个可以方便地成为区域网络辐射中心的地方。对需要物流配送的区域分部而言，运输费用的节省十分重要。

（3）在空间上，应以临近的单店作为区域总部直营的样板店。有的区域分部还把分部和直营店连成一体，做成前店后部的形式，效果更佳。这样，区域分部的人员就可以经常到单店的现场去实践，便于发现问题。

（4）在渠道上，应注重销售终端选址。因为区域分部不是一线市场的终端，不需要考虑到最终消费者的消费便利性，所以为了节省费用，分部的地址可以选择一个相对便宜些的地段，而未必选在商业的黄金地段。

2. 目标市场调查和分析

区域分部的市场开发计划是针对招募加盟商或区域内开设多家单店的。所以，区域分部的市场调查和分析除了进行开设单店时要做的市场调查和分析之外，还应着重对有加盟意向的潜在受许人进行调查和分析。这一点和单店不同，单店的市场调查分析重在本商圈内的潜在顾客，区域分部的市场调查分析重点则在本区域内的潜在受许人。为了在所特许区域建设特许经营网络，区域分部应对整个区域的经济状况、市场环境、人口统计、自然地理、人文风俗等进行“宏观”的调查分析，以便决定在该区域铺设特许经营网络的方式、进度、规模等。

3. 分析并确定地址

根据选址原则和对目标市场的调查分析，区域分部受许人可以选择几个候选的地址，然后逐一比较各自利弊，同时考虑到区域分部的较长期战略发展，最后确定一处地址为区域分部的所在地。

4. 人员招聘与培训、证照办理

区域分部招聘的人员和单店的人员有很大区别，通常情况下，单店的人员多是零售终端的执行层，其目的是保证一个单店的正常运转。而区域分部的人员多是市场开发、后勤服务和管理人员，其目的是保证一个区域内特许经营网络的正常运转，保证这个区域内的多家单店正常运转。

同时，因为区域分部的业务性质和单店不完全相同，所以分部要办理的证照也和单店不同。

5. 开业筹备与正式开业

分部的开业虽不必像单店的开业那样准备复杂，为了扩大地域影响而搞一次别开生面的开业仪式，但分部的开张也要做一些必要的公关和宣传工作，如在有关媒体上发布开业信息等。

（二）分部的日常营运

分部的日常营运是指区域分部在开业以后的日常营运中所进行的各种工作的流程、步骤等。根据区域分部的类型不同，其日常营运的工作也具有较大的区别，但大致都会有如下四项任务内容：

（1）开发区域市场。在区域分部所在区域进行加盟商的招募和加盟店的营建，建设本区域的特许经营网络。

（2）为区域单店网络做后勤服务。如商品配送、信息管理、与总部的联络、培训等。

（3）管理整个区域网络和区域内的各单店。对单店的人员提供培训，以及营运质量监督是区域分部的重要职责。

(4) 其他总部约定的工作。对总部临时布置的工作，分部应该及时作出反应，尤其是在特许经营体系面临危机时，分部为区域单店网络所做的后勤保障服务就显得格外重要。

二、区域加盟商的运作手册

特许总部在设计上述两项内容的同时，应同时编制出一份区域加盟商的运作手册。具体而言，区域加盟商运作手册应包括如下内容：

(一) 手册介绍

1. 简介或前言

强调特许经营体系的意义在于特许人和加盟商双方共同努力和付出，指出手册的意义以及编制目标，概述手册的主要内容和目录框架。

2. 使用指南

使用指南指出手册的使用和保管事项，包括谁是使用者、在什么地方、以什么方式、为什么目的、关于什么内容时可以使用等。

3. 手册的修订

手册的修订指出手册的修订办法、修订程序、修订人、修订周期、修订消息如何发出以及加盟商应如何对修订通知作出响应等。

4. 保密条款

保密条款指出手册的保密规定以及违反保密规定的后果，如规定任何人都不许抄袭或复印本手册的任何内容，或者以口语化、口耳传达、录音或其他方式将内容转告他人。如果必须向他人透露，必须经过特许总部的书面认可。否则，将被视为违反特许经营合同，特许经营合同可能因此而终止。

(二) 区域特许经营问题

(1) 特许人权利。主要包括商标权、著作权(管理手册)以及经营过程中所涉及的相关产品加工或服务流程专利权。

(2) 特许人义务。主要包括特许人对于分部或区域加盟商的初期开业支持、配送、初期培训和持续培训、营销广告支持、区域保护等。

(3) 加盟商权利。主要包括要求分部代表总部给予人员培训、物流支持、质量保障、资金融通、整体营销等，加盟商特许权设计需要兼顾双方利益。

(4) 加盟商义务。主要包括按时交纳加盟费、保证金、利润分成，同时在经营中维护总部品牌形象，保守商业秘密，不超越经营范围，保证产品和服务质量标准等。分部必须明确总部规定的加盟商的义务，并以制度保证实现。

(5) 特许权。区域分部必须重新对本体系的特许权组成进行详尽描述，包括有形产品生产（包装和加工）权利和无形服务（包括流程设计、管理手册提供、人员培训、技术指导）两个部分。

（6）产品与服务。区域分部应当对特许业务中的产品和服务进行说明，因为特许人拥有的某些产品和服务不是或暂时还不是特许的内容之一。这种情况下区域分部必须对此做技术性的解释，以便使受许人明确经营的范围以及获利的标的，以免引起不必要的法律纠纷。

（7）特许人与加盟商之间的沟通。沟通方式以及信息传递媒介。对沟通的效果以及特许人的满意度有实质性意义，尤其是在督导与培训环节中，除传统的书面文字以及口头语言沟通外，要充分利用信息网络工具，提高沟通的速度和效率。

（三）区域分部开设问题

（1）确定区域分部的选址原则。

（2）目标市场调查和分析。

（3）人员需求分析、招聘与培训。

（4）证照办理。

（5）开业筹备与正式开业。

（四）分部日常运营

同特许总部运营具有相似之处是分部上线的直线管理问题，对于加盟商而言，其直线的上层管理就是分部。而对于经营环节复杂的特许体系而言，下线就是次加盟商，次加盟商相关事宜应根据特许体系以及经营性质来具体设定。因为招募主体的多样性，所以在分部运营中有时会出现交叉性的工作流程。

1. 组织招募与营建次加盟商

第一，招募流程。在这个环节中，要根据具体情况，由区域总部或加盟商共同或单独来完成招募次加盟商的工作。这是很多区域加盟商的重要工作，这项工作类似总部直接招收加盟商，同时也有一定区别，如有的特许人会规定，区域加盟商只有权和次加盟商签订加盟意向合同，而最终签订特许经营合同，必须由特许人和次加盟商直接签约。而有的特许人则给予区域加盟商和其招收的次加盟商直接签订特许经营合同的权利。手册的这一部分必须详细说明本体系的区域加盟商招募次加盟商的全部流程。

第二，招募组织架构与岗位职责。如果是区域加盟商担任招收次加盟商的工作，那么建立招募组织架构以及明确各岗位的职责就显得格外重要，区域加盟商如果招募次加盟商，就必须在招收工作开始前做好组织设计。因为要招收次加盟商，所以区域加盟商的招募组织架构以及人员岗位职责等也要在此说明。

第三，招募策略总结。在整个招募次加盟商的过程中，因不同的特许体系区别度较大，各个招募过程又有不同的特点，所以要善于总结经验，积累带有共性的策略方法。次加盟商的招募方法、招募规划等内容也要予以详细地说明，以指导区域加盟商的招募工作。

第四，发展次加盟商。在次加盟商发展过程中，区域分部承担主要的招募工作，即使由区域加盟商负责的招募工作，区域分部也应当做好指导工作。总部应明确区域加盟商在营建次加盟商中应承担的职责，应实施的工作的内容和流程等。

2. 管理库存与物流配送

有的区域加盟商要承担部分或全部物流配送的职责，所以本部分内容应至少包括如下方面：

第一，存货管理（存货量、货物调配、存货盘点、补货、验货程序、货物差错等）；

第二，退/换货管理（退/换货条件、程序等）；

第三，货款管理。

3. 财务管理

区域加盟商的财务管理工作比较复杂，因为它们可能需要同时管理三个方面的财务：区域分部财务、区域加盟商自己直营店的财务、次加盟商的财务，所以手册的本部分应分别对这三方面内容进行讲解。

4. 人力资源管理

本部分内容是区域加盟商（区域分部）的人力资源管理，应至少包括如下方面：

第一，组织结构；

第二，岗位职责描述（如经理、职员、收银员、物流、营销、招募、保安人员等）；

第三，岗位要求描述（各个岗位的胜任能力要求等）；

第四，招聘（包括广告、面试安排、面试提问、观察与评估、讨论薪金、录取、受雇前健康检查、个人资料存档、报到、迎新等）；

第五，激励（激励原则、机制、形式等）；

第六，培训（培训管理制度、培训课程体系、培训计划、培训内容、培训实施等）；

第七，薪酬管理（薪酬水平、薪酬结构、薪酬支付等）；

第八，绩效考核；绩效考核的标准及方法；

第九，签订解除、终止、延续劳动合同；

第十，工作时间（如工作日、用餐时间、公共假期、班休时间、上下班时间等）；

第十一，员工福利（如年假、病假和住院假、婚假、丧假、员工折扣、员工守则、纪律问题等）。

5. 市场营销

市场营销主要包括两个大的方面，一是招募次加盟商活动的营销活动，二是单店的营销活动。本部分必须对这两个方面作详细讲解，重点是招募次加盟商活动的营销活动，因为单店的营销活动会在单店手册里详细描述。

6. 客户服务

客户服务主要包括两个大的方面，一是对于次加盟商的服务，二是对于客户的服务。本部分必须对这两个方面作详细讲解，重点是对于次加盟商的服务，因为客户的服务会在单店手册里详细描述。

7. 区域管理和督导

管理区域特许经营体系以及实施督导权利是区域加盟商的主要工作内容之一，本部分应详细讲解区域次加盟商的区域管理和督导的方法、流程、技术等。

8. 信息管理

信息管理包括信息自次加盟商向上的收集、整理、分析、汇报、传递等工作描述，以及信息自总部向下传递、监督、管理等工作。

9. 次加盟商培训

对次加盟商的培训，尤其是加盟后的持续培训越来越成为众多区域加盟商的重要职责之一，此处应重点描述区域加盟商如何实施对次加盟商的培训，包括培训的时间、地点、频率、内容、方式、费用、师资、教材等。

（五）附件

（1）特许经营单店加盟合同；

（2）特许经营区域加盟合同；

（3）系列单店运营手册；

（4）总部及各部门联系方式；

（5）其他附件。

总之，在特许经营体系设计中区域分部的建设是一个非常重要的问题，分部的 BPI 设计应根据各个特许人对各类分部的具体要求来设计，即总部要对不同区域分部的工作流程、步骤等进行分别地规定和描述，以便分部人员有章可循。

本章小结

1. 特许经营作为一种极具发展潜力的商业经营模式，有其特殊的交易客体：特许权。特许权的本质是特许人的产权，其自身就是一个完成的体系，其核心是特许人的知识产权，包括专利权、商标权、著作权等。

2. 特许经营体系的特点：规模的经济性，关系的契约性，交易的低成本性，角色的双重性。

3. 特许经营体系构建的原则是：三S原则，统一性原则。

4. 分部的BPI设计主要内容包括：确定设计原则，目标市场调查与分析，分析与确定地址，人员招聘与培训，开业筹备与正式开业。

5. 区域特许经营问题：特许人权利；特许人义务；加盟商权利；加盟商义务；特许权；特许人与加盟商之间的沟通。沟通方式以及信息传递媒介。区域加盟商的运作手册的主要内容。

思考题

一、简答题

1. 特许经营体系总体规划制订的步骤有几步？

2. 特许经营体系设计的基本原则有几点？

3. 总体发展规划的主要功能为何？

4. 试列举区域分部体系设计内容及思路。

5. 分部日常运营所涉及的主要内容是什么？

二、实训题

请就某一个特许经营企业的区域分部进行BPI设计并画出设计流程。

案例分析

案例一：

案例背景

如果说加盟连锁经营店品牌信誉度最高的，各种“老字号”绝对可算其中的一类。许多投资人都把目光放在了“老字号”企业的身上，但想要加盟

"老字号"企业可不是一件容易事。它们对于加盟者的要求是比较高的，如果你没有经营经验、如果你刚刚投入商海，那么你一定难以成为"老字号"企业的加盟商。正是"老字号"企业对于加盟者的高要求，使得部分投资人望而却步。

中华老字号历史悠久，拥有世代传承的产品、技艺或服务，具有鲜明的中华民族传统文化背景和深厚的文化底蕴，取得社会广泛认同，形成良好信誉的品牌。

在第十三届中国特许加盟展览会上，全聚德、东来顺等多家"老字号"企业纷纷搭设了自己的展台，记者发现，前来询问这些"老字号"企业的投资人寥寥无几，这些"老字号"的展台显得相对冷清许多。

记者留意到，其他小品牌的餐饮企业展厅内，询问加盟事宜的投资人比较多，比起"老字号"企业可谓是"火"了不少。"老字号企业对于加盟者的要求比较高，而且加盟资金也相对较高，不如新兴品牌的店面投资成本少，这可能是制约老字号企业加盟者数量的一方面原因。"一位餐饮业参展商如是说。

随后记者采访了几位投资人，想进一步了解他们心中的"老字号"企业。"加盟老字号企业最放心的就是品牌信誉，老字号这几个字就是活招牌，利润前景十分广阔，但是，这些老字号企业对于加盟者的要求是比较高的，这也是投资人相对较少的原因。方先生表示，此次来展会不会考虑加盟老字号企业。"投资老字号压力还是比较大的。"吴女士表示，由于部分老字号企业会限制门店的数量，因此在经营老字号企业时压力就会比较大。北京百年"老字号"奶酪魏第六代传人魏宁表示，"我们开分店不在多而在精。宁可少开几家，开就一定要开得成功，要能保证无论在哪个店，无论到了什么时候，我们产品的口味都是一致的。这是对顾客的一种承诺。"

为深入了解加盟"老字号"企业所必备的要求以及日后的盈利情况，记者联系到长春市东来顺的加盟商王女士。王女士介绍，7 年前，她开始加盟东来顺，1 个半月的筹备，6 个月回收成本的经历让她相信加盟老字号企业是个正确的选择。"很多洋品牌发展加盟的通常做法是，一般不会硬性要求加盟者有餐饮从业经历，但会通过对加盟者深度培训后给加盟者一个经营成熟的店铺。东来顺的做法正好相反，加盟者的店铺可以从零开始，但是加盟者本身不能是零，加盟者需要具备一定的餐饮管理经验。"王女士介绍，迈进老字号企业的加盟门槛不是件容易的事情，但一旦成为老字号企业加盟商，得到的实惠则比加盟其他企业要丰厚得多。

据王女士介绍，店面运营后，东来顺会提供日常的配送服务，包括设备类、羊肉类、肥牛类、饮料类、调料类、餐具类等200余个品种，而且肉类配送价格不论是淡季还是旺季都会保持在统一的价格水平上，这样就保证了加盟商能够稳定地赚取其中的差价利润；对于青菜和酒水，加盟商则可以就近采购，这种管理方式让加盟商自由发挥的空间很大。

（资料来源：http：//www.28.com/alfx/cy/n－502214.html）

问题："老字号"企业进行特许经营扩张的优势在哪里？如何发挥这些优势？

案例二：

案例背景

全球最大电器连锁巨头百思买终于接受其运营模式在中国市场实验失败的事实。只是，如今转身不知为时晚否？

2010年，在国美的"去黄光裕化"阵痛已过去近20个月之时，其国内最大竞争对手之一的百思买终于逐渐摆出了进攻之势——苏杭两地的直营店悄然开店，旗下五星电器谋划一年内新开10～15家新店。

在北美，百思买被称为极富创新精神的企业。其首创了"大型家电专业店＋连锁经营"模式，在门店中设计开放式柜台，所有产品按品类陈列，建立互动数码娱乐体验中心，自雇促销员……而其独创的"顾客中心战略"，一举将电器城赶下霸主宝座。2009年，在金融危机的当口，这个全球最大的电器零售巨头更是逆市上扬，创下了销售额450亿美元的历史新高。

如果百思买中国区能跟上其总部的步伐，哪怕是相去不远，我们都可以善意地称其7年9家门店的扩张速度为"缓慢"。但百思买中国区的业绩跟同为零售连锁巨鳄的国美、苏宁完全无法相提并论。

事实上，百思买中国在2006年收购五星电器，并开出第一家门店之后，就鲜有佳绩。在接下来的四年中，百思买"创纪录"地在中国仅开出了7家自有门店，五星电器也只新开30余家。而同一时期的国美则新开门店350家，苏宁新开421家。撇开门店数量上的差距，在单店盈利上，2009年国美实现净利润14.09亿元人民币，苏宁的净利润更高达28.8亿元人民币，而百思买当年在中国尚未盈利。

这个拥有庞大资金和先进零售模式的电器连锁巨头，何以在中国陷入如此尴尬的局面？

首先，是开店成本居高不下。百思买门店实施自主装修自雇促销员政策，而国美、苏宁则采用由供应商自主装修展台、广告，门店促销员80%由供应商派驻的模式。因在开店费用上无法得到供应商的资金支持，百思买的成本高出国美、苏宁数倍。

其次，产品价格缺乏优势。即使百思买一直坚持“先款后货”的方式，但对供应商而言，面对网点强大、拥有上千家主力卖场的国美、苏宁，区区百余家门店的百思买仍然缺乏话语权。门店数量的稀少使得百思买议价能力受限，无法形成规模化采购。

最后，“自雇促销员”与“品类式陈列”令供应商们很不感冒。供应商通过派驻促销员以控制终端的“行规”被百思买打破，而百思买淡化商品品牌强化卖场品牌的品类陈列方式更使供应商们不能忍受。百思买模式显然得不到供应商的支持。除此之外，百思买的高端定位亦不符合中国目前的消费习惯。中国消费者除了消费能力不足以外，消费成熟度亦远远落后于北美地区，缺乏促销员指导的高端卖场让中国消费者在购买产品时往往无所适从。

百思买完全复制北美模式在中国没有成功，而五星模式又得不到支持，致使百思买中国举步维艰。

2009年，百思买新任全球CEO布莱恩·杜恩开始针对百思买中国区策略作出调整：百思买品牌模式继续实验，直到实验出满意的结果再做扩张，五星电器则按原有的商业模式运作并加大扩张力度。在摸索了四年，易帅三次之后，百思买终于意识到，在百思买模式盈利之前，首先还得先站住脚跟。

（资料来源：http://home.gz.soufun.com/news/2010-08-14/3670063.htm）

问题：百思买的总部发展规划的主要缺陷是什么？给中国企业什么启示？

第四章 国际特许经营总部体系设计

学习任务

通过本章的学习，主要掌握和理解：

1. 总部体系设计的整体规划；
2. 总部体系设计的构成因素及特征；
3. 总部体系设计的任务及意义；
4. 总部组织体系与特许权的设计；
5. 总部业务组合体系与总部获利模型设计。

国际特许经营总部体系设计是总部体系扩张的基础性工作，也为特许经营企业的发展提供了理论框架和运作依据。通过学习，学生可掌握有关总部体系设计的基本思想及体系设计的基本内容，重点掌握特许权体系设计的主要内容。理解总部体系要素的基本功能和在整个体系中的地位作用，为今后参与总部特许经营体系设计打下基础。

导入案例

成都被称为“女鞋之都”，克克女鞋的大本营就位于成都，克克女鞋目前在国内三四级城市已经拥有近300家女鞋连锁店，年销售额近3亿元，它的成功使过去颇具争议的“克克模式”让众多鞋企刮目相看。克克女鞋创始人雾松通过三代专卖模式的有效操作，已将目光瞄准完成全国布局。

透过克克女鞋，四川营销学会会长李厨建议正在转型的传统服装、鞋袜等生产企业要打通内销渠道，关键是要找准适合企业自身发展的经营模式，不断创新变通。

从全国知名的荷花池批发市场做鞋业批发零售起步的雾松，上学念书时间并不长，然而10余年的鞋业销售市场实战成长和不断参加各类培训，培育了他敏锐的商业头脑和市场嗅觉。自2001年起，他以全新的女鞋连锁品牌运营思路开始创业，一心扑在了鞋业市场的推广和品牌的运营上。

“鞋业市场不再风平浪静。劳动密集型产业向内地转移是必然趋势，外地大型制鞋企业必然会到西部寻找商机。与此同时，国际国内一线鞋业品牌会加快抢占内地鞋业市场的步伐，作为生长于成都的鞋企，如果不加快做品牌和扩大内销市场的步伐，将被挤压在越来越狭小的市场空间里，无法培育出能与一线女鞋品牌相抗衡的自有品牌。”在雾松看来，制造业的暴利时代已经结束，高附加值的产品要靠品牌的美誉度来实现，因而本土鞋企需要转变创业意识，告别传统的家庭作坊式运营模式，“特别是本土鞋企要把重心放在打造自有品牌和开辟内销市场上”。

“我们分析中国鞋业，可以梳理出这样的脉络：广州鞋占领全国一二级市场，缘于它们拥有商场专柜的营销模式；福建运动鞋品牌占领全国市场，缘于他们拥有休闲运动专卖店的营销模式；温州品牌占领全国二、三级市场，缘于他们品牌专卖店(男女鞋在一起)的营销模式。”雾松分析，成都鞋业一直以加工为主，创品牌起步较晚，大多数企业处于比较茫然的状态，找不到出路。

一般来说，为品牌铺路有四种方式：第一是做专卖店。从目前的鞋业市场来看，一二级城市已经处于饱和状态，所以三四级城市是新兴企业竞争的主战场。第二是做鞋城，厂家与鞋城直接对接，走规模化之路。第三是进商场，直接与商场对接，但受制于各项费用奇高并不容易。第四是实施电子商务。克克女鞋选择了第一种方式，且在主战场选择上避开了中心城市，把重点放在三四级城市。

三四级城市开店资金低，只需 20 万元左右便能在繁华街道开出一家专卖店，但由于这些区域远离时尚消费中心，在物流配送、差旅开销、拓展推广等方面费用巨大，这也是大多数时尚产品尚未主动布局的主要原因。此外，这些区域是否具备足够的时尚消费基础也在众多致力于拓展市场的厂商心中打下一个大大的问号。

但事实证明，雾松的选择对了。“这些地方不仅已经具备相当的时尚女鞋消费基础，而且一些鞋业巨无霸也暂时难以触及。”克克女鞋避其锋芒，以长克短，选择了“农村包围城市的战略”，让自己的鞋企在创业中找到了新的蓝海。

克克女鞋的成功，还源于先被同行怀疑后被事实证明可行的“克克模式”，即把加盟商变成投资商，避免了加盟商低档次运作、分散经营给品牌整合营销带来的负面影响。在这种模式下，投资者只要认可克克女鞋的发展理念，有 20 万～50 万元的资金，即可选择满意的克克专卖店进行投资，以托管店方式合作；或选择目标市场进行投资，以加盟店方式进行合作。

(资料来源：http://www.xynew.cn/a/yushang/2011/0621/74397.html)

第一节　总部体系设计的整体规划

特许经营发展整体规划是特许经营体系设计的基础，是特许人为特许经营体系持续稳定的发展，根据特许人组织内外环境及可利用资源的情况，对特许经营体系的发展目标、达成目标的途径和手段做出战略性决策和设计的全过程。

一、总体发展规划的主要功能

特许经营总体发展规划的主要功能包括如下4个方面：

（一）指明特许经营体系的发展方向

对特许经营企业而言，未来市场的扩张程度以及未来体系扩张的数量范围等是总部需要决策的问题，由此对宏观经济政治形势的分析可以使总部决策更加科学准确。

（二）明确特许经营体系的发展目标

总部是以知识产权转让为经营手段的特许经营，知识产权的有偿转让在区域分布以及利润获取上会产生矛盾，对总部而言必须在利润获取与市场占有率之间寻找平衡。

（三）以最有效的手段配置资源

特许经营总部拥有的知识产权是企业的重要资源，这种资源具有多样化和无形性，在资源配置过程中更要格外注意无形资源（知识产权）的有效配置。

（四）提高总部创新水平和力度

组织结构的创新是特许成功的关键所在。团队组织模式是科学的选择，在团队范围内进行管理创新可以最大限度发挥集体智慧，利用更广泛的智力资源。

二、总体发展规划制定的步骤

对特许经营总部而言，总体规划是连接组织和外部环境的中介，是组织负责回应、协调和整合资源的重要方式。特许经营是一个组织的战略性选择，是市场扩张和品牌扩张的系统化解决方案，特许经营成功与否不仅关乎特许人的利益，也关乎着大量投资者、受许人的利益以及社会公众的利益。

因此，特许人必须科学地筹划其特许经营体系发展的每一个阶段和每一个步骤。在我国特许经营发展的历史上，不乏因为没有对特许经营体系进行认真的总体规划而造成最终失败的案例。

（一）总体发展规划的起点

特许经营在组织发展的不同阶段各有特色，同时总体规划的起点也不尽相同。从全球特许经营发展历史来看，基本上可以归纳为以下三种类型：

（1）产品分销体系转换型。这种企业一般有成熟的产品分销渠道，但没有自己的产品专卖店。典型企业如家具行业、个人计算机行业等。产品分销渠道的存在成为企业实施特许经营的基础，渠道单元可能转型为特许加盟模式。

（2）直营体系转换型。这种企业有了成熟的直营连锁体系，但还没有发展加盟，比如杉杉集团。直营店是最好的样板店，可以吸引更多的加盟者进入经营体系中。

（3）原创型。只有若干家经营了一年以上的单店，比如赛百味。此类组织的特许经营体系设计应当注重历史积累，在原始单店体系基础上适当扩张，尤其是管理体系，必须尊重原有文化模式、管理手段、经营特色以及市场战略。

上述不同特许经营总部渊源其总体规划的起点不同，总体规划的内容、工作量、发展策略等都会有所不同。

（二）制定总体规划的步骤

制定总体规划一般要经过 8 个步骤，如图 4－1 所示。

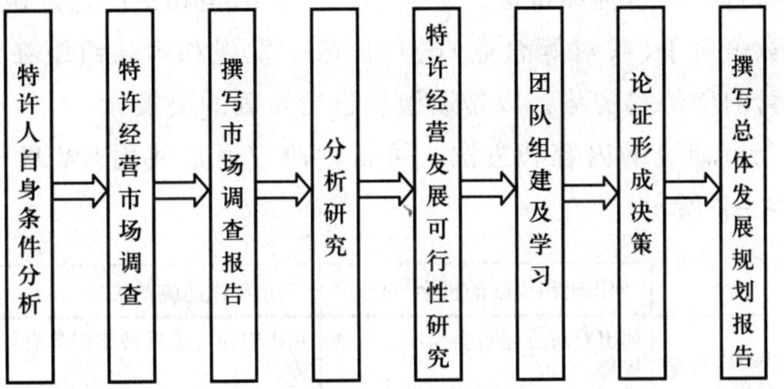

图 4－1　制定总体规划的步骤

（三）外部环境分析

1. 环境研究及其目的

特许经营这种商业模式已经在全球 70 多个行业中被采用，跨国的特许经营是未来的行业发展趋势，对东道国的宏观环境分析成为特许企业开展体系扩张的第一步。外部环境研究就是指通过对那些直接或间接影响特定组织发展的宏观和微观因素进行研究分析，发现和确认组织在特定行业中开展特许经营的机会和挑战，以帮助组织进行正确的决策。

2. 外部环境研究的内容

（1）构成宏观环境的因素包括以下四个，即 PEST：

P：影响行业发展的政治、政策及法律的因素，如：国际国内政治格局、国家宏观经济政策、法律等；

E：影响行业发展的经济因素，如：GDP 及其增长、资源的开发和利用，以及利率、税率和汇率变化等；

S：影响行业发展的社会文化因素，如：文化、体育、艺术、宗教、就业、安全、环保、劳资关系、教育、医疗等；

T：影响行业发展的科学技术因素，如 IT 技术、生物技术、航空航天技术、纳米技术以及新能源、新材料等。

（2）构成中观(行业)环境的五个因素即五力竞争分析。迈克尔·波特认为：行业现有的竞争状况，供应商的议价能力，客户的议价能力，替代产品或服务的威胁，新进入者的威胁这五大竞争驱动力，决定了企业的盈利能力，同时他指出公司战略的核心，应在于选择正确的行业，以及行业中最具有吸引力的竞争位置。

3. 外部环境研究的步骤及方法

（1）可行性研究及其目的。可行性研究就是指在完成外部环境研究基础之上，对组织自身的目标和价值、资源和能力、结构和系统进行调查分析，并与行业内的竞争对手(或对等企业)进行比较，发现和确认组织在特定行业中开展特许经营的优势和劣势，以帮助组织进行正确的决策。

（2）可行性研究的内容和方法。可行性研究通常使用 SWOT 分析矩阵来进行，如图 4－2 所示。

		列出组织面临的机会	列出组织面临的挑战
目标和价值、资源和能力、结构和系统	优势	列出对应上述机会组织具有的优势 (与竞争对手或对等企业比较)	列出对应上述挑战组织具有的优势 (与竞争对手或对等企业比较)
	劣势	列出对应上述机会组织具有的劣势 (与竞争对手或对等企业比较)	列出对应上述挑战组织具有的劣势 (与竞争对手或对等企业比较)

图 4－2　SWOT 分析矩阵

三、特许经营项目决策团队的组建及学习

无论一个组织的特许经营发展总体规划的起点怎样，组建一个核心团队对组织的特许经营发展进行决策都是必要的。

对于那些规划起点为产品分销体系转换型、直营体系转换型的特许经营组织，由于特许经营体系特殊的结构，组织在构建特许经营体系时需要对整个组织原有的流程进行重新改造，这种再造过程也具有创新性质，故此，构建创新团队十分必要。这种流程再造将涉及组织内外部的各个方面，包括客户的重新定位以及与外部供应商、分销商的关系。因此，对于这样的组织来讲，特许经营实际上是一个需要全员参与的“二次创业”工程。创新团队是实施创业活动的主体。

对于那些规划起点为原创型的组织，构建一个特许经营体系就是创办一个新的运营管理体系，因此，更需要一个创业团队从一开始制定总体发展规划就参与进来。创业团队的人员在整个制定总体规划的过程中，学习有关特许经营的知识，建立起共同的奋斗目标和协作关系，成为今后组织中特许经营发展的中坚力量。

1. 项目决策小组的工作内容及任务

（1）选择成员。考察成员的专业背景、行业经验、开拓能力、学习能力等。

（2）项目决策小组进行充分的评估。

（3）正式论证评估会议上与会者的意见和建议汇总，作为撰写总体规划和实施计划的主要依据。

2. 团队人员的基本构成

对于那些规划起点为转换型的组织，团队人员应当包括：

（1）内部人员：企业的董事长、总经理、副总经理、各分公司与部门的经理、区域销售主管和直营店的店长、其他董事会成员。

（2）外部人员：特许经营管理咨询顾问、相关行业专家（如律师、投资顾问等）。

原创型团队建设也应参照转换型团队建设的要求，只是在人员构成中加大技术人员、市场开发人员、流程设计人员的权重比例，为创造真正的原创产品或服务提供智力支持。

3. 团队学习的必要性

正式开始特许经营总体规划工作之前，学习特许经营的基础知识是十分必

要的。

（1）通过学习和掌握特许经营的基本概念和术语，将在团队中建立起共同的语言，从而提高创业团队的协调能力和工作效率。

（2）通过学习和掌握特许经营体系设计和构建的基本概念和总体流程，使团队明确今后工作的方向和任务。

4. 团队学习的主要内容

（1）特许经营在全球的发展及本行业内的发展；

（2）特许经营的定义；

（3）特许经营法律关系；

（4）特许经营 12 个专用名词解释；

（5）特许经营的基本类型和体系结构；

（6）特许经营的一般性原则；

（7）实施特许经营的原因；

（8）特许经营体系设计和构建的总体流程。

5. 团队学习的组织

（1）时间安排：无论是经过系统高等教育的学生，还是具有丰富实践经验的特许经营管理者，学习是一个持续不断的过程，这种学习已经不是简单的理论的诠释式解读，而是对以往经验以及现实变化的分析和判断。团队的学习应当在 3 ~6 天内集中完成。

（2）师资：应当聘请特许经营专业培训讲师或特许经营管理咨询师来担任教师。重点是案例式的教学，通过质疑、反思、顿悟的思维训练，来完成系统的经验总结到能力提升的过程。

四、特许总部规划设计方案的论证

在规划设计之前应当做好可行性方案的研究，相关内容在“企业战略管理”课程中已有详细的介绍，在此不再赘述。在完成了特许经营发展的可行性研究之后，经过系统培训学习的人员就要进入方案论证决策过程，即整体规划就进入到了决策阶段。在此之前必须对特许总部规划方案进行科学论证，对其科学性、适用性、可操作性进行分析。

（一）论证及决策的内容

（1）组织愿景及使命；

（2）单店系统的初步设计（经营模式、业务主流程及组织、商标商号等）；

（3）单店年收入/成本的预测；

(4) 战略控制要素的初步设计(加盟商定位、支持及服务、获利模型、战略资源、业务主流程及组织架构、加盟金及特许权使用费);

(5) 总部年收入/成本预测;

(6) 市场推广总体策略(目标、进度、政策);

(7) 运营管理总体策略(关系、结构、区域);

(8) 特许经营体系设计与构建项目进度安排及人员分工;

(9) 其他需要决策的问题;

(10) 危机处理总体策略(内部、外部)。

(二) 论证及决策的方法

论证及决策应当充分发挥团队集体的智慧，通常采用如下方式进行:

第一步：将要进行决策的题目提交给每个团队成员;

第二步：团队成员对决策的题目进行充分论证和酝酿;

第三步：团队成员集体讨论作出最终决策。

五、撰写总体发展规划报告

在完成对上述 10 个议题的论证和决策之后，总体规划就进入最后阶段——撰写特许经营发展总体规划报告。

1. 总体规划报告的结构和内容(如表 4－1 所示)

表 4－1 总体规划报告

(总体规划报告通常包括以下内容)
一、前言
概括描述组织现状和未来组织特许经营业务发展的愿景、使命，以及未来 3～5 年内要达到的阶段性目标。
二、组织特许经营发展可行性分析
1. 行业环境分析及组织面临的机会和挑战
2. 组织开展特许经营的优劣势分析
三、特许经营体系构想
1. 单店系统的初步设计
2. 总部系统的初步设计
四、特许经营发展总体策略
1. 市场推广总体策略(目标、进度、政策)
2. 运营管理总体策略(关系、结构、区域)
3. 危机处理总体策略(内部、外部)

续表

五、特许经营发展财务及投资规划
六、特许经营体系设计与构建项目进度表
七、附件(团队主要成员的简历)

2. 总体发展规划报告的功能和特性

总体发展规划报告是团队集体智慧的结晶，同时也是协调团队行动最重要的指导性文件。规划设计采用滚动的动态计划，产生的总体发展规划报告是人们基于当前行业/市场环境的认识所作出的特许经营发展决策，随着行业/市场环境变化必须不断修正和调整。

第二节 特许经营总部职能体系设计

特许经营总部的特许权组合体系、组织体系、制度建设、人力资本是特许经营体系设计中的重要内容。可以说，特许经营总部是特许经营体系金字塔的顶端，特许经营体系链能够延伸多长，特许经营成功概率多大，很大程度上取决于特许经营总部的设计能力和控制能力。

一、特许经营总部的基本职能体系

特许经营总部是加盟商的协调指挥中心，总部职能是否健全直接影响特许经营体系业务的开展。所以，在开始特许经营活动之前，应规范各个层面组织机构的职能。为了有效地管理整个特许经营体系，提升各加盟商的运营管理水平，特许经营总部应具备以下 8 项基本职能。

(一) 系统开发职能

系统开发职能用于制订整个系统长远的开发与发展规划。一个成熟完善的特许经营总部，一方面要根据自身的情况持续发展加盟商，并通过自身的核心产品为加盟商带来持续增长的利润；另一方面，特许经营总部要负责发挥其总部的组织功能。也就是说，特许经营总部不仅要关注自己的直营店或个别加盟商，更要从宏观上管理各个加盟商，促使整个特许经营体系发挥最大的效率。

(二) 采购配送职能

采购配送职能用于各个直营店与加盟店所需商品、原材料及设备的采购与配送。特许经营企业为了达到最低运营成本的目的，在采购环节上，总部一般采取统一采购原材料的方法，并及时高效地配送到各个加盟店。例如餐饮业和食品制造行业，为了达到“统一性”的标准，特许经营总部向各个加盟店提供原材料，并要求各加盟店严格按照特许经营总部发放的经营手册执行。同时在另一些行业中，例如特许经营零售行业，由于其产品具有同质性或产品差异性很小；为了节约配送成本，加盟店在特许经营总部允许的情况下也可自行进行商品采购。

（三）研发与品牌推广职能

研发与品牌推广职能用于开发独特的商品与服务，并以快捷的方式和合理的价格供应给加盟店。特许经营总部要负责向各个加盟店提供产品，所以要根据市场变化和消费者需求的变化，及时更新和改进产品特色、产品质量及产品结构。对于体现企业核心竞争力的产品或服务，要在原有的基础上不断研发出新产品或开发产品的新功能，从而引导市场、引导消费，源源不断地给加盟店增加新的具备市场竞争力的产品或服务。

（四）教育、培训与督导职能

教育、培训与督导职能是指特许经营总部对加盟店负有定期或不定期现场指导和教育培训的义务，重点是传授专业经营管理技巧。加盟店开业之前，特许经营总部负责对其进行培训和指导。加盟店开业后，不论是新加盟商还是旧加盟商，特许经营总部都要负责对其进行持续定期的培训、指导和监督，其中包括编写培训计划、培训教材，现场演示或集中讲授等。此外，特许经营总部还要派专业督导员定期寻访各个加盟店，进行监督指导，以便随时掌握各加盟店的经营状况及执行特许经营总部相关制度的情况。

（五）促销职能

促销职能是指特许经营总部负责整体促销计划的制定与促销活动的开展，促进加盟店的销售。特许经营总部要根据其实际状况，进行国际性、全国性或区域性的产品广告宣传及大型新产品促销活动，并指导各个加盟店实施相应的小型促销活动，从而使特许经营企业的品牌形象得到提升，老产品市场份额稳定、新产品得到推广，最终促进特许经营体系整体销售额的增长。

（六）融资职能

融资职能可向财力较弱的加盟店提供资金援助或向金融机构担保帮助融资。特许经营总部针对个别出现财务危机的加盟店，要派专员进行实地调查分析。如果确定该加盟店无不良经营行为，特许经营总部可采取担保、协商等方式，帮助加盟店进行融资或获得银行贷款。

（七）信息搜集与分析职能

信息搜集与分析职能是指特许经营总部为加盟店提供市场和消费信息及动向，并搜集整理加盟店反馈的销售信息。特许经营总部应运用各种方法在市场上搜集信息，例如市场上竞争产品的情况调查、消费者反馈信息情况调查、消费者偏好的变化调查、市场上流行产品情况调查等。特许经营总部通过分析，对特许经营总部内部相关部门、直营店和各加盟店的经营管理提出建议从而促进整个特许经营体系的协调发展。

（八）财务分析职能

财务分析职能是指特许经营总部承担加盟店的经营统计，如销售额、成本、费用、利润的计算，对加盟店之间的经营业绩进行比较分析，对业绩低的加盟店进行督导。特许经营总部应运用专业技能，分析各加盟店定期上交的销售额等数据指标，并对分析结果进行归纳比较，最终提出有利于整个特许经营体系发展的可行性意见，切实提高各加盟店的经营效益。

阅读资料

组合推广体系

单个加盟商的力量是有限的，在整个系统内，多个加盟商一起来做推广组合，市场效应会呈现一个爆炸性的放大作用。如：通过电视报纸等从而达到在媒体宣传上的轰动效应。

信息技术在传统行业中已得到广泛应用，发展潜力巨大。它可以使特许体系内的资源得到共享，拉近总部与区域分部距离，是双方共同发展的最佳纽带。如：商品配送管理、监控管理、体系内部培训、上传数据、网上答疑、网络会议及新业务的传送等。

此外，在建立特许经营体系时，要结合本企业的状况、产品的特性及盈利模式，设计好特许费用的构成及授权方式。例如：加盟费、保证金、特许权使用费、广告基金等，费用多少、费用结构及收取比例，区域授权还是二级授权、单店授权等，都一定要结合具体情况来确定。

二、特许经营总部的部门职责体系

有关总部部门的组织设计见本章第三节相关内容，这里主要说明总部的其他部门职责，主要包括以下10项内容。

（一）业务发展部

该部门具有网点开发、选址、论证、谈判、签约、租金确定与投资预算、卖场及仓库等的配置、工程进度的控制与验收、设备的采购与维修等职责。

（二）人力资源部

该部门具有人员招聘与调配、培训与分配等职责。

（三）商品开发与采购部

该部门具有商品结构制定与调整、商品分类与编码、商品定价与毛利制定、供应商开发、商品采购谈判、店面设计与布置、促销计划制定与执行、采购订单与配送订单发出、采购人员的选定等职责。

（四）配送中心

该部门具有收货、配货、补货、验收、配送、库存管理、损益统计等职责。

（五）企业管理部

该部门具有制定各种规章制度、制定加盟店营业手册、制定各个岗位职责和员工考核与实施细则、组织各类促销和业绩竞赛活动、对加盟店进行经营指导、处理消费者投诉等职责。

（六）财务部

该部门具有制定资金运用计划、编制和分析财务报表和年度决算表、审核进出货凭证、统计每日营业额、盘点各加盟店商品、审报纳税、与供货商对账支付、管理发票等职责。

（七）信息管理部

该部门具有管理与维护企业信息系统、管理商品采购、进货、接货、订货及配送等管理系统，POS 系统，会计与人事管理系统，经营信息管理系统及外部信息管理等职责。

（八）营销部

该部门具有营销计划的拟订与执行、特许经营总部及各区促销计划的拟订与执行、广告方案的设计与广告媒体的选择、公关与营业推广的策划与执行、企业形象设计与推广等职责。

（九）市场部

该部门具有市场调研与市场细分、推介产品与企业形象、客户关系与管理、商圈调查与投资预算等职责。

（十）企划部

该部门具有店面装潢设计、公司宣传册设计、POP 广告制作、海报及特价牌制作等职责。

第三节　总部组织体系设计

特许经营总部组织体系的性质与其他一般组织相比有一定的差异性，从特许经营组织体系产生的角度看，特许经营体系是一种中间性体制组织，它用较低的组织成本获得了较高的非一体化下的合作程度，即用较低的交易成本获得了较高的交易市场化程度。而从不同的角度看，特许经营体系具有不同的组织内涵。具体而言，从制度经济学的角度看，特许经营体系是一种介于科层组织和纯市场之间的中间性体制组织；从创新经济学的角度看，特许经营体系又是一个创新系统。

一、总部组织体系的含义

特许经营体系中各方是相对独立的组织，特许方和受许方是两个独立的实体，分别拥有各自的所有权，彼此之间没有依附和支配关系，从这个意义上说二者处于市场组织状态。总部是代表特许人建立、发展、运营和管理特许经营体系的机构，是特许经营体系中不可或缺的组成部分。

（一）总部组织体系的构成

总部作为一个完整的系统，主要由以下三个部分组成：

（1）核心部分：总部的经营模式。

（2）基础部分：总部的运营管理系统。

（3）外在部分：总部的识别系统。

（二）总部系统扮演的角色

总部与单店都是特许经营体系中的基本组织形态，但总部在特许经营体系中与单店扮演着完全不同的重要角色，归纳起来有以下七点：

1. 领导者的角色

特许经营体系作为一个新型的社会经济组织具有高度群体一致性的特点，这种一致性为特许人和受许人都带来巨大的利益。但这种一致性对特许人来讲，也存在着较大的决策风险，因为一旦决策失误，将给整个体系带来灾难。

因此在激烈的市场竞争当中，特许经营总部必须担当起领导的责任，时刻关注市场竞争态势，看准前进方向，及时调整资源配置，制订行动方针和政策，从而保持和发展特许经营体系的整体竞争力。如果把激烈竞争的市场比做大海，那么特许经营体系则犹如一支在惊涛骇浪中航行的庞大舰队，特许经营总部就是其中的“旗舰”，主要负责“领航”的工作。

2. 授权者的角色

特许经营总部受特许人的委托，代表特许人发布特许经营招商信息，制订并实施加盟商招募计划(recruitment plan)，对加盟申请者进行遴选、签约授权以及对加盟商实施开店前的指导和培训。

3. 经营者的角色

特许人在委托特许经营总部建立、发展、运营和管理整个特许经营体系的同时，也授予总部很大的行政管理权利，同时要求总部对特许经营体系的运营结果负责，因此总部必须承担特许经营体系年度经营计划的制订和组织实施的责任。

4. 创新管理者的角色

特许经营体系是一个新型的社会经济组织，与在同一资本控制下的传统经济组织相比，具有高度分散化经营同时高度统一化管理的显著特征。这样一个新型的社会经济组织对特许人的管理能力提出了挑战——即管理特许人“本身并不拥有的资产”的能力，从而实现特许经营体系整体的高效率运转。

5. 培训者的角色

特许人通过与受许人签订特许经营合同的方式将特许权授予受许人使用。特许权的核心是特许人的知识产权，而知识只能通过一个完整的培训和教育的过程，才能真正实现从所有者向使用者的转移。这也就是为什么标准的特许合同中都把培训作为特许人必须履行的基本义务之一的原因。

6. 后台支持者的角色

单店负责直接服务于客户，向客户提供价值，并获取价值回报。特许经营总部作为单店的主要系统供应商，负责源源不断地向单店提供各种有形和无形的资源。

整体观察一个特许经营体系，单店就相当于前台的明星，以它们个体的经营业绩，放射出特许人品牌的光芒，总部则是强大的后台，以默默无闻的踏实工作，支持着单店，使单店在激烈的市场竞争中永远立于不败之地。

7. 信息中心的角色

单店处于市场的前沿，除了直接服务于客户之外，同时搜集并向总部反馈单店的运营管理信息和局部市场的信息，特许经营总部则汇总和处理这些信息，并将这些信息作为运营管理决策的重要依据；另外，总部作为一个商业网络的中心，要承担协调外部供应商与单店之间、单店与单店之间业务的往来，甚至要作为这些业务往来的结算中心。

因此，总部在特许经营体系中就相当于一个服务器，支持着一个个终端——单店和外部供应商。

二、总部组织体系设计的原则

总部设计的内容主要是总部的组织结构以及各部门的工作职责分配与描述，在设计时企业应遵守如下几个基本原则：

（1）在设置部门或岗位的时候，无论部门或岗位的数量多少，也无论这些部门或岗位之间如何合并，必须坚持的原则是：形式可以多变，但总部的职能的内容却不可有所缺失。

（2）组织结构应尽量扁平化，不要设置过多的管理层级。

（3）“副职”这一岗位不宜过多，一般小型特许总部3个之内足矣，大的特许企业集团总部也应控制在7个之内。

（4）要因事设岗，使每个岗位或部门的工作满负荷，不要有多余的人员。

（5）关联性强的部门最好能有一个统一的上级来管理，否则，如果工作之间的协调性不好的话，会大大影响企业的工作效率。

（6）岗位或部门的设置是动态的，即企业应根据自己的发展有计划地调整、优化自己的组织结构。比如在企业很小的时候，可以把不同的岗位或职能合并在一起，实行一人多职、一岗多能，但当企业发展得较大的时候，就应该逐步地分设成不同的岗位或部门。

（7）先设置部门或岗位，再按岗位要求配置相应素质的人员，按工作量配置人员数量。

（8）要有计划地设置人员的紧急顶岗机制或人员后备机制，以免出现某人突然离职，而企业的某项职能顿时瘫痪的状况出现。

三、总部组织体系设计的步骤

在总部组织体系设计中具体到部门名称和数量的设置时，总部可以遵照两步走的策略。

（一）时间顺序法设置

首先按照时间的顺序来设置不同的部门，也就是说，如果把企业所需要做的所有工作都列出来，那么按照不同的时间段截取工作流程，就可以形成一个个的部门或岗位。比如一个加盟商进入体系的流程如果按照时间的话，大致需要总部按顺序做若干工作。因此，这些工作就可以分别单独地设置成一个个部门，比如市场部、招商部、授权部、营建部。当然，这些部门也可以合并。

对于这些按照时间顺序来设置的部门或岗位，其各自的职责需要严格制订一个工作交接的“界限”，即其工作从什么时候或任务起，到什么时候或任务止。最好能画出一个全部工作流程的时间顺序分配图，这样的话，所有的人员就都很清楚自己的职责范围了，整个企业的工作也会很流畅。

（二）按职能设置

在按时间划分了部门或岗位之后，再按照职能来设置其他的部门，这些部门的职能要能保证企业上一步的工作流程能顺利进行。这些职能可能包括产品设备的配送、原料的采买、自有产品或半成品的生产、人力资源的开发、财务的处理、后勤等杂事的处理、加盟商开业后的服务或督导、产品或技术的研究开发、网站与信息系统的开发与管理、对加盟商的培训等。

因此，按照上述职能的话，总部就可以分别单独地设置成一个个部门，如物流部、生产部、人力资源部、财务部、办公室、督导部、研发部、信息部、培训部等。

当我们结合企业自身的情况把上述两个步骤完成之后，特许总部的组织结构图基本上就完成了。先来看一个实际的例子，如图 4－3 所示，这是为某特许人企业设计的特许经营总部组织结构：

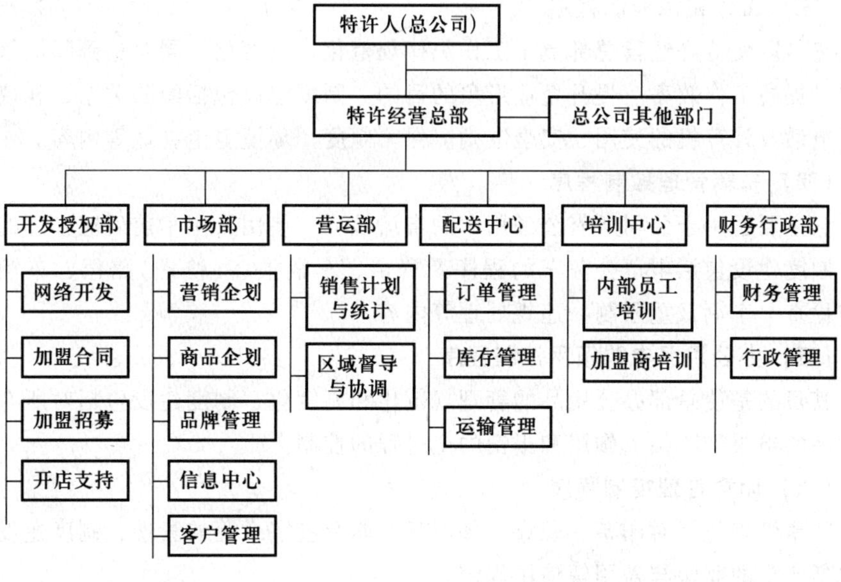

图 4－3　特许经营总部组织模型

第四节 总部制度体系设计

特许经营总部为保证整个体系维持和扩张的需要，必须建立完备科学的制度，以保证决策和计划的落实。

一、内部控制程序体系设计

特许经营总部的内部控制程序基本包括以下几个方面。

（一）会议管理控制程序

其目的是规范会议制度，维护会议纪律，保证会议效果，适用于公司高层领导召集的会议、部门主管召集的会议和公司内部跨部门的培训和讲座。其主要职责是确定会议议题、会议时间、会议地点和参会人员等会议要素。

（二）文件管理控制程序

其目的是对公司发出的文件实施有效控制和规范管理。文件包括制度、规定、通知、公告、决定、决议、意见、函件、答复等形式的书面材料。制度建设包括文件的签发、批准、审核、制定与修订、发行与保存、分发与销毁、查核与调阅等内容。

（三）工作纪律控制程序

它可以使特许经营总部员工工作纪律规范化、制度化，同时达到降低管理成本、提高工作效率、提升企业形象的目的。制度建设包括团队关系、礼仪准则、电话及计算机的使用、安全准则、保密制度、环境卫生管理等内容。

（四）车辆管理控制程序

它主要适用于公司所有公务用车的申请核准、使用及用车前后应办理的手续。制度建设包括申请公务车的程序及资格、车辆损坏(修理)赔偿、车辆保养与检查、车辆载重限制、违规处理等内容。

（五）办公用品申购领用控制程序

其目的是使总部办公用品的管理规范化和制度化，制度建设包括对所有办公用品的申报、购买、领用和报销的全过程的控制。

（六）印章管理控制程序

印章管理包括对印鉴、职章、部门章、职衔签字章等的管理，制度建设主要包括印章的监印与盖用等使用规定。

二、部门岗位职责制度建设体系

总部各部门岗位职责制度建设如下：

（一）总经理职责制度建设

公司总经理的直接上级是公司董事长，直接下级有副总经理、各类总监、总经理助理、部门经理。其主要职责是：

（1）负责公司的经营管理工作，对公司经营中遇到的重大问题进行决策；

（2）制订公司的远景规划；

（3）在企业文化、组织创新、人才开发、业务拓展、对外投资等关键领域实施战略管理；

（4）组织、审批公司重大经营管理项目；

（5）维护企业良好运作环境，拓展新的业务领域，为公司发展进行开创性的探索与尝试。总经理职责制度建设应围绕上述各项进行，对总经理的权限、责任、上级与下级等内容进行明确规定。

（二）总监职责制度建设

总监的直接上级是公司总经理，直接下级是各部门经理与主管。其主要职责是负责对直营店及加盟店的支持、沟通、控制与创新。总监职责制度建设应围绕年度拓展计划和市场营销计划的制订实施、对直营店及加盟店的工作指导与协调、品牌维护与推广等方面进行。

（三）企业规划总监职责制度建设

企业规划总监的直接上级是公司总经理，直接下级是企业规划部全体员工。其主要职责包括指导、督促、检查企业规划部员工制定规划的具体进度与执行质量。其制度建设的重点就是制定本部门的人员岗位责任制，明确部门成员岗位职责。企业总部总监与企业规划总监的主要区别在于总部总监的直接管理对象是下层部门与主管，而企业规划总监的管理对象只是规划部的员工。

（四）营销总监职责制度建设

营销总监的直接上级是公司总经理，直接下级是营销部全体员工。其主要职责包括实施营销调研、制定营销计划、保障营销实施、营销控制等，并为公司整体营销工作提供决策参考。

（五）技术总监职责制度建设

技术总监的直接上级是公司总经理，直接下级是技术部主管、技术开发与推广部主管。其主要职责是负责产品或服务的市场调研与开发、产品与服务的推广价值及可行性分析、产品生产与服务流程设计的技术资料的整理、专利申报与保护、对加盟店进行技术培训及指导等。其制度建设应包括制定产品或服务研发规划，制定技术活动指导与实施计划，相关专利报告的撰写与申报，相关技术资料的收集整理归档要求等。

（六）人力资源总监职责制度建设

人力资源总监的直接上级是公司总经理，直接下级是人力资源部主管、人力资源行政部主管。其主要职责是负责公司企业文化建设、人力资源管理和行政管理工作。人力资源总监职责制度建设应从编写、执行公司人力资源规划，组织各项活动，制订、监督和执行公司行政规章制度，招聘与培训、绩效考核、激励与薪酬、劳动合同与人事关系等方面进行。

（七）财务总监职责制度建设

财务总监的直接上级是公司总经理，直接下级是特许经营总部及各个区域分公司全体财会人员。其主要职责是制定总部年度财务收支计划设计加盟店收取各类费用标准、制定总部及加盟店的融资计划、确定税费总额、总部内各类开支等。

总经理直接下属的副总经理、总经理助理、各部门经理的职责与一般公司具有相同之处，在此不再赘述。此外，还要建立健全行政主管、行政助理、会计与出纳人员、营销区域主管、市场主管、服务中心主管、产品开发部经理、物流部主管、配送中心主管、前台文员等岗位的职责制度。

第五节　总部业务组合设计

从特许经营总部的基本功能来看，总部的业务组合分为三大板块，一是市场拓展，包括加盟商招募、授权，以及对加盟商的开店支持；二是对现有单店网络的运营管理，包括管理信息系统、物流配送系统、培训督导系统、市场支持系统和技术支持系统；三是对企业外部资源的整合，如表 4－2 所示：

表 4－2　总部的业务组合三大板块

	市场拓展	现有单店网络的运营管理	企业外部资源的整合
工作内容	加盟商的招募、授权 加盟店开业支持	管理信息系统 物流配送系统 培训督导系统 市场支持系统 技术支持系统	供应链上游资源的后向整合 相关产业资源的横向整合

因此，总部业务组合的设计就是要设计出能满足总部客户需求的三大业务板块体系以及制定总部对每个业务板块付出成本的补偿模式。

一、市场拓展业务板块的设计

总部市场拓展业务板块的设计包括以下三个方面的内容，如表 4－3 所示：

（1）设计加盟商招募基本方式；

（2）设计并撰写加盟商招募工作所需的基础文件；

（3）设计对加盟店开业支持的所有工作内容。

表 4－3　加盟商工作内容设计

	加盟商招募基本方式	招募工作基础文件	开店支持工作内容
内容	网上招商 招商会 广告招商 直销式招商 招商热线	加盟商指南 特许经营合同 特许经营操作手册 特许人信息披露文件 特许人备案文件	店铺选址支持 店铺租赁支持 店铺装修支持 开业前人员培训 设备和货品支持 开业典礼支持

关于加盟商招募方式的设计，表 4－3 列举了各种可能的方式。在全球特许经营实践中，这些方式通常是混合在一起使用的。其中特别值得一提的是直销招商方式，这种招商方式在赛百味的特许体系中被成功地应用，常用流程为某城市的单店加盟商——选拔成为该城市的区域发展代理——送到美国总部培训两周——回到该城市——以自己的加盟店为样板店在所在城市寻找和筛选潜在加盟商——向总部推荐加盟商——总部和其所推荐的加盟商签订合同，从总部获取销售佣金，分别从加盟商上缴给总部的加盟金和特许权使用费中抽取，负责该加盟店在开业前后的培训、督导和其他营运支持。

二、单店网络运营管理业务板块的设计

总部与现有单店在一起形成一个以总部为中心节点的商业运作网络，如图 4－4 所示：

总部现有单店网络运营管理业务板块的设计包含以下五个方面的内容：

（一）管理信息系统的设计

特许经营体系的管理信息系统是指总部、单店、供应商三者共享的一个信

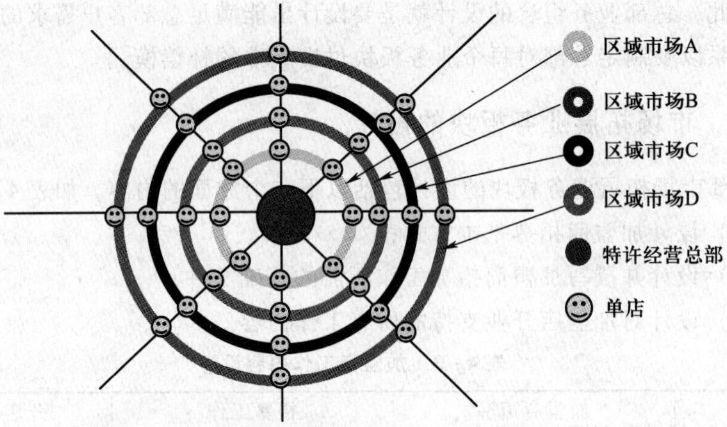

图 4-4　以总部为中心节点的商业运作网络

息平台，这个信息平台把单店客户的信息、产品和服务销售的信息、供应商提供的商品/物料的信息汇集到总部，总部根据汇集来的信息作出相应的经营决策。

管理信息系统的建设对特许经营体系来说至关重要，成功的特许经营体系都有完善的管理信息系统，如麦当劳、美特斯邦威等。给加盟商和供应商提供完善的信息系统服务是总部应该履行的基本职责。信息系统软件(ERP、DRP、CRM 等)的开发是特许人必须要做的投资。通常总部把管理信息系统软件的终端使用以向单店和供应商收取月费或年费的方式来补偿管理信息系统软件的运作和维护所付出的成本。

(二) 物流配送系统的设计

物流配送系统是指总部、单店、供应商三者共享的物流平台，这个物流平台把单店所需的商品/物料在总部统一调度下从供应商发送到单店。物流配送系统的建设对那些商品分销型特许经营体系以及快餐特许体系来说至关重要。成功的便利店特许经营体系如 7—ELEVEn，快餐业的特许经营体系如肯德基都有完善的物流配送系统。

给加盟商和供应商提供完善的物流配送系统服务是总部应该履行的基本责任。通常那些商品分销型特许经营体系会把物流配送业务外包给第三方物流企业。而快餐业特许经营体系则大多自建配送中心即所谓中央厨房，以保证食品的绝对卫生和安全。总部通常以向单店收取物流费用的方式补偿总部对物流系统的运作和维护所付出的成本。

(三) 培训督导系统的设计

培训督导系统是指总部将特许人的经营理念以及知识、技术、标准、规范与加盟商、单店、供应商进行分享。它对特许经营体系的成功来说至关重要，世界上很多成功的特许经营体系都有完善的培训督导系统。

培训督导系统的建设是总部必须要做的投资。目前在某些行业中，比如服装和美容行业，在特许体系开始起步阶段通常会把培训督导业务外包给专业的培训公司。除此之外，成熟的特许体系大多自建培训中心甚至大学并且设有完善的分区域的培训督导组织，如餐饮业的肯德基大学。

（四）市场支持系统的设计

市场支持系统是指总部对单店的运营在品牌推广、新产品的研发以及商品（服务）促销方面的整体策划、组织和执行。为加盟商提供市场支持是特许人必须履行的基本义务。市场支持系统的建设对任何特许经营体系来说都是基础性的建设。

（五）技术支持系统的设计

技术支持系统是指总部在管理技术、生产操作技术、服务技术等方面对单店的运营提供现场岗位人员支持。并非所有的特许经营体系都存在这一系统，尽管提供技术支持是特许人对加盟商必须履行的基本义务。这是因为在很多特许经营体系中技术支持可以通过培训督导系统来实现。

技术支持系统通常出现在快捷酒店（总部托管）、中式快餐（总部统一招聘、培训和派遣厨师）以及英语培训（总部统一招聘、培训和派遣外教）等行业的特许经营体系中。

由于培训督导、市场支持以及技术支持这三项业务系统的运作往往是紧密结合在一起的，所以这三项业务也并称为营运支持系统。营运支持系统对加盟商来说通常是一种免费的服务，总部在这些业务所付出的成本，以向加盟商收取特许权使用费的方式得到补偿。

阅 读 资 料

OEM（Original Equipment Manufacturer），即代工生产。指品牌所有者不直接生产产品，而是利用自己掌握的技术负责设计和开发新产品，控制销售渠道，具体的加工任务通过合同订购的方式委托同类产品的其他厂家生产，之后将所订产品低价买断，并直接贴上自己的品牌商标。这种委托他人生产的合作方式简称 OEM，承接加工任务的制造商被称为 OEM 厂商，其生产的产品被称为 OEM 产品。当前 OEM 加工的品类繁多，如服装、酒类等行业。

三、总部企业外部资源整合业务板块的设计

总部企业外部资源整合业务板块的设计包括以下两个方面的内容：

（一）对供应链上游资源的后向整合业务

这种资源整合业务主要包括以下三种模式：

（1）直接采购模式。如餐饮行业统一采购物料。

（2）OEM 模式。如服装加工行业，饮料灌装行业。

（3）产品销售代理模式。如便利店行业，此种模式要求总部建立非常有效的 ERP 系统和结算系统。

（二）对相关产业资源的横向整合业务

这种整合业务主要包括以下三种模式：

（1）直接采购。如服装行业中总部统一采购货架和部分装修材料。

（2）OEM 模式。如服装行业中总部自己设计货架，然后统一定制。

（3）产业战略联盟。如麦当劳与地产业的联盟。

企业外部资源整合业务是总部除了加盟金和特许权使用费之外的主要利润来源。因此，也补偿了总部对运作这个业务板块所付出的成本。

强化总部业务三大板块之间的相依互动的关系，如图 4－5 所示。

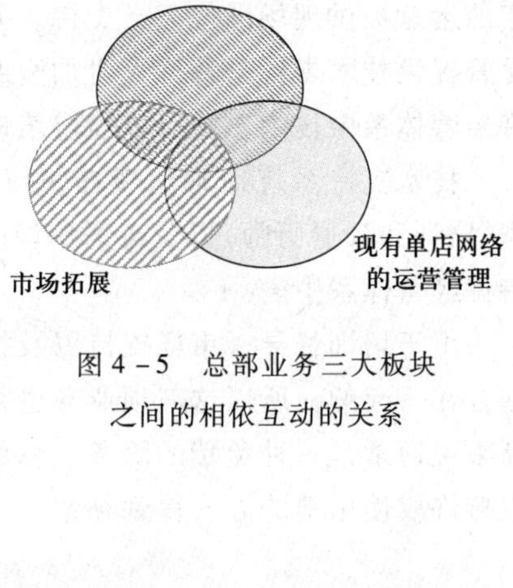

图 4－5　总部业务三大板块之间的相依互动的关系

四、总部获利模型的设计

总部获利模型是指总部在为其所选择的客户创造价值时获取回报的方式，即总部各种赢利方式的组合以及总体赢利的水平。与单店相比，总部通常会有更多的赢利方式，甚至某些特许经营体系总部利润的主要来源已经与其主营业务看上去毫无关联，典型的例子就是麦当劳总部的利润主要来自房地产。总部获利模型归纳起来有以下几种，如图 4－6 所示。

特许人对整个体系的战略控制是指特许人对直接影响整个体系发展的战略性资源的控制，也包括对受许人关系、品牌、组织文化的控制，这也正是总部的获利源泉。

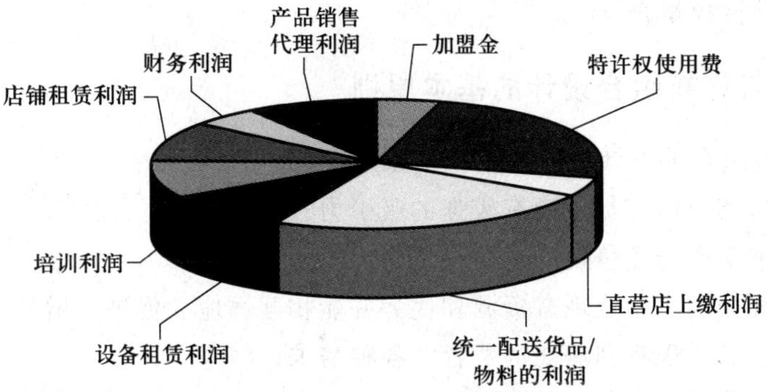

图 4-6　总部获利模型图

五、总部的其他业务体系

因为总部业务的多元化，所以为避免部门的重复设置和保持整个公司的协调一致，特许经营的一部分职能将由总部统一的部门来负责完成。总部仍需设置的部门有：企划部、人力资源部、技术部、市场部、财务部、培训部、信息中心等，各部职能参见前面对应内容。

其中，人力资源和财务部将由总公司的独立部门来完成。各部职能除了具备通用公司的对应部门的职能外，还应具备与特许经营的特征相一致的相关职能，这些相关职能参见前面对应内容，此处不再重复。总公司的其他非特许经营业务，由各业务对应单位或部门负责。

特许人在对总部进行设计时，要形成系列的总部手册，如总部总则、总部人力资源管理手册、总部行政管理手册、总部组织职能手册、总部财务管理手册、总部商品管理手册、总部产品知识手册、总部样板店管理手册、总部物流管理手册、总部信息系统管理手册、总部培训手册、总部市场推广管理手册、总部产品设计管理手册、总部产品生产管理手册等。总部也可以把这些单独的手册加以合并，将每一个单独手册列为其中的一章或一篇，而把合并后的总手册统称为《总部手册》。

第六节　总部特许权体系设计

在特许经营总部设计中，特许权组合的设计极为重要，它是特许经营知识产权的有效开发和特许经营体系扩张的有效保证。特许经营业务运营中，不同的特许经营类型对应着不同的特许权组合，企业应根据自己的特许经营模式设计对应的特许权组合。

一、特许权组合设计的基本原则

特许权组合的设计主要遵循以下原则：

（1）应当对潜在加盟商有较强的吸引力；

（2）能实现与竞争者的差异化，确保竞争优势；

（3）充分利用企业现有资源和优势并能相互适应、促进、增长；

（4）能满足现有和潜在消费者的各种需求；

（5）充分考虑企业实际业务和经验积累，力求有自己的特色；

（6）应充分考虑企业核心竞争力；

（7）应充分考虑体系内投资获利组合的因素；

（8）应充分考虑体系营运维护与控制的因素；

（9）必须注重企业未来的发展与现实的结合；

（10）特许权设计必须符合法律法规。

对于特许权的三大组成部分，即硬件（有形部分）、软件（无形部分）以及特许权的约束，因为前两者是要求特许经营体系的所有加盟店和直营店都基本一致，所以需要特许经营企业根据现有状况和将来体系发展的计划，制订自己需要的统一的特许权组合，并用明确的媒介（如文字、图案、照片、视频、音频等）形式予以表达，其中最常见的形式便是文件。同时因为这些特许权组合内容将来都要被写入特许经营合同或作为合同的附件，并且用系列手册予以描述的，所以企业对特许权组合的表达应使得未来的受许人能准确把握企业特许权的内容，即要有很好的阅读界面。特许权的约束对不同的受许人是不同的，它同时还要受多种因素的影响，特许经营企业要针对具体问题具体分析。

二、特许权组合的物质部分

特许权组合的物质部分主要包括与单个单店运营相关的产品、原料、设备、工具等。

特许经营企业应对其进行详细的描述，包括其物理属性（颜色、形状、重量、尺寸、密度、部件组成、物理寿命等）、化学属性（酸碱性、对外界温度湿度等的反应等）与社会属性（产地、品牌、价格、性能、经济寿命、使用程序和工艺等）。

当然，这一部分也可以以产品描述书、原料描述书、设备及工具描述书等形式单独列示，必要时应配以图案和照片等辅助方式。

不同的内容应由相应的专业人士负责完成，如产品和原料方面，可以由企业的工艺师(餐饮业的厨师、零售业的采购者、特别产品的研发人员等)来描述；设备和工具方面，可以由其实际操作者来描述，然后由采购者、开发者等补充完成。

三、特许权组合的企业文化部分

企业文化对于特许经营是极为重要的，从某种意义上说特许经营的本质之一就是特许了一种企业文化，就是一种优秀企业文化的有偿输出。准备实行特许经营的企业必须全面了解、正确认识企业文化的作用和意义，因为无论是在企业的特许权设计阶段，还是在特许权的授予以及整个体系的营建、管理、维护和升级阶段，企业文化始终都是一个起决定性作用的因素。

(一) 企业文化的发展历史

1769 年，当世界上第一家现代意义上的企业在英国诞生的时候，企业界实行的基本都是经验管理。自从福特汽车的流水线运转以来，企业的管理开始向科学管理转变并以泰勒于 1911 年出版的《科学管理原理》一书为形成标志。

发端于 20 世纪 30 年代、流行于 20 世纪 60—70 年代的行为科学为 20 世纪 80 年代兴起的企业文化理论积累了雄厚的实践与理论基础。20 世纪 70 年代末，日本经济实力的快速增长对美国乃至欧洲经济形成了挑战，由此而引发的研究、学习日本战后崛起历程的热潮，真正掀开了企业文化理论的面纱。20 世纪 80 年代初的“企业文化研究四重奏”的发表标志着企业文化理论的正式形成，这四本著名的书就是威廉·大内的《Z 理论——美国企业界怎样迎接日本的挑战》、彼得斯与沃特曼的《寻求优势——美国最成功公司的经验》、特雷斯·迪尔和爱兰·肯尼迪《企业文化》、斯卡尔·阿索斯的《日本国的管理艺术》。

现代的企业文化理论主要形成了两大派别：以美国麻省理工学院的沙因为代表的定型化研究与密西根大学工商管理学院的奎恩为代表的定量化研究。

(二) 企业文化的定义

据目前可考的资料来看，关于企业文化的定义有 100 多种。但总体来说，人们对于企业文化的认识有两大类，即狭义的企业文化和广义的企业文化。广义的企业文化是指企业所创造的具有自身特点的物质文化和精神文化；狭义的企业文化是企业所形成的具有自身个性的经营宗旨、价值观念和道德行为准则的综合。

本书认同企业文化的广义理解，并认为“企业文化 = 理念文化 + 物质文化 + 制度文化”是企业文化的真正定义。

目前，人们逐渐崇尚软管理、以人为本、注重永久激励、依靠人的品性实现自律，优秀的企业文化有利于提高企业产品或服务的文化含量，满足消费者的需求：有利于企业利用国内国际两种资源和开拓国内国际两种市场；有利于提高企业的综合竞争力。美国管理学家法兰西斯对企业文化的价值高度评价，“你能用钱买到一个人的时间，你能用钱买到劳动，但你却不能用钱买到热情，你不能用钱买到主动，你不能用钱买到一个人对事业的奉献。而所有的这一切，都是我们企业家可以通过企业文化的设置而做到的”。可见企业文化对一个企业的意义。

（三）企业文化的内涵

美国学者约翰·科特和詹姆斯·赫斯克特认为，企业文化是指一个企业中各个部门，至少是企业高层管理者们所共同拥有的企业价值观念和经营实践。

企业文化是由企业的全体成员共同遵守和信仰的行为规范、价值体系，是指导人们从事工作的哲学观念。企业文化是社会文化体系中的一个有机的重要组成部分，它是民族文化和现代意识在企业内部的综合反映和表现，是民族文化和现代意识影响下形成的具有企业特点和群体意识以及这种意识产生的行为规范。

企业文化是在一定的社会历史条件下，企业生产经营和管理活动中所创造的具有该企业特色的精神财富和物质形态。它包括文化观念、价值观念、企业精神、道德规范、行为准则、历史传统、企业制度、文化环境、企业产品等。其中价值观念是企业文化的核心。

文化对企业而言就是软实力的表现，概括地说，企业文化的意义和作用主要体现在五个方面：

（1）导向作用：把企业员工引导到确定的目标上来。

（2）约束作用：成文的或约定俗成的企规文化对每个员工的思想、行为都起到很强的约束作用。

（3）凝聚作用：用共同的价值观和共同的信念使整个企业上下团结。

（4）融合作用：对员工潜移默化地影响，使之自然地融合到群体中去。

（5）辐射作用：企业文化不但对企业，还会对社会产生一定的影响。

企业文化由于其具有的巨大的社会价值和经济价值，越来越受到企业家们的青睐。IBM于1956年在世界上第一家导入了企业识别CI，随后，世界多家著名大公司，如可口可乐、麦当劳、3M、东方航空、马自达、索尼、第一劝业银行、三井银行、美能达、宏碁等紧随其后，大张旗鼓地进行CI的导入。在中国，广东“万事达”在1988年第一家实施总体CI策划与导入，将公司名称、品牌改为“太阳神”，此后其营业额快速增加200多倍，在1992年就达到12亿元。较早一批进行CI导入的国内企业还有广东万宝集团、李宁公司、北京四通公司、湖南丽臣实业等。

（四）特许经营企业文化的形成

企业文化并非企业能“设计”出来，它是通过企业识别的导入来逐步地在企业里“形成”的（见图4－7），企业识别（Corporate）就是通过统一的整体传达系统将企业文化外化为企业形象的过程。所以，我们建设的并不是企业文化，而是CIS或CI。

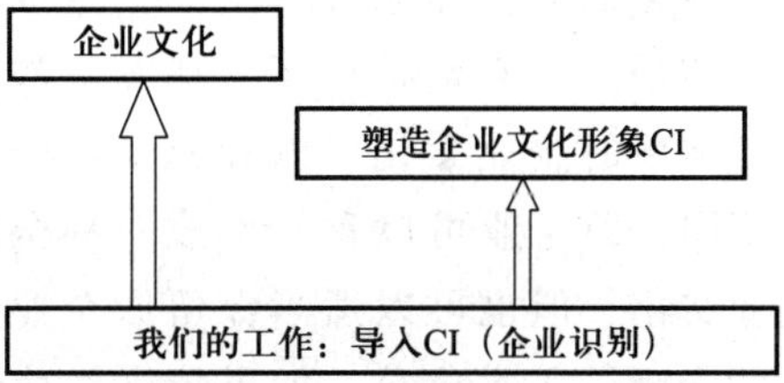

图4－7　企业文化的形成示意图

经典或传统的企业识别系统（CIS或CI）认为其包括三个部分，即MI（Mind Identity，理念识别）、BI（Behavior Identity，行为规范识别）、VI（Vision Identity，视觉识别）。除此之外，根据特许经营行业本身的特点，以及单店经营的实际状况还应再加上四个部分，即AI（Audio Identity，声音识别）、SI（Store Identity，店面识别，又称Interior Identity，室内识别）、BPI（Business Process Identity，工作流程识别）和OI（Other Store Identity，其他识别）。故此，广义CIS设计又称为单店的“7I”设计。特许经营企业在设计与导入CI的过程中，必须坚持如下几个原则。

（1）系统推进原则。即适应企业内外环境，符合企业发展战略，MI、BI、VI、AI、SI、BPI、OI并重，具体措施合理配套。

（2）以公众为中心原则。即进行准确的公众定位、努力满足公众的需要、尽量尊重公众的习俗、正确引导公众的观念。

（3）实事求是原则。即对外展示企业实际情况、从员工实际出发、正视企业劣势和不足、立足企业现实的基础。

（4）求异创新原则。即建设独特的企业文化观念、视觉要素不同凡响、企业制度创新、CI的实施手段新颖别致。

（5）两个效益兼顾原则（法律层次、政策层次、道德层次）。CI导入流程如图4－8所示。

（五）特许经营企业文化管理的要求

对特许经营企业而言，企业文化的管理是战略管理的重要内容。在设计以及导入CI的全过程中，要始终关注文化管理与其他管理内容的几个不同的方面，即文化管理是以人为中心，着力实现人的和谐共处、保持单店设计思想的完整性和认同感、注重各类体系的持续完善，同时强化团队建设。实行“孵化型”领导以及软管理与硬管理的巧妙结合。

1. 注重协调性

如果特许经营体系是由原来的企业整体地转化而来，即原来的企业在组成特许经营体系之后自动消失了，那么新的特许经营体系的企业文化可以和原来的企业文化不同，即企业可以重新形成一种全新的企业文化，但也可以适当保留原企业文化中的合理、固有成分。如果特许经营体系是由原来总部进行管辖的形式，即新成立的特许经营体系并不造成原企业的消失，特许经营体系的新企业文化应该和原企业的文化保持高度的和谐，不能有明显冲突。比如在理念方面的一致性、制度方面的相似性、VI色彩与字体等方面的搭配性、SI风格的继承性、AI旋律的和谐性、OI的协调性等。或者，新构建的特许经营体系的企业文化应是原有企业文化的合理、科学延伸。

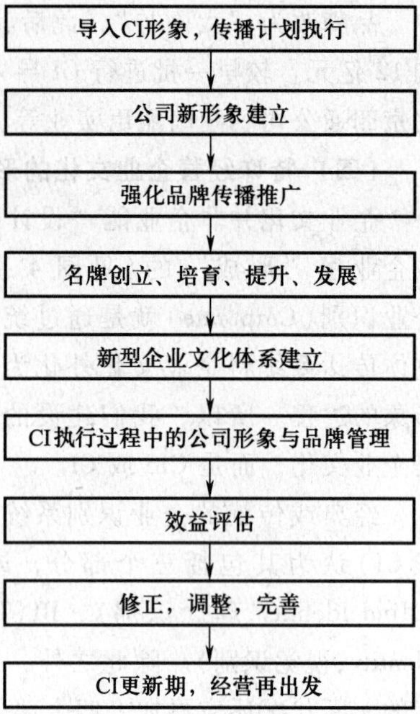

图4－8　CI的导入流程

2. 保持完整性

由于特许经营体系被分为两个最基本的部分：总部体系和单店体系，所以，在设计CIS时，应先设计出总部的相关CIS，然后在此基础上再延伸设计出单店的CIS。所以，单店的CIS完全是总部CIS的延伸物，它自己并不能独立成为一套CIS。这是必须引起企业注意的，因为现在在许多企业里，往往出现总部和单店两套不同的CIS同时并存的状况，这显然不利于充分发挥CIS的宣传作用，也容易使外界对企业的形象产生混乱的感觉。

3. 持续完善性

对特许权设计的完善过程也体现出企业文化的创新元素，在此阶段特许权设计的CIS中，重点应是MI和VI、AI、OI的设计，因为这些设计的延伸性较好，同时MI作为一个纲领性的部分，基本上为其他各项设计确立了指导原则，所以MI设计是重中之重。对于BPI而言，一方面需要企业在单店、分部、总部和整个体系的建立过程中不断地从实践中进行修正，同时因为企业需要通过这个设计进行体系的建设，所以这也是总部实现持续完善的创新步骤，因此，这部分的设计主要是在企业以前经验的提取、最新理论与技术的结合以及企业对未来的希望三个方面的共同指导下进行的。

4. 组建团队

需要强调的是，因为CIS的内容牵涉到许多专业方面的特殊知识，而仅凭企业现有人员的力量和知识、技术往往是不足以胜任这个项目的，所以，为了确保企业CIS工程的设计与导入成功，企业最好请外部的咨询顾问公司或个人辅助此项工作。或者，企业把整个的特许经营建设项目外包给某一个专门做特许经营顾问咨询的专家团队，这样CIS设计与导入的任务不但能得到专业化的服务，而且由于整个项目都由一个专家团队来做，也能较好地保证子项目之间的衔接和一致性。

四、特许权技术

技术是知识产权中的重要组成部分，主要包括特许人用于复制给受许人或加盟商的专利、技术、诀窍等。对于特许权组合技术部分在之前的企业文化部分有涉及，但应有专门的技术部分设计，对一些关键性的技术进行详细地描述，以便受许人或加盟商能在培训中以及日后的单店营运中随时运用、学习、体会和研究。

（一）特许权技术的分类

按不同的标准，特许权技术有不同的分类。

（1）按照特许权技术的属性，可以分为硬技术和软技术。硬技术通常指的就是工程类技术，而软技术则指管理类技术。自然技术多属于硬技术，社会技术与思维技术则多属于软技术。

（2）按照企业价值链的环节不同，特许权技术可以分为不同的类型，如研发技术、试制技术、定型技术、工艺设计技术、供应技术、生产技术、销售技术、售后服务技术等。对于每一环节的技术，按照职能的不同，又可以进一步分类。

（3）按照特许权技术对于企业的重要性，特许技术可以分为关键技术、重要技术和一般技术三类，或者分为核心技术与非核心技术两类。关键技术是企业竞争力的主要支撑，重要技术是企业竞争力的辅助性要素，而一般技术则是企业可以从外界以交易或合作的方式获得的普通技术。

（4）按照特许权技术是否属于专利，特许权技术可以分为专利技术和非专利技术。在专利技术中，根据专利申请和有效的区域，可以分为国际性专利、国家专利、地区专利甚至企业专利等；按照专利法的规定，专利可分为发明专利、实用新型专利和外观专利。需要强调的是，专利不仅仅是有关一项工艺或设计的权利，也可以是对一个地区的市场的权利。

企业在对特许权技术进行设计时，最好能根据上述的分类选择一个标准进行，以免发生混乱、重复、遗漏。当然，在必要的情况下，企业也可以采用一种分类为主，其余分类为辅的方式来描述特许权技术。

（二）特许权技术活动的分类

按照技术的存在形态与可传授性质，特许权技术可以分为隐性技术与显性技术。隐性技术指的是这种技术不能以语言、文字、声音、图像等通常方式进行交流或不可传授的技术；显性技术则指性质与隐性技术相反的技术。这个定义与知识分为隐性知识和显性知识相似。隐性技术有便于保密的好处，但却不利于对此技术的继承性。显性技术虽然可以有很好的传播效果，但却容易被别人学习、复制，保密性较差。

由于特许权技术本身特点所致，作为企业而言，既应该学会把员工个人的隐性技术转变为显性技术，以促进公司整体技术水平的提高并防止公司资源个人化的不利状况出现；也应该学会把显性技术变为隐性技术，以增强企业的保密性、促进员工个人技术水平的提高并提高企业对于其他竞争者的技术壁垒。

所以，特许人与特许权技术相关的活动主要有四类：

（1）隐性技术变为显性技术。使个别员工的技术为企业所用，使企业的传统技术为员工掌握以便更好地为企业服务；

（2）隐性技术变为隐性技术。使企业员工彻底掌握企业运作的关键技术，提高企业的整体技术水平；

（3）显性技术变为隐性技术。教会员工学习、掌握并熟练运用企业的技术；

（4）显性技术变为显性技术。使企业的技术变为可以传授的，以维持企业的技术水平。

五、特许权组合的约束部分

特许权组合约束部分主要包括时间限制、区域限制、数量限制、再特许限制等，对这个部分的设计要根据特许经营企业的实际情况、特许人的管理能力、特许经营体系发展战略规划及未来发展趋势、竞争者的状况、法律法规的范围、潜在受许人的类型、受许人承受心理等综合考虑后再决定，不能盲目地抄袭模仿其他企业的做法。

（一）时间限制

在时间方面，我国《商业特许经营管理条例》规定为 3 年，国外多为 10 ~

15 年。

（二）区域限制

在地域方面，应保证每一个可能开设的单店都有自己足够的独立而无本体系其他单店相竞争的商圈，即每个单店的核心商圈之间最近的范围是彼此相切，尽可能避免重叠，这样就不会引起不同受许人或加盟商之间的竞争并在损害受许人或加盟商利益的同时损害特许人的利益。

（三）数量限制

在数量方面，应根据受许人的选择而定，单店受许人或加盟商不必赘言，多店或区域的受许人或加盟商则可以有多间单店，但对于区域受许人或加盟商，特许人应限制其可能的最少单店数目和最多单店数目，其数目上限和下限的衡量标准就是应使各个单店的核心商圈相切。

（四）再特许限制

在是否允许再特许方面，则主要取决于特许人自己的意愿和对体系发展战略的理解。

通常，特许经营企业会编制一份单独的《特许权手册》，当然也可以将对特许权的设计融入其余的手册之中。

本章小结

1. 特许经营总体发展规划的主要功能包括如下 4 个方面：指明特许经营体系的发展方向，明确特许经营体系的发展目标，以最有效的手段配置资源，统一创业团队的思想和行动。

2. 特许经营总部体系要素包括：特许权组合体系、企业文化体系、特许权技术体系建设、特许权约束体系、特许权物质体系。

3. 总部组织体系的构成主要由以下三个部分组成：核心部分：总部的经营模式。基础部分：总部的运营管理系统。外在部分：总部的识别系统。

4. 总部的业务组合分为三大板块，一是市场拓展，包括加盟商招募、授权，以及对加盟商的开店支持；二是对现有单店网络的运营管理，包括管理信息系统、物流配送系统、培训督导系统、市场支持系统和技术支持系统；三是对企业外部资源的整合。

5. 特许权组合的要素包括：物质部分、企业文化部分、技术部分、约束部分等。

思考题

一、简答题

1. 系统和体系的含义是什么？结合具体特许经营体系进行分析。

2. 总部体系的构成因素及特征是什么？

3. 总部组织体系基本架构是什么？

4. 总部业务组合体系的基本构成是什么？

5. 总部特许权中文化要素组合体系的基本模型。

6. 特许权约束部分的主要内容包括哪些？

二、实训题

请结合具体特许经营权组合模式，进行总部特许权技术部分构成模型分析，并画出图表说明。

案例分析

案例背景

继2009年一季度营业收入下降2.8%之后，家乐福集团近日公布的2009年上半年业绩仍不理想，公司主营业务从2008年的7.44亿欧元的盈利下滑至亏损5.83亿欧元，上半年净利同比下降42.4%，净亏损5 810万欧元。

而这些不太漂亮的数据，正是自2009年1月1日开始接替杜兰担任家乐福全球CEO之后，罗盛中(Lars Olofsson)拿到的第一个“期中考试”成绩单。

新官上任却立刻遭遇业绩下降，应该如何看待又应当如何化解？出任全球CEO后首次访华的罗盛中在面对CBN记者提出的这一颇令人尴尬的问题时的反应竟是仰头大笑。

“与外界猜测的不太一样”，罗盛中告诉CBN记者，“家乐福的亏损是短期的，这是集团战略调整的结果”。

1. 临危不乱的救火员

2008年11月18日，欧洲最大、全球第二大零售商法国家乐福集团宣布，雀巢营销执行副总裁Lars Olofsson(中文名：罗盛中)将从2009年1月1日起出任家乐福集团全球CEO。

法国本土市场持续下滑、海外市场拓展放缓、前任CEO杜兰与其他股东矛盾激化，从雀巢转战家乐福的罗盛中压力很大，因为对他而言，如果不能带领家乐福走出困境，那么就会证明，集团换帅的行为毫无意义。

尽管如此，他坚持微笑，并一字一顿地对CBN记者说：“我很高兴加入家乐福。”

家乐福董事会主席阿默里·德西兹曾在一次董事局会议上表示，罗盛中在消费行业有着32年的从业经验，他在销售和市场营销方面经验丰富，而这些正是家乐福开启新发展阶段所需要的。

家乐福提供的资料显示，罗盛中于1981年进入瑞士雀巢集团，1997年成为雀巢法国公司总裁，2001年被任命为负责欧洲业务的执行副总裁，2005年晋升为负责全球商业战略、销售和市场营销的执行副总裁。可以说，他的职业步履走得稳健，步步为营。

2. 不寻常的关店救市

瑞典人Lars Olofsson给自己起了个中文名字“罗盛中”，从字面便可以看出他对中国市场的满腔热情与希望。

罗盛中主动向CBN记者递上名片，并自己爆料，“这是我为了此次的中国之行特意印制的中文名片，希望你会喜欢我的新名字”。一旁的家乐福大中华区总裁兼CEO罗国伟小声告诉CBN记者：“我的新老板是个心思细腻的好男人，而且想法总是与众不同。”

正如罗国伟所言，2009年1月1日开始接替杜兰担任家乐福全球CEO的罗盛中，在尝试解决这家全球第二大零售商所面临的最艰难处境时，想出来的救市办法确实与众不同。

“销售数据的下降掩盖不了家乐福市场份额的攀升。”这是罗盛中对家乐福目前业绩的全面总结。他向CBN记者介绍了集团今年初推出的新战略口号——翻译成中文即是“乌云过后重见彩虹”。

事实上，这一口号更多是针对欧洲市场，即在欧洲市场进一步强化促销计划，以更优势的低价增强购买力，重拾消费信心。

“上半年家乐福在欧洲推出了新的促销政策，同时将盈利不佳的意大利业务进行了转让。”罗盛中说，家乐福上半年有一笔5.11亿欧元的一次性开支，这包括其在一家意大利连锁超市Finiper公司的投资股权和卖空期权交易上的损失。

这样做的目的是对发展饱和的国家进行调整，缩减或转让盈利不好的网点。

3. 中国经验的世界之旅

在对欧洲业务进行整合之时，家乐福却在中国市场采取大张旗鼓、高歌猛进的市场策略。

在对棘手的欧洲市场着手调整之后，担任家乐福全球CEO的第九个月，罗盛中终于来到了中国。

他告诉CBN记者，这两天他到上海、南京看了看中国的家乐福超市，卖场里到处都是人，收银台前面排起长队，“这里好像没有受到金融危机的冲击，到处一片欣欣向荣”。

走访市场让罗盛中坚定了对于新兴市场国家，尤其是中国市场的投资信心。“未来投资不仅不会缩减，还将进一步增加，中国今年将确定新开20~22家门店。”罗盛中侃侃而谈。为继续在中国将农民直供进一步扩大，家乐福将在江苏着手试点扶持中小企业融资计划。

他还在近期举办的“家乐福合作伙伴日”上表示，166个农民合作社的5万中国农民加入了家乐福“农民直供”项目，每天有超过35种农产品“零费用”进场销售，直降三成的流通成本一半让利给了消费者，另一半转化成为农民收入。

罗盛中的此次中国之行，对于中国农民来说更是一个大利好。“农民直供的成功经验完全有条件推广到家乐福其他市场，这些蔬果新鲜、优质，真应该把它们卖到国外去！”罗盛中看好他在中国推出的新策略。

而对于刚刚公布的中报成绩单，低调的罗盛中没有发表太多意见，他如是说：“似乎并没有太多好说的，大家应该关注的也许是家乐福今年年底的期末考试成绩单和下一财年财政状况。

（资料来源：http://www.cs.com.cn/xwzx/05/200909/t20090910_2208024.htm）

问题：家乐福总部获利模型分析基于的客观依据是什么？获利分析最主要的目的是什么？

第五章 单店系统设计

学习任务

通过本章的学习，主要掌握和理解：

1. 单店系统的概念和设计内容；
2. 单店特许权效用设计；
3. 单店系统分类；
4. 开展单店系统设计和构建的步骤、方法；
5. 单店识别系统的设计。

特许单店系统是特许总部系统的子系统，是特许总部系统的有机构成，特许单店系统设计的优劣直接影响到特许总部系统设计的科学性和有效性。只有遵循特许总部系统设计思想对特许单店系统进行设计，才能保证总部特许体系扩张战略的最终实现。通过本章的学习，学生应重点理解和掌握单店系统定义；单店系统分类；单店系统扮演的重要角色；单店系统的概念；单店系统设计和构建的步骤。同时引入了特许权效用的概念，单店识别系统设计，介绍了特许经营费的设计原理。

导入案例

近来有很多投资商想涉足早教行业，但是如何进行科学合理的选址，却是众多投资商不得不谨慎面对的问题，选址的结果将直接影响到早教中心运营。

对于早教中心的选址，必须考虑它的区域性，因为早教行业面对的都是0~6岁的小朋友，因此家长在选择早教中心的时候，距离的远近、交通的便捷性都是会起到决定性影响的要素。所以对于早教中心的选址来说，优先选择的应是下述两种类型的场地：

（1）成熟社区内的大型商场。作为成熟社区内建设的大型商场，大多都会有亲子活动的功能消费区域，早教中心如果可以选择进驻的话，将有源源不断的客流进入，从而达到营运的人流要求。

(2) 大型小区的会所。一些比较大型的小区一般都会有配套的会所，因此对于投资者来说，如果在社区外部没有找到合适的场地，那么社区会所也是可以是考虑选择的场地之一。

如果上述两种场地都没有办法实现的话，独幢的房子也是可以考虑选择的场所，但是其安全性以及周边停车、交通的便利性都需要投资商仔细去考虑，毕竟将来进出较多的都是0~6岁的小朋友。

不管选择哪种类型的场所，前期的市场调研都是必不可少的，其中最需要考虑的要素有：

(1) 周边是否有足够的消费市场。中心的周边是否有足够的早教消费市场，这将是中心是否能够健康运营下去的必要条件，因此消费市场是选择中心地址时第一要考虑的。

(2) 周边消费市场是否有足够的消费能力。周边的消费市场的主流消费能力调研，将决定着早教中心的品牌定位，因此潜在客户群的消费能力也是需要在前期市场调研中必须客观去考量的要素之一。

在进行了充分的市场调研和选择了合适的场地之后，再进行相宜早教品牌的选择，将对投资者日后的项目运作提供成功的保障。

星巴克(Starbucks)是美国一家连锁咖啡公司，1971年成立，是全球最大的咖啡连锁店，其总部坐落于美国华盛顿州西雅图市。除咖啡外，星巴克亦有茶、馅饼及蛋糕等商品。星巴克在全球范围内已经有近12 000间分店遍布北美洲、南美洲、欧洲、中东及太平洋区。2007年美国拍摄了以星巴克为名及主要题材的电影。

(资料来源：http://news.k8008.com/html/201108/news_185511_1.html)

第一节　单店系统概述

单店是特许经营体系中不可再分割的基本业务单元，是体系中不可或缺的子系统。单店是整个特许经营体系的窗口，也是特许经营体系直接与顾客接触、直接展现特许经营企业优秀企业文化、优秀新产品和高质量服务的一线阵地，单店经营的成败将直接决定特许经营体系的成败。同时，目前市场上最常见的、最受欢迎的特许经营业务也是单店特许，因为多店加盟商也往往是在单店加盟成功后，再进一步加盟更多单店的。因此，特许人在进行特许经营体系开发设计时，设计好单店系统是非常关键的，准备进行特许经营的企业要把单店设计作为最重要的工作之一。

一、单店系统构成

作为一个完整独立的系统，单店由以下三个部分组成：核心部分即单店的经营模式；基础部分即单店的运营管理系统；外在部分即单店的识别系统。

单店系统基本可以分为商品分销型、服务型和混合型（便利店）三大类，如图5-1所示。

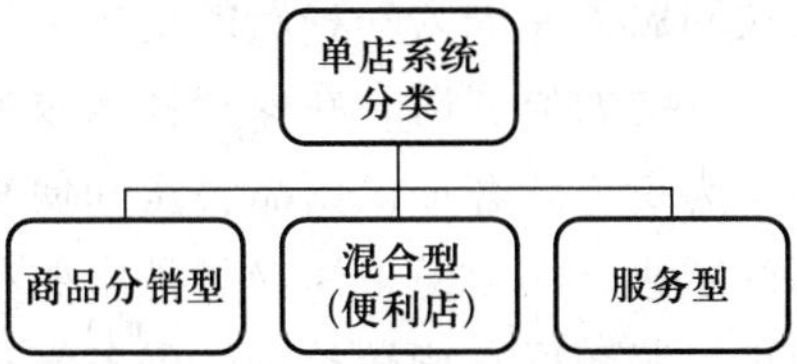

图5-1 单店系统分类图

二、单店系统的分类

（一）商品分销型单店

商品分销型的单店是指以向客户提供商品零售和批发为主的单店。此类单店的利润来源主要是零售利润和商品分销利润。

商品分销型的单店存在于诸多行业中，如：服装业、化妆品业、家电业、音像制品业、家居用品业、汽车用品业、体育用品业、户外用品业、图书出版业、通信用品业、食品业、医药业、黄金珠宝业、花卉业等。

商品分销型的单店可以进一步划分为品牌产品专卖店与品牌产品专业店两大类，如服装行业中美特斯邦威就是品牌专卖店，而海澜之家就是品牌专业店；化妆品行业中雅芳是品牌专卖店，而美颜坊则是产品专业店。

商品分销型的单店在商品销售形态上存在两种类型：一种是柜台售卖方式，一种是顾客自选方式，顾客自选方式目前已经成为主流方式。

商品分销型的单店获利模型相对单一，商品的边际利润较容易核算，运营管理流程比较简单。因此，相对于服务型的单店，商品分销型的单店在系统设计和构建方面比较容易。

（二）服务型单店

服务型的单店是指以向客户提供消费服务或劳务为主的单店。此类单店的利润来源主要是服务式劳务付出。

服务型的单店存在于诸多行业中，如：餐饮业、快捷酒店业、保健业、烘焙业、美容美发业、汽车售后服务业、洗衣业、娱乐业、教育培训业、修理业、家庭装修业等。

很多服务型单店中都包括少量的商品零售业务。相对于商品分销型的单店，服务型的单店其服务形态多姿多彩，其获利模型、服务流程和边际利润更加复杂，因此单店系统设计和构建的难度也比较高。

（三）商品销售与服务混合提供的便利店

便利店是介于商品分销型和服务型单店之间的一种单店类型。早期的便利店更接近商品分销型的单店，目前的便利店则加入了如快餐、收费、包裹快递等便利服务而成为一种新的单店类型。

目前的便利店，在保持社区服务的传统角色的同时，也开始走进繁华商业区，为街头游客提供商品售卖和便利服务。目前便利店的利润大多还是来自商品的零售利润，但整体趋势是服务利润将会占到更大的比例。便利店内商品品种少，服务形态比较单一，服务流程、运营管理流程和边际利润也比较简单，因此单店系统设计和构建的难度较低。

三、单店系统的作用

作为整个特许经营体系中的一个子系统，单店系统发挥着十分重要的作用，归纳起来有以下五点：

（1）每一个单店都是一个利润中心；

（2）每一个单店都是特许权的载体；

（3）单店是前台直接服务于客户和区域市场；

（4）单店是整个特许经营体系信息系统的终端；

（5）单店的数量是衡量特许经营体系发展规模和速度的基本指标。

四、单店系统设计

从现实意义来看，特许经营体系所输出的“产品”其实就是单店，因为特许人以特许经营进行扩张的行为就是在不停地复制单店，而整个特许经营的网络就由这许许多多的单店作为节点连接而成。即使特许人采用了中间性质的组织，比如设置了区域加盟商、国外总特许人、特许经营的分销商或代理商等，都不过是为了能够更好地复制单店服务，都只是复制单店的一种手段而已，而单店才是特许经营的最原始产品和最终产品。

（一）单店设计的内容

单店设计的内容就是指一个单店从零开始建设并保持正常营运这个全程中所涉及的所有要素，归纳起来就是单店的 CIS，包括 MI、BI、VI、AI、SI、BPI、OI 七大部分。

我们可以这样来理解单店的设计，即当我们拿到这个设计之后，我们完全可以在脑海中全方位地展现出未来单店的形象以及它从零开始的整个建设与日常运营过程，加盟商遵循这个设计就可以完全建立一个形象既定的单店并良好地按既定规则进行运营。

通常，特许人会把这些内容分别编制成单店的系列手册，如 MI 手册、BI 手册、VI 手册、SI 手册、AI 手册、BPI 手册、OI 手册、单店常用表格、单店店长手册、单店店员手册、单店技术手册等，这些都为单店的设计提供理论依据。但在实际使用中常常把上述手册合并，所以通常意义上的单店手册其实就是两类：单店开店手册与单店运营手册。

对单店而言，其 MI、BI、VI、AI、SI、OI 六部分的设计都应参照第四章所述的特许权设计的 CIS 进行，并充分考虑到单店作为营销终端的特点而予以和谐、一致、科学地延伸。而单店的 BPI 中有两个方面最为重要，即开店流程和单店的日常运营流程。

1. 开店的 BPI 设计

按时间先后顺序，一个单店的建设流程如图 5－2 所示。

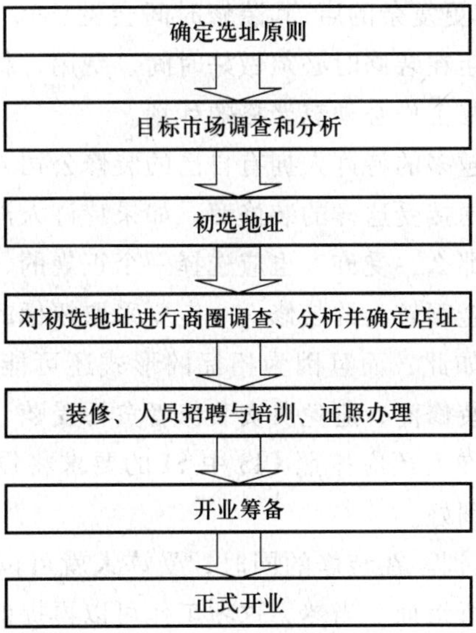

图 5－2　单店的建设流程

（1）单店的选址原则。选择店址的主要原则是方便顾客、注重规模、渗透战略、体现前瞻性、目标客户明确等。

（2）目标市场调查和分析。市场调查可以采取定性与定量结合方法进行，采用询问法、问卷法、回归分析法等。

（3）对初选地址进行商圈调查分析。对初次进入选址的店铺进行模拟经营，采集客流量、交易额、顾客停留时间等经营数据。特别注意第一商圈应保证店铺保本，第二商圈盈利水平满足单店运营的要求。

(4) 确定店址。当前期考察工作结束后，就要确定店铺地址，做好确定内部装修设计方案及店面外部设计方案。

这四项步骤在“市场营销”课程中有详尽阐述，本章只就单店特点做简单说明。

(5) 装修、人员招聘与培训、证照办理

① 装修。选定店址后的首要任务就是按照单店的 CIS 进行装修，通常，特许人都会提供一份设计好的装修图纸或效果图，以及其他相关文件，如对装修材料的要求、对装修商资格的要求、装修合同范本等，有的特许人还可能会直接指定装修商并监督整个装修过程。通常，装修完毕后的单店是一定需要经过特许人的验收与认可的，这是为了保证整个特许经营体系复制的统一性。

需要注意的是，因为单店装修的工程包括前期的设计、中期的施工以及后期的通风，所以耗时较长(对 1 000 平方米左右的店,其装修耗时通常在 3 个月左右,更大的店和装修更复杂的店,其装修时间会更长)，同时装修的费用也可能非常巨大，所以单店在装修时必须做好时间、费用、材料、质量、工作顺序等的管理。为此，装修工作必须有严格的计划。

现在，正有越来越多的特许人拥有自己的装修公司或装修方面的战略合作伙伴，受许人可以考虑接受这样的装修商。如果特许人没有装修公司或没有向受许人推荐装修商，那么，受许人也应选择一个正规的、有经验的装修商。

对于涉及面积、金额较大的装修，一定要采取招标的形式，这不仅是因为法规要求经营者必须如此，而且因为招标的形式还可能为经营者带来诸多益处，如能选出更好的装修商、避免负责装修者贪污受贿、降低装修成本等。

装修完毕后，受许人还应按照 CIS 中 SI 的要求将设备、工具、材料、商品等安装、摆放、陈列好。

② 人员招聘与培训。在装修的同时，受许人就可以开始招聘单店未来的工作人员并对他们进行培训。当然，这项工作可以再提前或推后一些时间，这要视培训与装修所需时间、培训的内容难度等各方面具体因素来决定。如果出于对支付工资等因素的考虑而需要将时间安排得非常紧凑时，受许人可以采用倒推时间法来计算人员招聘和培训的起始时间，即从所招聘人员的上岗之日起向前倒推，通过有序的时间安排使人员的培训刚结束时正好可以上岗。同时，为稳妥也应考虑保留一定的时间弹性。

③ 证照办理。一般而言，因为有些证件、执照的办理需要较长的时间，手续也较为繁杂，所以受许人应该在特许人授权完成之后尽快着手进行单店各

证照的办理。

不同的行业开店需要办理的证照并不完全相同，甚至不同的地区、不同的时间开店时所需要办理的证照也不完全相同。一般而言，所有类型的店都需要营业执照和税务登记证。包括网店在内，现在越来越多的地方开始规定网上开店也必须办理营业执照。

通常，单店在正式开业前可能需要办理的证照包括：营业执照（在工商局办理）；税务登记证（在税务局办理）；消防许可证（在消防局办理）；治安许可证（在派出所办理）；卫生许可证（如餐饮业、便利店、酒吧等必须办理）；出版物发行许可证（书店必须办理）；网吧收费许可证（在物价局办理）；网吧特许经营证（向 ISP 即互联网接入商办理）；酒类商品零售登记证（销售酒类的店必须办理）；排污许可证（如餐饮业）；从业人员的健康证（如餐饮业、按摩保健业）；环保意见书（如餐饮业、酒吧等必须办理）；从业人员资质证明（如眼镜店的验光师、药店人员、房产中介人员、美容院人员、美发人员、保健按摩人员等都需要办理从业资质证）；烟草专卖证（销售烟草的商铺必须办理）；文化许可证（如网吧、书店、舞厅等必须办理）。

2. 开业筹备

开业是单店经营活动的起点，开业活动本身对单店成功极为重要。本步骤的主要内容是为单店的开业做最后准备，包括设计开业仪式、购置必需物品、彻底检查并弥补以前工作的遗漏、选定开业时间、确定开业仪式邀请人士、与有关银行接洽以安排信用卡设备、在可靠的银行开户等。

在开业筹备步骤中，以下几个重要方面需要给予特别的注意：

① 开业仪式。国内著名电器连锁公司国美非常注重新卖场开业的第一把火，它常常会采取一些具有轰动效应的开业策划手段。其具体活动包括在新店开张前 1～4 个月的“山雨欲来风满楼”，即国美在当地媒体多次大幅刊登高薪厚禄的招聘启事以及承诺消费者“天天低价”的广告，以此来达到“未见其人，先闻其声”的效果。同时，国美还很善于炒作造势，比如在开业前均要精心策划推出价格低得惊人的“特价机”，当市面上的 29 寸超平彩电售价还是 2 000 元上下时，国美就推出 699 元的特价机，极端的时候甚至推出过一元的“特价机”，这种噱头的效果就是，每家国美店新开业时都是人山人海、场面火爆，如某年夏天在上海卖特价彩电时，国美上海分店被挤碎了三扇玻璃门，这种轰动的事情迅速而理所当然地成为当地的最大新闻之一。然后，国美再主动组织媒体进行长篇累牍地跟踪报道，以彻底使新店实现开门红和一鸣惊人的巨大效果。

国美的做法固然可以借鉴，但企业也应根据自己的实际情况量力而行，不一定要把开业仪式搞得很隆重，在这一点上，沃尔玛做得非常到位，尽管它有着世界上任何其他零售业都没有的实力，但它在中国却继续保持其一贯的“小气”风格。如沃尔玛哈尔滨店开业时，开业仪式很简单，只是在分店门前小广场搞了一台民俗风味浓厚的表演而已。因为庞大隆重的开业仪式需要花费很多资金，与其如此搞门面功夫，倒不如把省下的钱用来改善企业的经营。

② 开店时机。开店时机的选择非常重要，企业可以根据本行业以及自身实际情况，选择在旺季或淡季开店。旺季开业的优点是单店开业后取得开门红，对于鼓舞士气、迅速收回一些投资资金等非常有利，淡季开业的优点是可以给单店比较充足的时间来调整自己。

单店的开业也可以请专家寻找最佳的开店日期和时间。在2010年一家按摩保健加餐饮的大型单店做开业策划时，许多人都一致认为应该在“十一”开业，因为他们都看好这个黄金周的巨大潜在市场需求。但经过仔细分析后认为不妥，而应选在9月24日，主要理由如下：

第一，因为要请媒体报导，所以在不影响其正常工作的前提下，根据经验，最好选在周六日。

第二，因为10月1日的国庆是大节日，企业计划中要邀请的很多重要嘉宾在靠近9月底时就会准备度假事宜或提前外出度假，很难请到嘉宾和媒体，休息时间打扰也有诸多不便。所以尽量不要定在月底前三天和国庆当天。

第三，为10月1日可能出现的大规模服务做准备，单店应有几天的服务、经营、市场预热和调整时间。

第四，单店老板和当地人比较看重风俗和图个吉利，按风俗，9月底适于开市日期为9月30日(周五)，9月26日(周一)，9月24日(周六)，9月18日(周日)；适于交易日期为9月24日(周六)，9月18日(周日)。

所以，在综合考虑了上述四个方面的因素之后，开业日期宜定为9月24日(周六)。

③ 开业策划。为了保证在开业的第一天，单店的各项事情都有条不紊、顺利地进行，在开业前做个科学、完整的策划是必需的，条件许可的话，还可以事先演练一番。

3. 正式开业

一家新店面的诞生，是受许人自己事业的开始，是可喜可贺的事，应该给予应有的重视。同时，这既是受许人借此向公众宣布单店的诞生、广做宣传的机会，也是考验每位培训后的员工是否能提供到位的服务，由此对发现的问题及时进行调整的时机。因此开业活动是单店营运过程中一个极为重要的环节。

在开业当天，所有工作人员都要按照事先的开业策划和演练进行，彼此之间密切配合，力争把开业仪式办得完满、顺利。

为了配合新店的开业，受许人可以举办一些公关活动，如邀请名流参加、赠送奖品、打折出售、免费体验、开业酬宾、为社区做公益活动等。

一般正式开业后的1~2个月内属于单店的试运营期，即单店的人员对各种事务、流程、技术、环境等的磨合时期。受许人要密切关注店内的各种事项，及时发现问题，及时处理，并随时保持和特许人的紧密沟通。

综上，经营者在对单店进行设计时，开店流程设计是一个非常重要的方面，因为将来特许经营总部负责营建的人员要根据这个规定去协助受许人建设单店，受许人也要根据《开店手册》去进行自己的开店作业。

阅读资料

商圈，是指店面以其所在地点为中心，沿着一定的方向和距离扩展，吸引顾客的辐射范围。简单地说，也就是来店顾客所居住或工作的区域范围。无论大商场还是小商店，它们的销售总是有一定的地理范围。这个地理范围就是商圈。不同的店面由于经营商品、交通因素、地理位置、经营规模等方面的不同，其商圈规模、商圈形态存在很大差别。即使是同一个店面，在不同时间也可能会因为不同因素的影响，而引致商圈的变化，如原商圈内出现了竞争，吸引了一部分顾客。商圈规模时大时小，商圈形态表现为各种不规则的多角形，为便于分析，通常是以商店设定地点为圆心，以周围一定距离为半径所划定的范围作为商圈设定考虑的因素。

（二）单店的“7I”设计

单店的“7I”设计，即MI(Mind Identity,理念识别)、BI(Behavior Identity,行为识别)、VI(Vision Identity,视觉识别)、SI(Store Identity,店面识别，或Interior Identity,室内识别)、AI(Audio Identity,声音识别)、BPI(Business Process Identity,工作流程识别)、OI(Other Identity,其他识别)。其具体内容如下：

（1）理念识别。指一个企业由于具有独特的经营哲学、宗旨、目标、精神、道德、作风等等而区别于其他企业。理念识别是企业形象识别的灵魂，它对另外六个“识别”具有决定作用并通过另外六个“识别”表现出来。理念识别的要素中，企业的群体价值观是核心要素。理念识别包括两大部分内容：一是基本要素，一是应用要素。特许经营企业的企业理念可以单独编制成一本手册，称为《MI 手册》。

理念识别的基本要素包括：企业经营策略、管理体制、分配原则、人事制度、人才观念、发展目标、企业人际关系准则、员工道德规范、企业对外行为准则、政策等。

理念识别的应用要素包括：企业信念、企业经营口号、企业标语、守则、座右铭等。

（2）行为识别。指在企业经营理念引导下，企业组织及全体员工的言行和各项活动所体现出一个企业与其他企业的区别。行为识别是企业形象策划的动态识别，从行为识别所实施的对象来区别，它包括内部活动识别和外部活动识别。行为识别是理念识别的最主要载体。行为识别包括企业行为和企业制度两方面。企业行为包括企业家的行为、企业模范人物的行为、企业员工的行为等；企业制度包括企业领导体制、企业组织机构、企业管理制度等。

在特许经营企业中，可以把相关的各种制度集合起来，编制成一本单独的手册，称为“企业制度汇编”。

（3）视觉识别。指一个企业区别于其他企业的独特的名称、标志、标准字、标准色等视觉要素及其组合。视觉识别的表达必须借助某种物质载体，视觉识别是整个企业形象识别系统中最形象直观、最具有冲击力的部分。人们对企业形象的认识往往就是从视觉识别开始的，实际上，早期的所谓企业形象策划其实就是视觉识别策划。

视觉识别分为企业视觉识别基本要素和企业视觉识别应用要素两类。前者包括企业名称、企业品牌标志、企业品牌标准字、企业标准色、企业专用印刷字体、企业象征造型与图案、企业宣传标语和口号等；后者包括企业固有的应用媒体如企业产品、事务用品、办公室器具和设备、标牌、标志、气质、制服、衣着、交通工具与配合企业经营的应用媒体，如包装用品、广告、企业建筑、环境、传播展示与陈列规划等。

企业视觉识别的基本要素可包含下列方面：图形标志标准制图、明度规范、辅助色彩、中文标准字体（横式）、中文标准字体（竖式）、英文标准字体及中英文标准字体组合（横式）、中英文标准字体组合（竖式）、中文专用字体及英文专用字体、标准组合形式（标志与中文）、标准组合形式（标志与中英文）、标准组合形式（竖式）、标准组合形式（标志与英文）、企业品牌与分支机构名称的组合（简称）、组合形式的色块反白规范及辅助图形、标志底纹、禁止组合等。

通常，企业都会编制单独的彩色《VI 手册》。

（4）声音识别。指一个企业的企业歌曲、口号、规定用语、标志性声音、背景音乐等。声音识别是现在比较流行的一个做法，其效果也非常好。不仅是商业企业，国家、城市、学校、协会、学会、团体等组织都会设计自己的声音识别体系，如园歌、校歌等。

声音识别的设计和实施使一个单店的气氛“动”起来了，它改变了单店原先的沉闷气氛并使单店给人的感觉更人性化。当然，声音识别要和单店其他方面的识别搭配好才能相得益彰，否则就会起反作用。例如在理发店，顾客在接受理发服务时，店里的背景音乐就应该是轻柔舒缓的乐曲，而不宜播放激烈昂扬的摇滚乐。

同时企业要注意的是，在公共场所播放背景音乐需要取得音乐知识产权方的相应许可并向其支付一定费用，这是国际通行的准则。如中国音乐著作权协会对超市使用背景音乐的收费标准是：营业面积不足100平方米的，每年收取217.50元；超过100平方米的，每增加25平方米面积增加收费34.80元。此外，还可协商收费。

虽然现在仍然有许多商家在免费地播放背景音乐并没有受到任何起诉，但随着我国知识产权保护力度的逐渐加大，免费的音乐终将成为历史。我国也正有越来越多的商家开始自觉地遵守这一国际准则。据统计，我国目前签约使用音乐作品并为之付费的各类经营场所已达5 000余家，并且这一数字还在继续增长。

除了歌曲之外，企业也可以设计自己的“口号”，比如沃尔玛在受到韩国企业的启发之后，也搞了沃尔玛式口号。

企业内的同事之间互相称呼也需要设计，如在中国的一些企业中，同事之间在私下场合可以称呼“张姐”、“李哥”，但在商业场合（比如谈判场合、有顾客在的场合等），这种称呼就不恰当，需要改成职务上的称呼，有些服务企业还会称呼其服务号码，否则会使人感觉企业很不规范。

在针对客人的语言上，不同的企业也需要根据自己的特色来设计自己的独特语言，切不可盲目模仿。如餐饮企业送别客人时可以热情地说“欢迎常来”，但对于医疗卫生、婚介所等企业而言，“欢迎常来”则显然不妥。

对于声音识别设计，企业可以编制成单独的手册，也可以融入别的手册之中。

（5）店面识别（又称室内识别）。我们可以将它理解为视觉识别的延伸，同时，店面识别的主要目的是在“三维空间”、“装潢规格化”方面。与传统装潢设计不同，它是系统性、模块化的设计，而非定点式设计，这使得它更能适应连锁经营体系发展时所碰到的每个店面尺寸不一的问题。

店面识别的规划项目包括：总则、管理原则、商圈确定、设计概念、空间设计、平面系统、天花板系统、地坪系统、配电及照明系统、展示系统、壁面系统、招牌系统、POP(柜台广告)及 Display(商品展示)、管理部分、材料说明、施工程序、估价、协助厂商配合作业原则等。

店面识别与传统的装潢设计有着本质的不同。两者不论是方法上还是逻辑上都大不相同，过去连锁店的装潢，只是针对某一个定点尺寸设计，以后的店便按初始的店面复制。但每家店面的条件均不相同，所以当第二家店有着不同的房屋结构条件时，设计就会被迫作出修改，以此类推。到第 20 家店时，原先的设计就可能已经完全走样了，再加上施工单位也会因地区不同而更换，这就进一步增加了单店装潢外观走样的可能性。而且，这样针对每家店的分别设计也非常耗费时间、精力和资金，使得单店的建设效率大大降低，建设成本大大提高。而店面识别是针对所有可能的情况来设计，除了少数物品是固定尺寸外，其所有要素的设计全部采用比例或弹性规范原则，所以店面识别能更好地防止各个单店之间在外观和装潢风格上的不一致。店面识别与装潢设计之间的详细比较如表 5 - 1 所示。通常，店面识别相关内容都会被编制成单独的手册。

表 5 - 1　店面识别与装潢设计之间的比较

	店面识别设计	单店设计
设计标的	针对各种尺寸	针对单一尺寸
设计方式	系统化、规格化	缺乏弹性及应变能力
外在形象	一致性高	容易各式各样
设计费用	较高	较低
平均单店设计费用	很低(加盟时可分摊)	很高
施工时间/进度	较短、较少	较长、较高
加盟促进	较易	较难
运用情况	先进国家大都采用	未充分规划者采用

(6) 其他识别。作为单店而言，除上述六种识别之外，还包括其他一些识别，比如气味识别、温度识别、湿度识别、亮度识别、触觉识别等，这些都是一个单店传递给所有进入或未进入本店的人的综合感觉的一部分。

如在气味识别方面，一些餐饮店会刻意地在其店里散播其特色产品的诱人味道，甚至向店外散播这种独特的味道，借此来吸引消费者。因此，设计、实施一套好的气味识别确实可以给此类单店带来免费广告的巨大作用。否则，如果经营者没有注意到气味识别的重要意义，那么它就有可能因为气味的不当而使自己不受消费者的欢迎。如国内某超市在其入口附近设置了水产品专卖区域，任何人一进入超市，首先感受到的就是扑面而来的腥味，十分刺鼻，甚至在整个超市的购物过程中，那股腥味始终存在，这就严重影响了许多消费者的购物兴趣。

2006 年 10 月 16 日出版的美国《时代》周刊发表了一篇题为《香味和感受》的文章，文章称，气味可以改变人们的消费行为，一些商家正在利用这一点大做生意。在美国一家拥有 400 处分店的床上用品连锁店里，一种使消费者充满购物兴致的诱人香味到处弥漫，专门为零售商设计香味的 Scent Air 公司建议他们使用混合了木绒、琥珀、豆蔻、肉桂和香柠檬的味道，这样可以缓和消费者的情绪。目前，提供香味的服务被广泛的需求着——从商场、旅馆到赌场，甚至是博物馆，因为越来越多的研究证明，香味可以影响人们的消费行为。Martin Lindstrom 在其《品牌感受》一书中写道，尽管现在大多数商业信息来自视觉，但真正让消费者记住的还是气味。试验表明，气味可以唤起一个人的感情，比如柑橘的气味令人振奋，而香草味则使人平静。拿捏香味是一件很复杂的事情。Scent Air 公司为 Westin 酒店创造了一种独特香味，混合了绿茶、天竺葵、绿藤、黑雪松和小苍兰的味道，为酒店休息室营造了静谧的气氛。Scent Air 公司首席执行官说："调制香氛是一门科学，更是一门艺术。"

温度识别同样重要，在店内保持适宜的温度，使顾客在店内感觉到舒适是经营者应努力的方向和目标之一。实际上，在炎热的夏季和寒冷的冬季，许多人在购物、消费时选择商场超市或某店面的一个主要因素就是这些地点的温度。如果店内的温度不使人感到如意，那么，顾客肯定不会逗留太久或甚至根本就不会进入，如此一来，生意自然会一落千丈。在我国，设定店内温度还要遵照相关法律法规的规定，比如国务院法制办公室在其官方网站公布《民用建筑节能条例(草案)》征求各界意见，其中，草案第三十三条规定："国家对使用空调采暖、制冷的公共建筑实行室内温度控制制度。除特殊用途外，夏季室内空调温度设置不得低于 26 ℃，冬季室内空调温度设置不得高于 20 ℃。"

店内的湿度同样重要，虽然人们对湿度的感觉不如对温度那样迅速和敏感，但对于较长时间待在单店内的人而言，还是会受到湿度的影响。

亮度也非常重要，它的强弱、色彩等光特性因单店的不同而不同。如酒吧、茶馆、咖啡厅、网吧、KTV 等，其店内光线可不必特别明亮，因为昏暗的环境似乎更浪漫、更便于人们之间放松地交谈。相反，如商场超市、零售店、餐厅等就必须保持足够的亮度，否则消费者在选择商品时会非常吃力。除了整个单店的亮度需要设计之外，店内的某些具体对象，比如商品、设备、装饰灯可能会需要与整体的亮度不同，设计时可以借助光的强弱、色彩等特性来突出或弱化这些对象。如深圳一家很有名的西餐厅，其亮度设计思路非常值得借鉴，这家店内部的光线比较暗，整个店内的照明几乎全依靠每张餐桌上的一支蜡烛来支撑。在这样的光照度之下，餐厅里的气氛就显得比较浪漫、安静、高雅而又有些神秘，比较符合其制订的针对白领消费人群的市场定位。另外，因为餐厅的光线比较暗，所以这家店在地面、墙壁、装饰品等方面就节省了一大笔费用，原因再简单不过了：客人反正看不清楚，为什么要用好的材质呢？

在触觉识别方面。宜家家居的做法非常出色，它打破了中国本土的一些家居企业的传统做法：不允许顾客在沙发、床等家具上试坐或触摸，以免“弄坏”、“弄脏”家具。相反，宜家家居鼓励顾客在其店面展示的沙发、家具上试坐或触摸，从而使顾客切实地体会到产品的优越性能，增加了消费机会。另外，现在的大部分超市也都越来越多地采用开放式的产品陈列和销售方式，其目的之一也是增加顾客对于产品的触觉体验机会。

通常，企业对于其他识别的设计既可融入不同的手册之中，也可单独编制成一本“OI手册”。

（三）单店的营业时间设计

时间是单店系统设计中的一个重要因素，合理的时间设计可以使单店节省巨大的成本并带来更好的经济效益。遗憾的是，这样一个重要的内容却被很多单店经营者所忽略了，目前也没有人对单店如何设计科学的时间做非常细致和系统的研究，有的只是一些零散的文章在零散地叙述一些关于行业、企业或单店的个案的例子。大部分经营者对于单店时间设计也大多是参考同行或惯例的做法，至于为什么要有这样的时间安排，恐怕很多单店的经营者都说不出根本性的理由。

看似简单的单店时间设计其实有很多需要深入研究的内容，如单店营业的起始时间、打烊时间、营业中的休息时间、员工交接班的时间、班前会的时间、班后会的时间、不同部门或岗位的工作时间等。这些时间的设计和多种因素有关，如单店所在的行业、地理位置或商圈、消费者特征、竞争、营销或促销、法律规定、季节、成本等，而时间的设计又决定或影响着单店的人员分配、岗位设置、营销策略、产品和服务价格、经营成本和经济效益等等。所以，研究和设计科学的单店时间是一项非常重要的工作。

1. 单店营业时间

单店的营业起始时间和打烊时间和所处行业有很大关系。通常，早餐经营者的营业时间是5:00－10:00，正餐经营者的营业时间是10:00－23:00，银行的营业时间是9:00－17:00，商场超市的营业时间是9:00－23:00等。同时，需要注意的是：

第一，各种行业的营业高峰期不同，如正餐的高峰期是中午和晚上两个时间段，即 11:30 - 13:00 和 17:30 - 21:30，商场的高峰期则是下午 6 点之后。因此，单店要根据自己行业的营业高峰期来合理地安排直接服务人员和货品，以免到时因服务能力不足而影响了营业，进而失去顾客。相对的，在非营业高峰期的时候，单店就可以或应该少配置直接服务人员，或者安排准备与制作货品的非直接服务人员在非营业时间做好将要到来的营业高峰期的营业准备。不同岗位或部门的人员在营业高峰期和非高峰期的工作负荷程度是不同的，单店应合理配置人员数量、货品数量等。

即便是经营状况一般的单店，在营业高峰期的消费者来源也大多不成问题，但在非营业高峰期如何吸引顾客前来则是单店经营者需要认真研究的课题。单店为了均衡营业高峰期和非高峰期的人流和刺激消费，可以作出种种努力。如价格方面，在营业高峰期时可以按正常或甚至高价格营业，而在非营业高峰期时则可以按低价来接待顾客。很多 KTV 在下午 4 点之前的价格要远远低于下午 4 点之后，酒店宾馆的价格也会在会议、旅游等高峰期时上涨，在旅游淡季则会降价。

第二，24 小时营业的单店时间设计要慎重。目前，许多行业都实行了 24 小时的营业服务，如酒吧、便利店、药房、酒店等，一些餐饮店、超市也开始了 24 小时营业。但很多 24 小时营业的店面其业绩并不理想，其收益往往不能超过成本。一般而言，如果单店周边的人群有夜生活的习惯，如娱乐区，或者火车站、机场，就可以设置 24 小时的营业制度，否则没必要。麦当劳在中国实行 24 小时营业的餐厅基本上都位于核心商业圈、居民住宅区、火车站和大卖场附近。单店在实行 24 小时营业制度时，一定要谨慎地根据自己的实际情况来安排，不能因为别人这样做了就盲目跟进。

第三，单店在非营业时间的工作安排。大多数单店在非营业的时间，全体员工放假休息。但有些单店却突破了这种局限，如一些饭店在非营业时间会把店面改成酒吧，银行在非营业时间会设置 24 小时自动取款机等。另外，单店的日常会议、员工评比等也可以安排在非营业时间举行。

2. 单店地理位置

时间的设计必须考虑单店所处的地理位置或商圈。不同国家和地区单店的营业时间大不相同，如美国，因为交通拥堵的问题，大家需要早起，所以为早起消费者服务的单店的营业时间就要适应这种实际情况，比如目前，一度从 6 点开始的早餐高峰被提前了一个小时，为迎合这种新的变化，美国 1 万多家麦当劳单店中有大约 75% 会在早上 5 点开门，大约 30% 在某些时候实行 24 小时营业。同一国家、不同地域的单店营业时间也不同。如麦当劳在上海的单店有

50%是24小时餐厅，这个比例在北京是35%，在深圳和广州约为60%。再如我国南方人喜欢喝早茶，因此，其早餐的时间甚至可以一直延续到下午3点。但在北方，这种提供早餐的营业时间将是无效的。南方气候较暖，便于人们夜间出行活动，而北方气温相对较低，所以夜间生活的规模较南方为低，在这种不同的生活习惯之下，同类单店的营业时间在南北方就有着地域性差异。同一城市之中的不同地理位置，其单店的营业时间也要有所区别，如在老年人集中的地方，早起的消费者相对较多，因此，位于此类区域的单店营业时间可以适当提早。但在年轻人居多的地方，因为他们夜间活动更频繁，所以一些单店的营业时间可以延后一些，比如在专以夜生活消费者为主要服务对象的区域，单店的营业可能会从晚上8点以后才正式开门。

3. 消费者特征

消费者特征对单店的营业时间设计有决定性作用。如对于KTV、酒吧等娱乐性行业的单店，消费者更多的是在下午5:30以后去消费，所以这些单店的营业时间就可以以晚上为主，如果日间时段的顾客非常少，营业的收益不足以抵消相应的成本费用，则单店甚至可以放弃日间的营业，只在晚上5:30以后营业。国外某著名旅游度假胜地就有一家饭店，它只在度假旅游最旺盛的几个月开业，其余时间关门，全体员工放假，如此潇洒的时间安排的背后是对营业时间的准确与科学的设计。但是否放弃业务不多的营业时间是非常严肃的问题，需要经过单店经营者仔细和科学的分析，因为有时在业务不多的时段照常营业，虽然不能获得直接的经济效益，但这种做法可能会通过良好形象的塑造、更方便消费者等影响来使单店赢得更长久的经济利益和品牌美誉度。如一些超市发现早起锻炼的老人们特别喜欢在晨练之后顺便买些菜回家，所以他们就早上开个早市。由此，它方便了周边群众、赢得了赞誉和名声、积聚了人气、培养了和社区的良好关系。简而言之，消费者的性别、年龄、工作、收入等特征都会影响其消费时间，并进而影响单店的营业时间。因此对于单店而言，准确把握目标消费人群的相关特征是至关重要的。

4. 竞争对手特点

竞争状况也会影响单店的营业时间。如果单店临近的竞争者将营业时间延长或者拖后了，那么单店经营者就要仔细研究实际情况、科学应对。有时候哪怕是竞争对手仅仅将其营业时间提前了半小时，都有可能使原有顾客中的相当一部分流失。但是，一味地与竞争者较量时间的长短、早晚是没意义的，单店经营者必须清晰地分析营业时间的改变究竟是否能给自己带来实际的效益，然后再做决定是否跟进竞争者的行动。

5. 营销活动

营销活动会影响单店的营业时间。很多单店在举办促销活动时，会改变营业时间。如节假日的时候，单店的营业时间就要针对消费者的时间改变而作一些改变，因为这个时候的消费者可能会提前及延长消费时间。如在黄金周，国内的很多单店都会延长营业时间，以吸引更多的消费者前来消费。美国很多大型商场在圣诞周，特别是12月24日和25日会延长营业时间至凌晨12点或2点左右。

6. 法律规定

单店的营业时间必须符合所在国家与地区的相关法律法规。对于某些行业、地区或某些特定单店，政府或主管部门会强制性地规定其营业时间，这是单店的经营者们必须清楚的。德国对营业时间的限制全球闻名。1956年，联邦德国联邦议院通过的《商店关门法》规定，德国商店的营业时间在周一至周五每天7:00至18:30，周六6:00至14:00，周日禁止营业。1989年，修改后的《商店关门法》允许周四晚上营业时间延长到20:30。1996年，再次修改的《商店关门法》允许商店周一至周五从6:00至20:00营业，而周六的营业时间可以延长到16:00。到了2003年，德国联邦议院将周一至周六商店关门时间统一规定为20:00。我国对于营业时间也有一些法律法规的限制，如2006年3月1日开始施行的《娱乐场所管理条例》第二十九条规定，“每日凌晨2时至上午8时，娱乐场所不得营业”，又如《西安市零售业服务规范》对营业面积在500平方米以上，2 000平方米以下的超市，要求营业时间在每日12小时以上，等等。这些法律法规有全国性的，也有地区性的，作为单店的经营者，必须熟悉相关的法律法规。

季节变化也会影响营业时间。如夏季，因为人们外出纳凉、休息的时间增多，一些单店会延长营业时间，而在冬季，一些单店则会缩短营业时间。

成本也会影响营业时间。日本纤研新闻社曾开展了一项针对购物中心内设服装专卖店的调查。结果显示、由于深夜营业引发了一系列问题，如员工对工作不满，售货员工作单调而容易感觉孤独，夜间销售业绩较差，员工回家太晚担心安全得不到保障，商业设施的长时间营业与环境保护的潮流格格不入等，由此，已经有一些购物中心完成了对营业时间的调整，将关店时间由晚上11点提前到10点。据介绍，某百货企业将关店时间提前1个小时后，月平均工资支出减少了100万日元以上。从这个例子看出，单店的成本会影响营业时间，反过来，营业时间也会影响单店的成本。

单店应在自己的实际经营中，不断总结规律，分析行业内外的营业时间制度，结合自己的实际情况，以消费者为中心，综合考虑单店的经济效益和社会效益、短期效益和长期效益，系统分析单店所在的行业、地理位置或商圈、消费者特征、竞争、营销或促销、法律规定、季节、成本等因素，设计科学合理的日、周、月、季、年时间制度。如此坚持下去，则单店一定可以从营业时间中获得效益、获得竞争力。

第二节　单店特许权效用设计

与总部特许权体系设计同样，单店的特许权也应被充分重视，单店是特许权的载体，受许人加盟一个特许经营体系，最关心的是特许授权能否给受许人带来经济利益，而决定特许授权效用的则是受许人的主体权益、时间权益和区域权益。

单店特许权效应是单店开展经营活动的基础，是单店在管理中必须注重的权利。我们用下列公式来定义特许权效用：

特许权效用 = 时间权益 × 区域权益 × 主体权益

由以上公式可以看出，特许权效用是主体权益（≥0）、时间权益（>0）、区域权益（>0）三个变量的函数，图 5－3 形象地展示了这种关系。

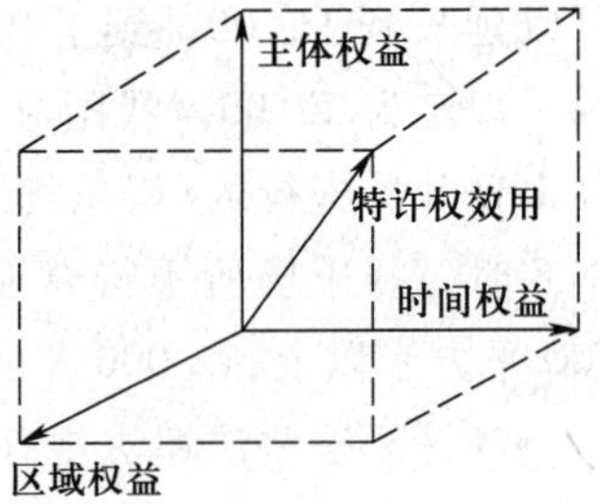

图 5－3　特许权效用向量图

单店特许权效用设计的内容和步骤如下：

从特许权效用函数公式可以看出，所谓单店特许权效用的设计就是设计受许人所享有的主体权益、时间权益和区域权益以及代表特许权效用的加盟金、特许权使用费、保证金等特许经营费用的设计。

一、主体权益的设计

所谓主体权益就是站在受许人的角度对全部特许权要素的称谓。因为每一个特许权要素，诸如商标、商号、单店经营模式、单店运营管理系统等，一旦被受许人掌握，都会给受许人带来实际的效用，也就构成受许人的权益。主体权益如图 5－4 所示。

从图 5－4 可以看出，主体权益的设计就是对各个特许权要素的设计。我们在研究包括单店经营模式、单店运营管理系统、商标、商号、店铺的识别系统等基础上，应当对单店的主体权益设计进行科学分析。

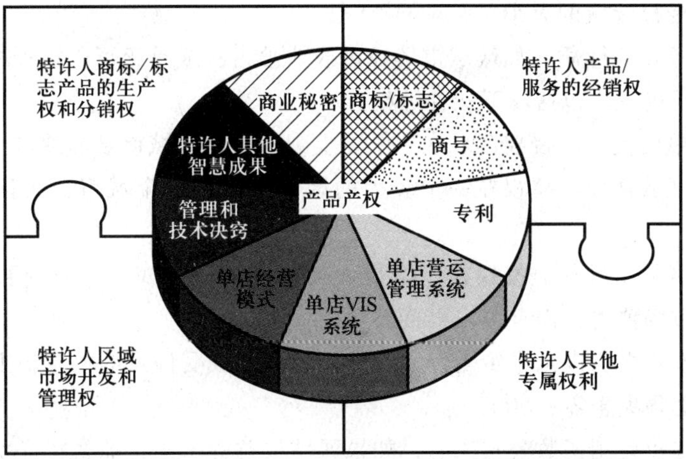

图 5－4 主体权益图示

从特许经营知识产权角度看，专利、商业秘密、管理和技术诀窍以及特许人商品(服务)的经销权、特许人商标/标志产品的生产权和分销权、特许人区域市场开发和管理权等特许权要素也应当包括在主体权益范畴之内，此项内容将在“特许经营法律实务”课程中详细讲解。

二、时间权益的设计

时间权益就是站在受许人的角度对特许授权时间期限的称谓，也就是一个特许经营合同的有效期限。授权时间期限之所以可以给受许人带来效用和形成受许人的权益，主要是因为时间权益必须大于零(>0)。

从特许权效用函数公式来看，如果时间权益等于零，那么特许权效用也就等于零；但当时间权益大于零的时候，就会对主体权益产生放大作用。也就是说，时间权益越大，特许权效用也就越大。

时间权益的设计是指设计特许授权的时间长度，即一份特许经营合同的有效期限。国外较成熟的特许经营企业合同年限一般都设计在 20 年，至少是 10 年。目前我国的市场经济发展还处在初级阶段，特许体系的成熟程度也比较低，实力比较弱，大多数只有 3 ~5 年的战略发展规划。因此，在我国现阶段把时间权益设计为不超过 10 年比较有利于总部对特许经营体系做出战略性调整。

三、区域权益的设计

区域权益就是站在受许人的角度对特许授权方式的称谓。特许授权方式由以下两个维度决定：

(1) 授权区域的大小。

(2) 授权的性质。如区域市场独占或非独占；或是否可以再授权。

特许授权方式包括以下三种类型：

(1) 单店授权。授权区域在一个点上，而且是区域市场非独占。

(2) 区域授权。授权在一个较大的区域上，如一个城市，而且是区域市场独占。

(3) 区域主授权。授权在一个更大的区域上，比如一个省或直辖市，不仅是区域市场独占，而且可以再授权。

授权方式之所以可以给受许人带来效用和形成受许人的权益，主要是因为区域权益必须大于零(>0)。

从特许权效用函数公式来看，如果区域权益等于零，那么特许权效用也就等于零；但当区域权益大于零的时候，就会对主体权益产生放大作用。也就是说，区域权益越大，特许权效用也就越大。

区域权益设计即设计特许授权的方式被明确地写在特许经营合同条款中。区域权益的设计应当是一种动态设计，即应当与特许经营总部当前的管理和控制能力相匹配。

当一个特许体系发展到一定的规模以后(如单店的数量超过 50 家)可以考虑从某区域现有的单店加盟商中，选择一个成熟且具实力者，授予其开设多家单店(4 个以上)的区域的独占许可权利。

区域主授权目前已经很少采用，只有那些对产品大规模分销有需求的特许经营体系才会采用区域主授权方式。

四、特许经营费的设计

特许经营费(franchise fee)包括加盟金(initial fee)、特许权使用费(royalty fee)和保证金(recognizance)这三项费用。

特许经营费的设计应当体现特许权的效用，即主体权益价值越高，合同年限越长，授权区域越大，特许权的效用也越大，特许经营费也应该越高。目前国内许多特许经营体系不收加盟金或不收特许权使用费，也就是说他们的特许权效用等于零，根据特许权效用函数公式，说明主体权益等于零。

所以，加盟金和特许权使用费的设计首先要对本体系的特许权效用做一个评估，然后做出决策。

对本体系特许权效用的评估可以采用与对等的体系特许权效用进行比较的方法来进行，具体方法可以采用表格分析，如表 5 - 2 所示。

表 5－2 体系特许权效用分析表

比较参数			本体系特许权效用（1～5分）	对等体系特许权效用（1～5分）	特许权效用差（0/＋/－）
主体权益	单店经营模式	客户定位			
		商品（服务）组合			
		获利模型			
		总部战略控制			
	单店运营管理系统	单店客流			
		单店客单价			
		单店流程			
		单店资源			
		单店与供应商关系			
	单店识别系统	商标			
		商号			
		VIS 系统			
	其他特许权要素	专利			
		管理/技术诀窍			
		商品/服务分销权			
		商品生产权＋分销权			
		区域市场开发管理权			
		其他权利			
区域权益					
时间权益					

特许权效用差＝本体系特许权效用参数－对等体系效用参数。若在填写完整表格后，发现80%以上的特许权效用差大于等于零（≥0），则应当考虑将本体系的特许经营费设计为与对等体系的特许经营费相同或略高。反之，则应当考虑较低水平的设计。

第三节 单店识别系统设计概述

单店识别系统（Identity System）是指用以区别处于不同特许经营体系中的

单店的所有识别要素的有机组合。单店识别系统包括如下几个部分：

（1）商标；

（2）商号；

（3）店铺识别系统（SIS）。

单店识别系统设计也就是对上述三个部分的设计。

在大众传播高度发达的今天，公众主要通过单店的识别系统来认识和接受一个特许经营体系。世界上所有知名的特许经营体系均有出色的识别系统，单店识别系统是特许权组合中的重要元素，是特许人重要的知识产权，但目前各国除了对商标均有明确的立法之外，对单店识别系统中其他要素还没有有力的法律保护措施。

因此，一个好的单店识别系统的设计应当既有利于特许经营体系的传播和推广，又有利于对特许人知识产权的保护。

一、商标的设计

商标（Trade Mark），是指自然人、法人或者其他组织使自己的商品/服务与他人的商品/服务区别开的可视性标志，包括文字、图形、字母、数字、三维标志和颜色组合，以及这些要素的组合。

《中华人民共和国商标法》第三条规定：经商标局核准注册的商标为注册商标，包括商品商标、服务商标和集体商标、证明商标；商标注册人享有商标专用权，受法律保护。注册商标各类型具体定义如表 5－3 所示。

表 5－3　注册商标明细表

<table>
<tr><th>注册商标的类型</th><th>概念</th><th>特点</th></tr>
<tr><td>商品商标</td><td>商品生产者和销售者使自己的商品与他人的商品区别开的可视性标志</td><td rowspan="2">最常见</td></tr>
<tr><td>服务商标</td><td>服务提供者使自己的服务与他人的服务区别开的可视性标志</td></tr>
<tr><td>集体商标</td><td>以团体、协会或者其他组织名义注册，供该组织成员在商事活动中使用，以表明使用者在该组织中的成员资格的标志</td><td rowspan="2">注册和管理的特殊事项，由国务院工商行政管理部门规定</td></tr>
<tr><td>证明商标</td><td>由对某种商品/服务具有监督能力的组织所控制，而由该组织以外的单位或者个人使用于其商品或者服务，用以证明该商品或者服务的原产地、原料、制造方法、质量或者其他特定品质的标志</td></tr>
</table>

注册商标具有排他性、独占性、唯一性等特点，由注册商标所有人独占，受法律保护，任何企业或个人未经注册商标所有人许可或授权，不可自行使用，否则将承担侵权责任。注册商标图案中通常标有R，这里的字母R是英文register的首字母。

某些商标图案中有TM标记，说明该商标已经向所在国商标注册机构提出申请，并且商标注册机构也已经下发了《受理通知书》，进入了异议期，这样就可以防止其他人提出重复申请，也表示现有商标持有人有优先使用权。TM就是Trade Mark的缩写。

与单店的经营模式一样，商标是特许权要素中最基本的要素，无论哪种类型的特许经营其授权内容都包含了商标。

（一）商标设计中的注意事项

我国商标法规定下列标志不能作为商标：

① 同中华人民共和国的国家名称、国旗、国徽、军旗、勋章相同或者近似的，以及同中央国家机关所在地特定地点的名称或者标志性建筑物的名称、图形相同的；

② 同外国的国家名称、国旗、国徽、军旗相同或者近似的，但经该国政府同意的除外；

③ 同政府间国际组织的名称、旗帜、徽记相同或者近似的，但经该组织同意或者不易误导公众的除外；

④ 与表明实施控制、予以保证的官方标志、检验印记相同或者近似的，但经授权的除外；

⑤ 同“红十字”、“红新月”的名称、标志相同或者近似的；

⑥ 带有民族歧视性的。

我国商标法规定下列标志不能作为商标注册：

① 仅有本商品的通用名称、图形、型号的；

② 仅仅直接表示商品的质量、主要原料、功能、用途、重量、数量及其他特点的；

③ 缺乏显著特征的；

④ 以三维标志申请注册商标的，仅由商品自身的性质产生的形状、为获得技术效果而需有的商品形状或者使商品具有实质性价值的形状；

⑤ 就相同或者类似商品申请注册的商标是复制、摹仿或者翻译他人未在中国注册的驰名商标，容易导致混淆的，不予注册并禁止使用；

⑥ 就不相同或者不相类似商品申请注册的商标是复制、摹仿或者翻译他

人已经在中国注册的驰名商标，误导公众，致使该驰名商标注册人的利益可能受到损害的，不予注册并禁止使用；

⑦ 夸大宣传并带有欺骗性的；

⑧ 有害于社会主义道德风尚或者有其他不良影响的；

⑨ 县级以上行政区划的地名或者公众知晓的外国地名，不得作为商标。但是，地名具有其他含义或者作为集体商标、证明商标组成部分的除外。已经注册的使用地名的商标继续有效。

（二）商标设计必须遵循的原则

商标的设计不仅是一项涉及法律的工作，也是一项复杂的、系统性的、创造性的工作。因此，许多组织都将商标的设计交由专业公司来完成，更有一些有实力的组织不惜重金向社会广泛征集设计方案。如美孚石油公司为了设计既符合世界各国风俗，又符合各国商标法律规定的商标，邀请各方面的专家，历经 6 年，耗资 1 亿多美元，调查了 55 个国家和地区，最后从设计的 1 万多件商标中筛选出一个“EXXON”商标。

商标设计应当遵循以下原则：

① 合法性。我国商标法和世界各国的商标法，包括保护工业产权巴黎公约在内，都对商标有禁用规定，如果在我国使用和注册，就要符合我国商标法的规定，如果要在国外使用和注册商标，还要符合外国商标法的规定。

② 符合民俗、民风和民族习惯。商标不能采用消费者忌讳的文字、图形。如我国许多地方忌猫头鹰，如果把猫头鹰商标用在商品上，那么在这些忌讳的地区肯定销售不出去。另外，各个国家的风俗习惯也不一样，符合我国民情的商标，可能在其他国家和地区就不一定合适了。

③ 与代表的商品(服务)的特点相符。每一种商品(服务)，都有自己的特点和用途，选择商标要考虑这些特点和用途，以免产生不良的效果。如一个商标用在杀虫剂上很贴切，就不能再用在食品上。“敌杀死”是一个很好的用于杀虫剂的暗示性商标，但绝对不能用在饮料上。

④ 独创性。独创性是指商标设计要创意新颖、独具匠心，才能造就吸引人的商标。柯达、苹果、奔驰、海尔等无一不是独创的商标。

二、商号的设计

商号(Trade Name)又称企业标志、厂商标志、组织标志。主要是指从事生产或经营活动的法人在进行登记注册时用以表示自己组织名称的一部分，是工厂、商店、公司、集团等企业的特定标志和名称，依法享有专有使用权，部分知名企业商号如表 5－4 所示。

表 5－4　部分企业商号

商品	组织名称
麦当劳	麦当劳(中国)有限公司
威斯曼	珠海威斯曼服饰有限公司
肯德基	上海肯德基有限公司
TPR	珠海市美国 TPR 英语专修学校
美特斯邦威	美特斯邦威集团公司

商号权具有人身权属性，与特定的商业主体的人格与身份密切联系，与主体资格同生同灭。依世界通例，各国都承认商号权的排他性和专用性。

商号所有人不仅可依法使用其商号，而且有权禁止他人重复登记或擅自冒用、盗用其商号，并有权对侵害其商号权行为提起诉讼要求赔偿。

商号具有知识产权的属性，也是特许权要素中十分重要的要素之一，在经营模式特许中，授权给加盟商使用。

（一）商号与商标的关系

商号与商标的关系极为密切，经常一起出现在同一商品(服务)上，商号在某些情况下可以成为商标的一个组成部分或同一内容，但有时又不是。

商号和商标在作用和性质上是有区别的，主要表现为：

① 商标主要是用来区别商品(服务)的，代表着商品(服务)的信誉，必须与其所依附的某些特定商品(服务)相联系而存在。

② 商号主要是用来区别法人组织的，代表着法人组织的信誉，必须与商品(服务)的提供者或经营者相联系而存在，商号权属名称权，所以商号权与人身或身份联系更紧密。

③ 商标按照《商标法》的规定进行注册和使用，具有专用权。其专有使用权在全国范围内有效，并有法定的时效性(我国为 10 年)；商号按照《公司法》或《企业登记管理条例》登记注册，同样具有专用权。其专用权在所登记的工商行政管理机关管辖的地域范围内有效，并与企业同生同灭。

④ 在我国，商标权有专门的商标法保护；而商号权仅比照民法通则关于企业名称权的保护方法保护。

⑤ 带有某企业商号标记的含注册商标的商品(服务)销售到另一国家时，

经营该项商品(服务)的组织或个人有必要就其商标在另一国家注册，但无须就其商号再行注册。

(二) 商号设计中的注意事项

从上述内容中，我们可以看到商号与商标的密切关系，因此商标设计中的注意事项同样也应在商号设计中加以应用。

在特许经营体系中，特许人通常将自己某一个商品的商标，或某一项服务的商标登记为商号。因此，特许人往往在设计和选择商标时，就同时完成了商号的设计。另外由于世界各国都有商标法，因此许多特许经营体系出于在全球范围内更好地保护自己的商号名誉的目的，都把自己的商号注册为服务商标。

三、店铺识别系统的设计

店铺识别系统(Store Identity System,SIS)是单店识别系统的外在的直观的部分，是单店视觉信息传递的各种形式的统一。店铺识别系统由视觉基本元素和应用元素两个部分共同组成。店铺识别系统是特许人知识产权的重要的组成部分，但目前由于还没有相关的立法，因此，目前特许人主要是通过特许经营合同条款，作为受许人的一项重要义务来实现对这部分知识产权的保护。

店铺识别系统的设计分为以下两个步骤：

第一，视觉基本元素的设计，包括：(1)中英文基本字体的设计；(2)图形标志设计；(3)基本色彩设计；(4)基本组合以及它们的使用规范设计；(5)吉祥物的设计。

第二，应用元素的设计，包括：(1)店面形象设计；(2)POP广告宣传材料设计；(3)户外海报灯箱设计；(4)媒体广告设计；(5)车体广告设计；(6)员工服装设计；(7)包装袋设计；(8)办公用品及名片设计；(9)促销赠品设计。

视觉基本元素的设计首先要求与单店的客户定位相匹配，其次要求简单、美观、有个性、有一定的视觉冲击力以及流畅的节奏感。如快餐业的必胜客、麦当劳、肯德基等，都采用幽默的字体图形标志，色调上又采用具有较强视觉冲击力的鲜艳、明快或对比色调的颜色，这些颜色往往具有刺激食欲的功能，从而达到吸引目标消费者，尤其是年轻人、儿童的关注和兴趣的目的。

本章小结

1. 单店设计的内容归纳起来就是单店的 CIS，包括 MI、BI、VI、AI、SI、BPI、OI 七大部分。

2. 单店手册主要包括两类：单店开店手册与单店运营手册。

3. 一个单店的建设流程包括确定单店的选址原则、目标市场调查和分析、初选地址、对初选地址进行商圈调查、分析并确定店址、装修、人员招聘与培训、证照办理、开业筹备、正式开业等主要步骤。

4. 单店设计理念识别包括两大部分内容：一是基本要素，一是应用要素。一般，特许经营企业的理念可以单独编制成一本手册，称为理念识别(MI)手册。

5. 单店特许权效用的设计包括：设计受许人所享有的主体权益、时间权益和区域权益以及代表特许权效用的加盟金、特许权使用费、保证金等特许经营费的设计。

6. 单店特许权效应用下列公式来定义：特许权效用 = 时间权益 × 区域权益 × 主体权益。

7. 单店识别系统包括如下几个部分：(1)商标；(2)商号；(3)店铺识别系统(SIS)。

8. 特许经营费(Franchise Fee)包括加盟金(Initial Fee)、特许权使用费(Royalty Fee)和保证金(Recognizance)这三类费用。

思考题

一、简答题

1. 什么是单店识别系统？单店识别系统对于特许经营体系的重要作用是什么？单店识别系统由哪几个部分组成？

2. 单店特许权效用设计的主要内容以及构成特点是什么？

3. 什么是店铺识别系统？

4. 单店设计的“7I”主要内容是什么？

5. 特许经营费主要包括哪几类费用？各类费用在总费用中所占比例如何设计比较科学？

二、实训题

针对某一个特许经营餐饮品牌的加盟店，按单店识别系统设计的步骤撰写设计方案，并画出图示。

案例分析

案例一:

案例背景

全球最大的连锁便利店经营商7－ELEVEn计划于5年内开设20 000家环保便利店，占其现有连锁店总数的40%，这些店面将采用LED灯光、太阳能发电，以及利用冷气废热的节能热水系统，有些店面甚至会配有电动自行车充电装置。其中5 000家环保店将开设在日本。同时，一些已有的连锁便利店也将进行重新装修。测试店面已经在东京和其他地方投入运营。

发展环保便利店的初创费用目前比常规店面高出约20%。但是，公司经营者计划通过简化设计以及在全球或区域基础上从单一供应商一次性购买太阳能电池、LED灯和其他设备来严格控制成本。通过降低初创投资水平至低于目前店面投资水平，7－ELEVEn将促进“绿色商店”的发展。

预期绿色环保技术将削减店面能量消耗最多达30%，并将减少温室气体排放。7－ELEVEn已在世界各地包括日本在内的16个区域市场拥有大约37 500家商店。

而与此同时日本地区的麦当劳在2011年引入任天堂DS掌机作为员工的训练工具。新的兼职员工将通过新开发的名为“eSmart”的训练程序进行培训。该计划将在日本全国的麦当劳连锁店进行推广。到2011年2月末，日本全国共有大约3 700家麦当劳连锁餐厅。除去软件开发费用，整个项目将耗资大约2亿日元(人民币约1 510万元)。利用新的DS软件，麦当劳认为将通过训练方式的转变节省一半的培训时间，而且切合年轻人使用习惯的训练方式也将对吸引新员工很有帮助。

在此通过“任天堂地带”的推广，麦当劳已经针对消费者推出一系列信息查询、下载等DS专属的服务项目。此次是他们第一次将DS用在消费者之外的内部员工领域。

(资料来源:http://money.163.com/10/0406/10/63J2CEJA00252603.html)

问题：单店设计方案中如何考虑节能减排问题？本案例给我们的启示是什么？

案例二：

案例背景

美国三明治连锁店赛百味总裁 Fred DeLuca 表示，希望在中国的店面数量10年内能赶上麦当劳。

DeLuca 表示，中国的增长潜力巨大，目标是未来五年中国分店数达到500家，今年计划新开35～50家。

"如果能够完成这一目标，再有五年我们兴许就能追上麦当劳的店面数"，DeLuca 表示，他并补充称赛百味特别关注在中国二级城市的扩张，因诸如北京与上海等一线城市的市场已经有了很好的基础。DeLuca 称赛百味在中国的发展依然处于早期，民众对产品的认知仍然很低。

"我们最大的挑战是要让客户尝试我们的产品。" DeLuca 称，他并补充称正考虑降价以吸引更多消费者。

赛百味目前在中国的店面数仅有150家，相比之下麦当劳的在华店面数量已超过2 000家。DeLuca 称，赛百味看重新鲜食品和蔬菜将帮助公司在中国授权连锁店的发展，因中国消费者会希望有更加健康的饮食选择，他还表示中国已经开始意识到肥胖问题，他称，"人们开始理解存在一些问题，这或与我们的增长轨迹不谋而合，使我们处于快速发展的位置" "赛百味的中国店铺仅占其全球3.2万家连锁店的0.5%，大多数营收来自美国、加拿大、澳大利亚和英国等市场，去年，赛百味全球销售额达138亿美元，中国仅占'微小'份额"。

随着进驻中国的不同省份，赛百味计划将菜谱本地化，从而满足当地口味。赛百味上海开发商 David Keir 称："从中长期来看，深入并融合进当地市场绝对是我们未来发展的一部分。" Keir 称，赛百味在做研究，尝试北京烤鸭及四川辣酱等"本地"三明治。

DeLuca 表示将在中国延续授权连锁经营模式。他称："每家连锁店的投资非常低，平均每家新建成本为70万元人民币左右。" 他表示，尽管近期存在对中国产品安全的忧虑，但他不担心赛百味的产品质量。

（资料来源：http://www.topbiz360.com/web/html/newscenter/Catering/59165.html）

问题：连锁店赛百味的单店产品促销设计的思路是什么？如果增加服务内容应该如何设计促销方案？

第六章 单店运营管理系统设计

学习任务

通过本章的学习，重点理解和掌握：

1. 单店运营管理系统的定义；

2. 单店系统客户设计的概念和内容；

3. 单店运营管理系统输出设计的概念和内容；

4. 特许经营单店经营模式的定义、构成单店经营模式的四个要素的设计；

5. 单店商品(服务)组合设计；

6. 单店商品(物料)基本库存模式的概念；

7. 单店获利模型设计的概念和内容。

特许单店运营系统设计就是通过对单店运营过程中不同价值环节的整合，体现特许单店系统在整个特许总部系统中的功能和效用。通过学习明确特许经营单店运营管理系统的定义，同时对构成单店运营管理系统五个部分以及系统目标的设计深入了解。掌握单店系统流程设计，输入设计的概念和内容，折旧和摊销的概念，供应者设计和目标设计等。

案例导入

温迪在美国是与麦当劳、汉堡包大王等齐名的美国十大快餐连锁店之一，其成功在很大程度上要归功于其推行全面质量等式。“全面质量等式”来源于温迪对市场消费的全面调查。调查结果表明，消费者对其快餐品质及就餐环境十分满意，但普遍认为其商品价格偏高，经营上缺乏一致性与连贯性，并且就餐也欠方便。为此，温迪决定改进经营，形成了今天的“全面质量等式”。

所谓“全面质量等式”是指“优质服务 + 品种多样性 + 有竞争力的价格 +

良好的就餐环境+经营的一致性和连贯性+方便性”。温迪的管理层认为，创造股东价值最好的方式是实现消费者的价值。当消费者来到温迪就餐时，合适的价格、优质的服务实现了消费者的价值，这也同时创造了股东的价值。由于实施全面质量等式并把重点放在使消费者满意且一直满意上，该计划实施当年，企业的销售额即增加了5%，并且在以后的几年中一直稳步上升，这反映了顾客对温迪全面质量等式的认可。

温迪深知快餐质量对吸引消费者的重要性，一直在这方面下大力气。尽管温迪并非美国快餐业中最大的一家，但其相信自己经营的汉堡包在过去十几年中，一直是全美最好的，并且服务质量也是一流的。

具有竞争力的价格对发展快餐业十分重要，消费者喜欢快餐的原因之一是因为它便宜，温迪十分注重这一点，并采取了积极的措施。如在德国，一个典型的“温迪消费者”是踢完球或看完电影后在餐馆中和朋友聚会的青年人，所以温迪的价格比一般德国餐馆低廉。

温迪还以品种多样性来适应消费者需求的变化。如德国的消费者喜欢食用全麦面粉制作的有嚼头的面包，所以温迪在德国的分店生产的面包就略硬一些，口感十分筋道。良好的就餐环境能引发人们的食欲。

温迪快餐店建筑是以现代、清洁，精心装饰为特点，并且每个分店的外表都装修一致。温迪在世界各地都有连锁分店，并保持着经营上的一致性和连贯性，以体现温迪的特色，所有的温迪分店几乎如出一辙，即同样的快餐、同样的质量、同样的服务、同样的就餐环境。

方便性是温迪“全面质量等式”中最后一项也是非常重要的一项，购买快餐往往是随机性的行为，方便是消费者所关心的。温迪的选址都建在交通方便、人口较密集的地方，以方便消费者购买。如设在韩国汉城的温迪分店之一坐落在市中心地铁出口对面，分店之二与韩国最大的女子学校毗邻，分店之三在著名的Itaewon购物中心。

温迪施行的全面质量等式为今日辉煌奠定了坚实基础。

(资料来源:http://www.6eat.com/Info/2010/02/24/129189.htm)

第一节 单店运营管理系统设计

对单店体系的设计是单店运行中的重要步骤，而在单店运行过程中同样必须设计科学合理的单店运营管理系统，以保证单店运营活动能为实现经营目标服务。

因为特许经营理念的推广和体系的构建是精细、复杂且专业化要求极高的过程，而特许人作为特许经营体系的创建者，在创业初期承担的风险较大，在整个特许经营体系的创建、维护和扩张中投入较多，所以，在扩展自己的品牌时，特许人应对单点运营管理体系的设计给予高度重视，这样才能保持特许经营体系的优越性，确保特许经营事业健康发展。

一、单店运营管理系统设计概述

单店运营管理系统表现为一组输入与输出的相互关联的活动，根据戴明(Deming)的过程理论，单店运营管理可以用 SIPOC 组织系统模型来描述。如图 6－1 所示。

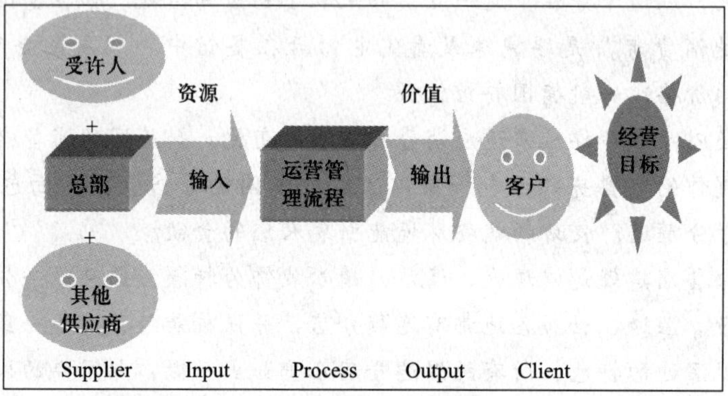

图 6－1　单店运营管理 SIPOC 组织系统模型

从图 6－1 中可以看出：

（1）输出部分(Output)是单店提供给客户的全部价值；

（2）输入部分(Input)是单店的供应者提供给单店的所有资源(特许权要素、商品、物料、能源、技术、劳务、设备、信息、资金等等)；

（3）单店的运营管理流程将资源转化为提供给客户的价值；

（4）单店的供应者不仅包括总部，还包括受许人和其他供应商。

（5）营运管理系统的目标就是单店的经营目标。

二、单店运营管理系统设计的步骤

从单店运营管理系统的模型，可以明确单店运营管理系统的设计就是对构成单店运营管理系统的五个部分以及单店经营目标的设计。其设计步骤如图 6－2 所示。

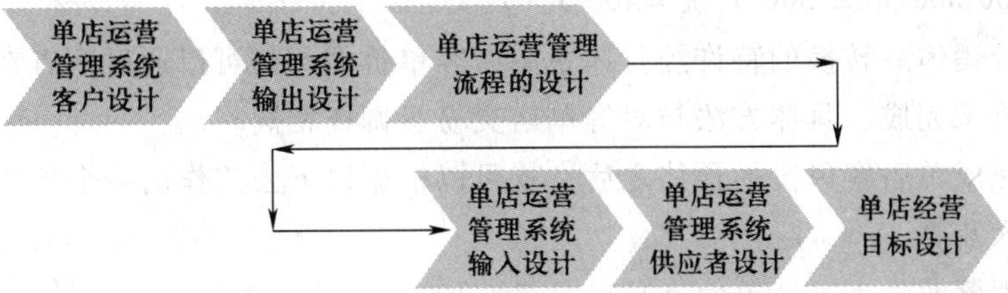

图 6－2　单店运营管理系统设计步骤

（一）单店运营管理系统客户设计的概念

单店运营管理系统客户设计就是指结合单店的客户定位对单店的交易量进行预估。此处所称交易量是指实际购买单店商品（服务）的人次（或称交易次数）。

对于单店而言，商品（服务）交易量是运营管理的基础。单店交易量的预估可以采用以下两种方法：

从直营连锁转换或者原创型转换而来的特许经营体系单店的交易量的预估，可以根据以往单店的运营管理数据（经验/统计数据）做出。

从分销体系转换的特许经营体系单店的交易量的预估，可以通过观察对等单店的交易量来完成。具体方法如下：从一个月中挑选出节日一天、周末两天、工作日 5 天，并将每一天的营业时间划分为几个不同的时间段，派人对对等单店的交易量情况进行观察，并做好记录。然后将 8 天的观察记录进行汇总整理，并结合本单店经营模式的特点对汇总的数据进行加权分析，最后得出每日单店交易量的预估数。

（二）单店运营管理系统输出设计

单店运营管理系统输出设计就是根据单店商品（服务）的零售价格以及交易量对单店的客单价进行预估，并在此基础上作出一个标准单店月度营业收入总预算。此处所称客单价是指客户（顾客）购买单店商品（服务）平均每次交易支付的货币价值。

单店运营管理系统输出的设计包括完成下列两项任务：预估单店客单价和测算单店月度营业收入。

单店客单价的预估可以采用以下两种方法：

从直营连锁转换或者原创型转换过来的特许经营体系单店的客单价可以根据以往单店的运营管理数据（经验/统计数据）做出。

【例】某单店 3 月份商品（服务）销售收入是 100 万元，当月交易量是 2 500人次（交易次数 2 500 笔），则该单店 3 月份的客单价就是：

1 000 000 元/2 500 人次 = 400 元/人次

从分销体系转换的特许经营体系单店客单价的预估可以通过调查对等单店的客单价来完成。具体方法与对等单店交易量调查相同。

在完成单店客单价的预估之后，就可以根据以下公式作出一个单店的月度营业收入测算。

月度营业收入 = 客单价 × 日交易量 × 30

第二节　单店运营管理流程设计

单店运营管理流程是单店为获得预定的系统输出而必须进行的一系列相关的工作任务。那些直接为客户提供价值的工作流程称为主流程，其他流程称为辅助流程。

一、单店运营管理流程设计的步骤

单店运营管理流程的设计包括以下三个步骤：

(1) 设计单店运营管理主流程和辅助流程。

(2) 设计保障主流程和辅助流程各项任务得以高效率完成的单店组织结构。

(3) 设计单店各岗位人员薪酬并作出标准单店每月人力资源成本预算。

二、单店运营管理主流程和辅助流程的设计

不同类型的单店其辅助流程差别不大，一般包括单店日常管理、客户管理、营销管理、信息管理、竞争者调查、内部行政管理(人员、财务、设备等)、营业场所环境管理等，但不同类型的单店，由于其提供给客户的价值形态有所不同，其主流程会有很大差别，并导致单店的组织架构以及人力资源成本预算会有很大差异。辅助流程的设计由于在市场营销专业其他课程如市场营销、单店运营管理、人力资源管理等课程中均有相应内容，所以本章重点讲解单店运营管理系统主流程的设计。

(一) 商品分销型单店主流程的设计

商品分销型单店主流程如图 6-3 所示。

图 6-3 所示为典型的分销型单店主流程，与其他类型单店相比，分销型单店主流程属于链式结构，各环节间的衔接紧密，有形的商品销售是主要的利润源，进货与库存是核心业务。如中国的乐购、好又多以及国外的沃尔玛、家

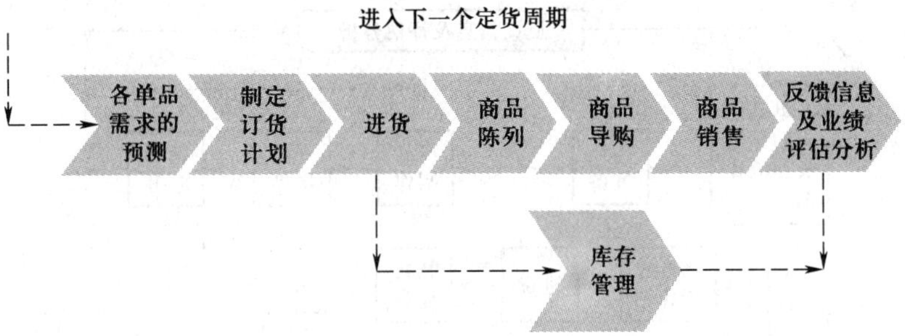

图 6－3　商品分销型单店主流程

乐福等企业。

(二) 服务型单店主流程的设计

不同行业中服务的价值形态多种多样，因此服务型单店的主流程也呈现出多种多样的形态。我们重点介绍与六种不同的服务价值形态相对应的单店主流程设计。

1. 产品现场制作售卖主流程设计

产品现场制作售卖主流程如图 6－4 所示。

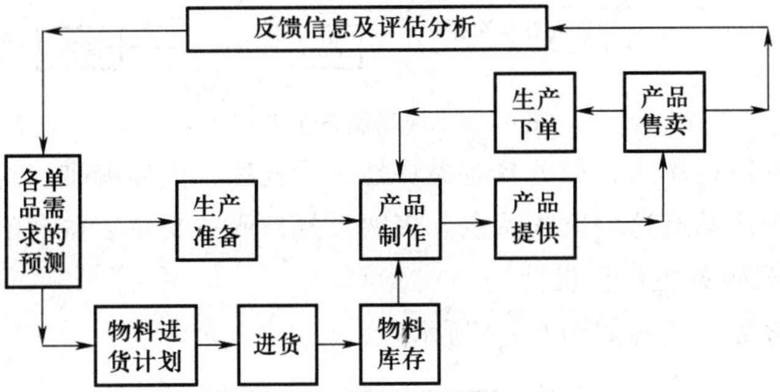

图 6－4　产品现场制作售卖主流程

图 6－4 所示为典型的现场制作售卖主流程，类似北京稻香村、苏大姐火锅等前店后厂或店厂分置模式，这类特许经营运营模式常见于餐饮行业，此类型单店业态以产品销售为主，以产品制作为核心环节和盈利重点。

2. 桌边服务(侍应服务)主流程设计

桌边服务主流程如图 6－5 所示。

如图 6－5 所示，许多餐饮特许单店的桌边服务具有相似的流程特点，业态盈利组合是以服务为主营业务，以服务排班为流程衔接的关键点，凸显现场服务在流程中的作用。服务是产品供应的延伸，是利润的第二源泉。好利来蛋

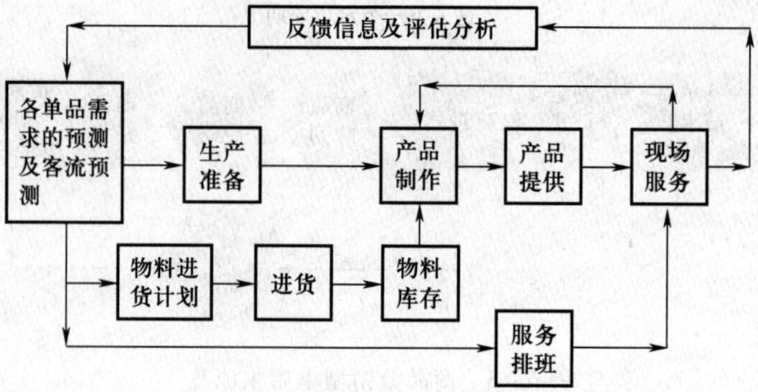

图 6-5　桌边服务主流程

糕、各式烤肉店、上岛咖啡等企业是采用这种流程模式的典型。

其中现场服务的子流程如图 6-6 所示：

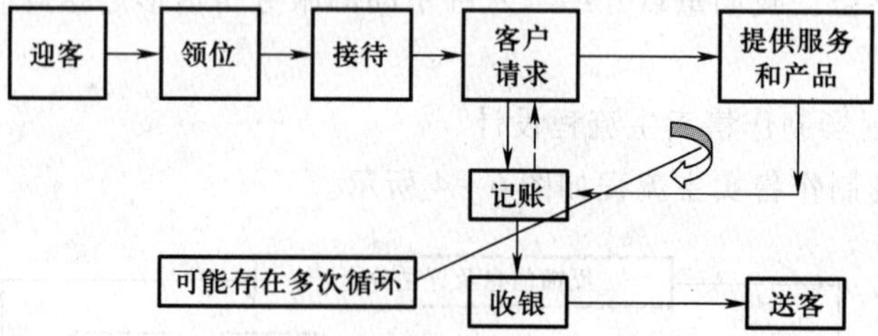

图 6-6　现场服务子流程

休闲式的特许单店，服务具有循环性、反复性，上岛咖啡、肯德基、必胜客等特许餐饮店具有这种模式特点。多次重复性服务是单店盈利的核心点。

3. 自助式服务主流程设计

自助式服务主流程如图 6-7 所示。

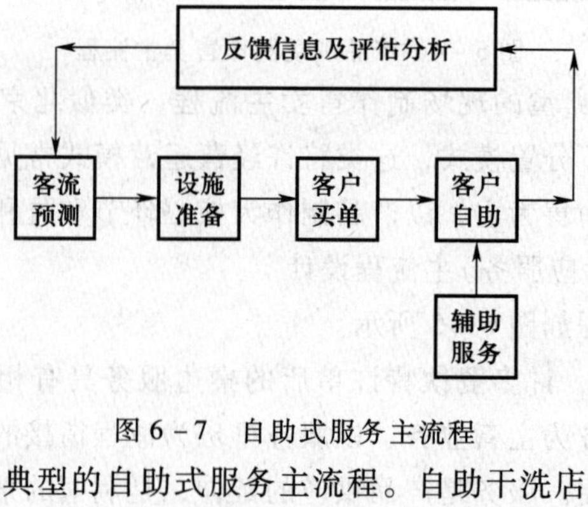

图 6-7　自助式服务主流程

图 6-7 所示为典型的自助式服务主流程。自助干洗店、日本料理特许店、

中国自助餐单店、德国金汉斯烤肉等餐饮单店都采取此种运营模式。设备准备以及辅助服务是流程运营的核心点，运行流程环节较为简单，设计合理，可以使各环节衔接紧凑，流畅，盈利点是辅助性服务与信息处理。

4. 劳务服务主流程设计

劳务服务主流程如图 6 - 8 所示。

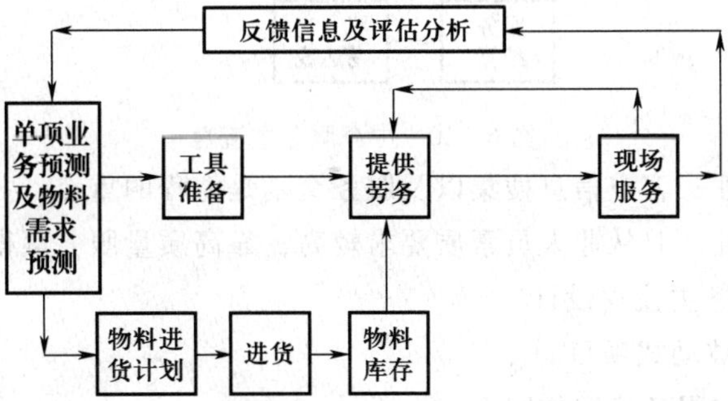

图 6 - 8 劳务服务主流程

图 6 - 8 所示为典型的劳务服务型主流程，提供劳务服务是运营中的关键环节，同时，因为需要借助各种物料才能完成服务，物料成为流程的核心环节。各类家政服务、特许家装公司多采用此种模式。

其中现场服务的子流程如图 6 - 9 所示。

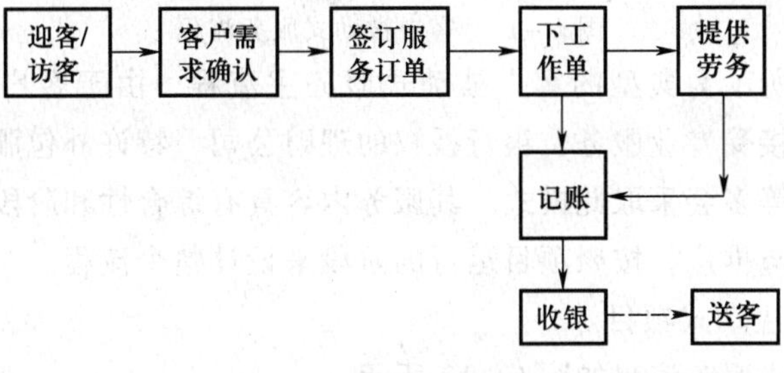

图 6 - 9 现场服务子流程

现场定做特殊商品如个性化香皂、个性化挂件、艺术陶瓷制品、服装鞋帽定制等特许加盟单店适宜采用图 6 - 9 所示的流程。该流程的核心点是下订单和提供服务。利润源包括商品制作和服务提供两个方面。

5. 中介服务主流程设计

中介服务主流程如图 6 - 10 所示。

图 6 - 10 所示为典型的中介服务主流程，如劳务输出中介特许经营店、旅游服务特许经营店、房屋中介服务特许经营单店等多采取此模式。该流程具有

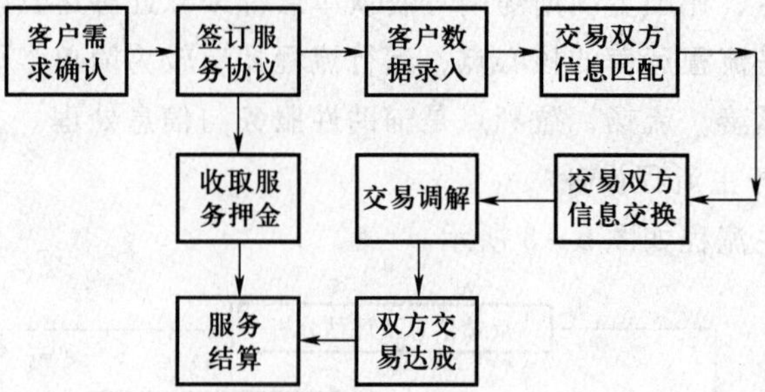

图 6－10　中介服务主流程

循环性、交叉性，客户信息搜集以及服务交割是流程的重点。业务内容有一定知识性、技巧性。对从业人员素质要求较高，靠高质量服务赢得持续的收益。

6. 项目服务主流程设计

(1) 客户被动式项目。

客户被动式服务流程如图 6－11 所示。

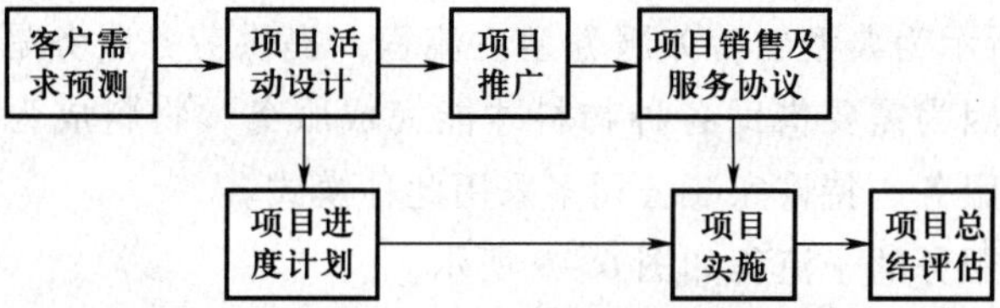

图 6－11　客户被动式服务流程

图 6－11 所示为典型的客户被动式服务主流程，由于客户对业务不够了解，只能被动接受专业服务，银行授权的理财公司、特许外包服务公司、文化特许经营项目等多会采取此模式。其服务内容具有综合性和阶段性。流程重点是项目的设计与推广，按照项目运行的阶段来设计整个流程。

(2) 客户主动式项目。

客户主动式服务流程如图 6－12 所示。

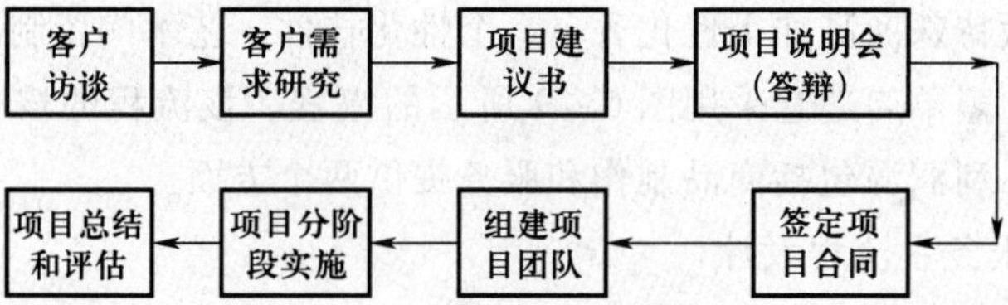

图 6－12　客户主动式服务流程

图 6－12 所示为客户主动式服务主流程，客户对项目有所了解就会介入到

项目的运作当中，提出自己的建议和设计方案，对承担技术性项目的特许外包公司、广告策划、教育培训、猎头公司等特许单店可采取此模式。在这种类型的流程中，客户往往既是单店的服务对象，也是项目发起者和合作者，双方必须对相关业务活动共同协商，以获得最大的利益诉求。

（三）便利店主流程设计

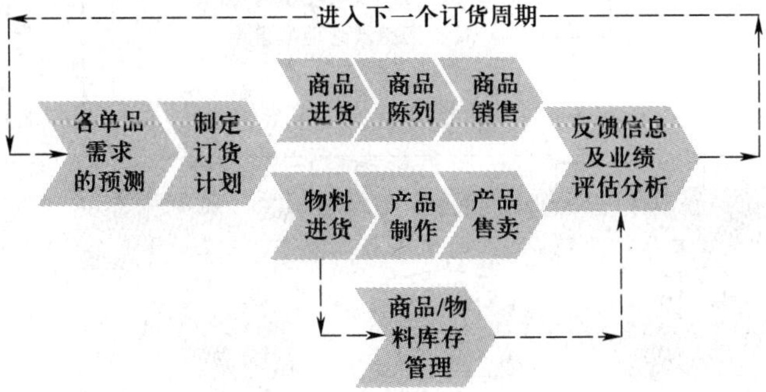

图 6－13　便利店主流程设计

三、单店工作组织结构的设计

在完成了单店运营管理主流程和辅助流程的设计之后，就要设计保障主流程和辅助流程各项任务得以高效率完成的单店组织结构。

（1）单店工作组织结构的设计原则是：组织架构的扁平性，作业岗位的明确性，人员安排的持续性，组织的适应性及灵活性。

（2）单店组织结构设计的步骤包括：考察组织环境，评估组织资源，确定组织模型，设计组织岗位，确定组织运行流程，评价组织绩效。

下面通过一个实际案例介绍单店组织架构的设计方法。

该单店是一个户外体验活动俱乐部，拥有 20 部旅行房车，每年根据季节的不同组织各种主题的户外旅游活动，房车每到一地需要停靠在一个可供水、供电、加油及提供其他生活、娱乐活动的营地。游客来自全国各地，由分布在其他城市的特许加盟俱乐部来组织客源。可以看出每次活动都需要策划、广告宣传以及全国性客源的安排和调度。该单店工作组织结构设计如图 6－14 所示。

四、单店每月人力资源成本预算

单店的人力资源成本预算是人力资源主管根据单店的发展策略以及单店前一年度的人员及成本费用统计情况，对下一年度人员需求及成本费用的情况进

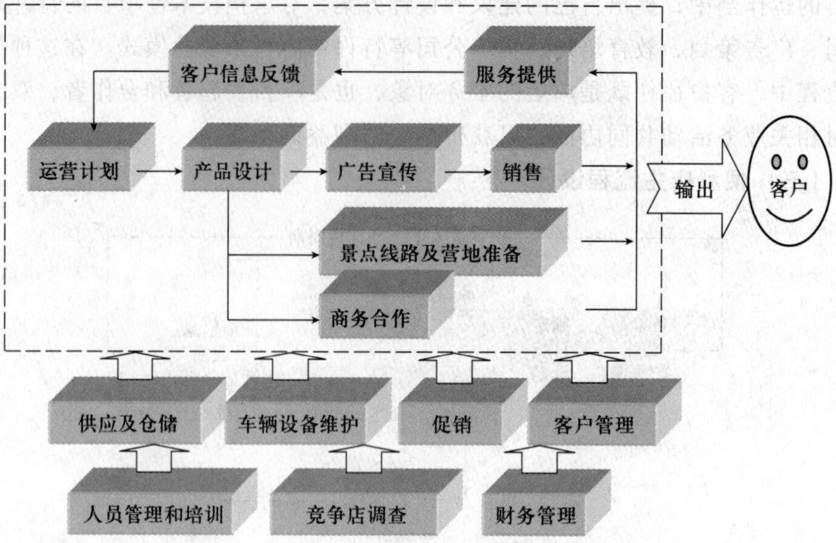

图 6-14　单店工作组织结构图

行的预测，并使之成为下一年度单店人力资源管理活动的依据。人力资源成本预算完成之后并不是静态的，应根据单店的业务变化情况加以变更、修改和完善，使之符合单店的营业实际，因此一般采用滚动预算方式以适应单店业务发展的实际需要。

人力资源成本预算是人力规划的利器，它表明在未来计划期内，在财务上各种人事活动要投入的资金数量，可用来规范人事管理人员的行为，而且在预算期末，预算还可以比较实际费用是否合理。因此，人力资源成本预算不仅有利于单店人力资源计划，也有利于总部人力资源的宏观组织和控制。所以，从单店规模的大小实际出发，为单店量身定制出最合适的人力资源成本预算十分重要。

人力资源成本预算是单店财务预算的主要组成部分，主要包括三方面：

（1）单店的人力成本，即工资费用，一年支付工资的数量。

（2）与福利相关的费用，即我国社会保障体系所要求的各种基金和保险费用，如医疗保险、失业保险等。这也是人力资源费用当中一个重要的组成部分。

（3）人力资源部门为履行人事管理职能所需要的费用。如招聘费用、对薪酬的市场调查费用、对员工知识技能的测评费用、员工的培训费用、劳动合同的认证费用、辞退员工的补偿费用、劳动纠纷的法律咨询费用以及人力资源主管所直接发生的办公费用、通信费用、差旅费用、办公设施费用等。

在上面例子中，在设计了组织结构的基础上就可以做出该单店每月人力资源成本预算如表 6－1 所示：

表 6－1 单店岗位薪酬及每月工资预算

人员岗位	岗位定编	工资标准(元/月)	工资预算(元/月)
总经理	1	10 000	10 000
部门经理	6	6 500	39 000
高级职员	23	5 000	115 000
普通职员	12	3 000	36 000
总计	42		200 000

第三节 单店经营模式设计

单店经营模式设计是单店有效开展经营的重要一步，其中包括：单店的客户定位、单店的商品(服务)组合、单店的获利模型以及总部对单店的战略控制和支持，而这四个要素组合在一起就构成单店的经营模式体系。

一、单店经营模式各要素之间的关联性

单店经营模式中四个要素之间具有很强的逻辑关联性，如图 6－15 所示：

(1) 客户定位。取决于这些客户能否带来利润；

(2) 获利模型。取决于单店的商品(服务)的组合；

(3) 总部对单店战略控制。取决于客户定位以及商品(服务)组合；

(4) 商品(服务)的组合一定要适合目标客户的需求，并要有丰厚的利润空间，且便于总部对于单店的战略控制。单店的经营模式可以看做是单店系统中的一个子系统。

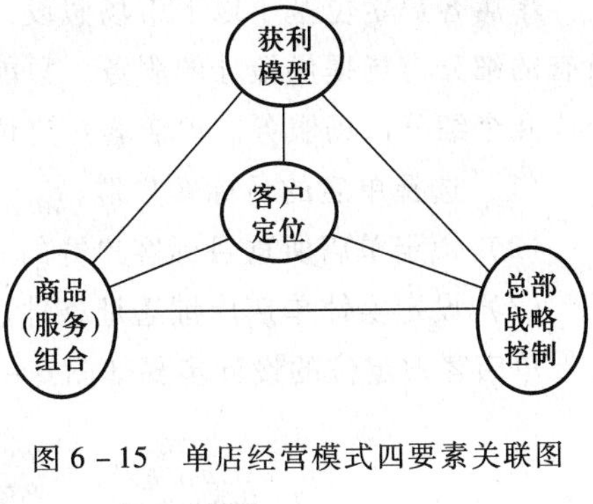

图 6－15 单店经营模式四要素关联图

二、单店经营模式设计步骤

单店经营模式是构成单店系统的核心，所以会有“特许经营就是克隆成

功的单店经营模式”这样一种说法。由于单店的经营模式是由四个关键性战略要素组合构成，因此也就为在一个行业中创造出众多不同类型的单店系统提供了广阔的可能性。同时，一方面激烈的市场竞争迫使企业放弃粗放式管理模式，更加重视单店经营模式的设计。另一方面《商业特许经营管理条例》对特许人基本资质的要求，强化了单店经营模式成为特许权诸多要素中最基本的要素。因此，无论哪种类型的特许经营其特许权要素中都包含了单店经营模式要素。

综上可以看出，单店经营模式的设计对于一个特许经营体系的成功具有基础性、决定性的作用。

从以上分析还可以看出，客户定位是四个战略要素中最具本源性的要素，其次是商品(服务)的组合。单店经营模式设计的步骤如图 6 – 16 所示：

图 6 – 16　单店经营模式设计步骤

（一）单店客户定位设计

1. 单店客户定位设计的概念

单店客户定位的设计就是指选择单店的目标客户群并锁定单店要满足的目标客户群的心理偏好，用以指导单店经营模式其他要素的设计以及指导单店系统其他子系统的设计。

单店客户定位基于以下市场假设：客户是复杂多样的，一个组织不可能为所有的细分市场提供最佳的服务，只能根据自己的目标和资源，集中力量为一个或几个细分市场服务。单店客户定位的设计包括如下三项任务：

（1）选择单店的目标客户群；

（2）锁定单店所选目标客户群的心理偏好；

（3）设定实体单店店铺选址条件。

单店客户定位的设计步骤如图 6 – 17 所示。

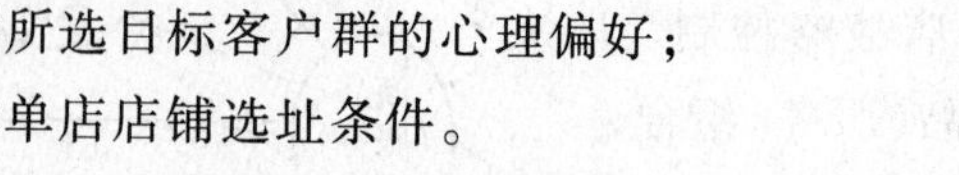

图 6 – 17　单店客户定位的设计流程

2. 选择单店目标客户群

目标客户群的选择是基于以下市场假设：不同年龄、社会群体、收入、教

育背景、文化品位的客户其需求是不同的。目标客户群的选择可以通过制作目标客户群模型(雷达图)来实现。具体方法如下:

第一步，对性别、年龄、社会群体、收入、教育背景、文化背景等各项分别根据一定的假设设定出若干个等级(如教育背景可以设定为小学、初中、高中、大学、硕士以上5个等级)，并对每一个等级给定一个分值(如教育背景可以设定为小学为1分、初中为2分、高中为3分、大学为4分、硕士以上为5分);

第二步，确定目标客户群的每一项的分值如表6-2所示;

第三步，根据以上分值制作一个雷达图，即目标客户群模型，如图6-18所示。

表6-2 某时装专卖店目标客户群的选择

等级标准	社会群体	年龄	教育背景	月收入	文化品位
1	农民	13~17岁	小学以上	1 500~3 000元	低俗
2	工人	19~22岁	初中以上	3 000~5 000元	俗
3	白领	23~28岁	高中以上	5 000~8 000元	淡雅
4	高级白领	29~40岁	大学以上	8 000~10 000元	雅
5	老板	40岁以上	研究生以上	10 000元以上	高雅
选择决策	3	3	4	4	3

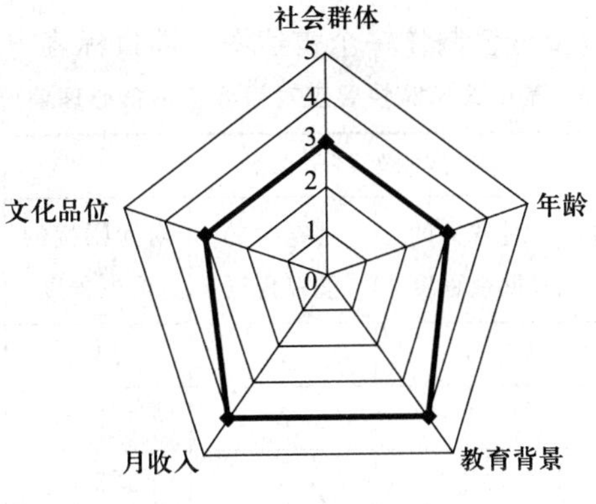

图6-18 目标客户群分类

3. 锁定单店目标客户群心理偏好

在确定了单店目标客户群之后就要锁定该目标客户群的心理偏好。所谓客户心理偏好(Client Priorities)是指客户认为重要的物品，他愿意为之付出溢价。当不能在某供应商处得到这种物品时，他将转向其他供应商。

客户心理偏好的锁定涉及客户需求经济学、客户心理基本需要、客户情绪等多个维度的参数，一般也采用制作目标客户群的心理偏好模型(雷达图)来实现。具体方法如图 6－19 所示。

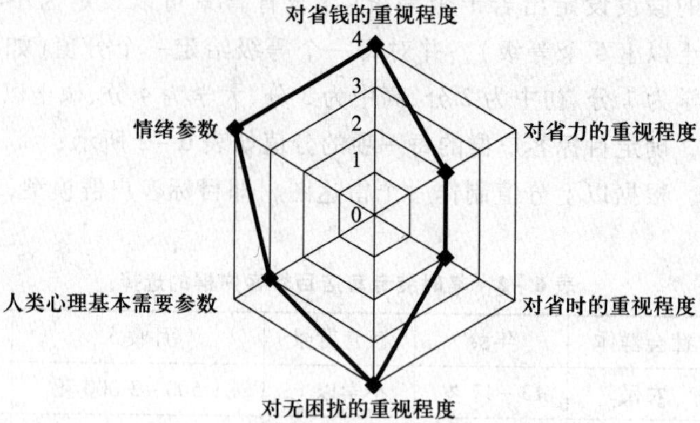

图 6－19　目标客户群心理偏好参数

第一步，对客户需求经济学参数、基本需要参数、客户情绪参数等各项分别根据一定的假设设定出若干个等级(如客户情绪可以设定为恬淡、平和、欢快、热烈 4 个等级)并对每一个等级给定一个分值(如客户情绪可以设定恬淡为 1 分、平和为 2 分、欢快为 3 分、热烈为 4 分)；

第二步，确定单店锁定目标客户群心理偏好参数的每一项的分值如表 6－3 所示；

第三步，根据以上分值制作一个雷达图，即目标客户群心理偏好模型。

表 6－3　某中式风味快餐店对目标客户群心理偏好的锁定

等级标准	客户需求经济学参数				人类心理基本需要参数	情绪参数
	对省钱的重视程度	对省力的重视程度	对省时的重视程度	对无困扰的重视程度		
1	1	1	1	1	温饱	恬淡
2	2	2	2	2	安全	平和
3	3	3	3	3	社会认同	欢快
4	4	4	4	4	自尊	热烈
5	5	5	5	5	自我实现	疯狂
选择决策	4	2	2	4	3	4

注：该中式快餐店目标客户群为城市中等收入居民。

4. 实体单店店铺选址条件设定

实体单店的店铺选址条件应该与单店的目标客户群所在位置以及他们的心理偏好相一致。因此前述快餐店的选址条件至少应该包括：

（1）靠近城市中等收入居民聚居区；

（2）周边有其他中档餐厅和娱乐休闲设施。

关于店铺选址决策，我们将在单店运营管理这门课程中做深入研讨，在此不再赘述。

（二）单店商品（服务）组合的设计

单店商品（服务）组合的设计是指设计可以满足单店的目标消费群需求和心理偏好的全部商品（服务）的组合结构、每种商品（服务）在整个组合结构中的经营属性，并由此设计出单店商品（物料）的基本库存模式。

1. 单店商品（服务）组合设计的任务

单店商品（服务）组合的设计包括如下三项任务：

（1）单店商品（服务）的组合结构设计；

（2）单店商品（服务）经营属性设计；

（3）单店商品（物料）基本库存模式设计。

2. 单店商品（服务）组合设计的步骤

单店商品（服务）组合设计步骤，如图 6－20、图 6－21 所示。

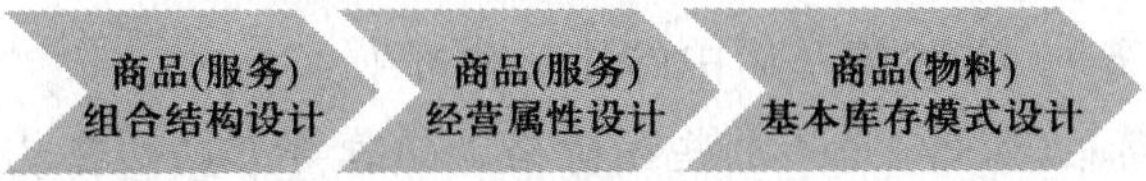

图 6－20 单店商品（服务）组合设计步骤

3. 单店商品（服务）类别的设计

如果一个单店中商品（服务）类别的系列比较多，我们称该单店的产品线比较宽；如果一个单店中商品（服务）类别的系列中的项目很多，我们称该单店的产品线比较长。

划分商品（服务）类别系列的标准有多种，可按商品（服务）的功能划分，如服饰店里的套装系列、衬衣系列、裤装系列等；可按商品（服务）的品质划分，如飞机上的头等舱、经济舱等；也可按服务对象的自然属性划分，如医院的分科，等等。

4. 商品（服务）经营属性的设计

商品（服务）经营属性的设计就是根据不同种类商品（服务）对单店经营业绩的不同影响将单店的全部商品（服务）分为主力商品（服务）、辅助商品（服

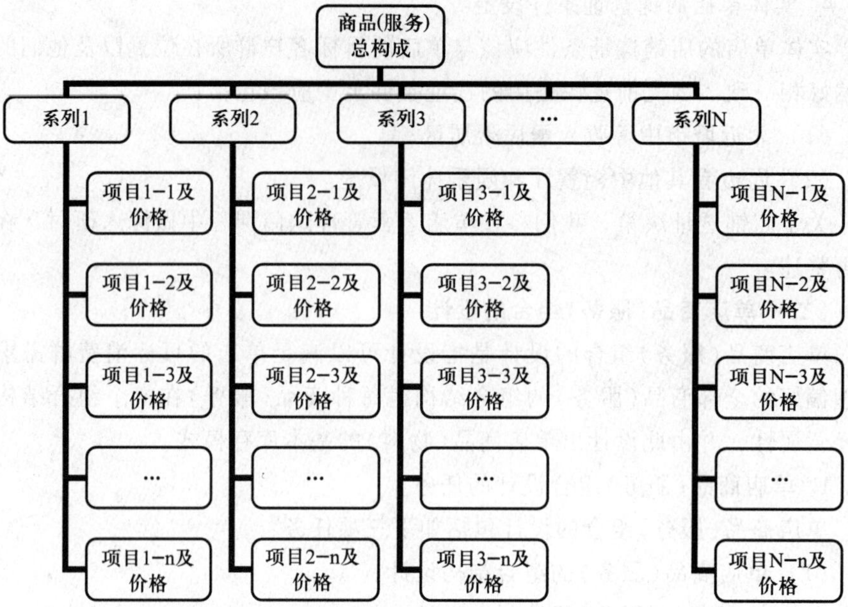

图 6－21　单店商品(服务)管理流程

务)、关联商品(服务)三大类。

(1) 主力商品(服务)也称为主打商品(服务)，通俗的说法就是“卖点”，指那些周转率高、销售量大，在单店经营中，无论是数量还是销售额均占主要部分的商品(服务)，如肯德基店中的炸鸡和可乐。

(2) 辅助商品(服务)是指那些在价格、品牌等方面对主力商品(服务)起辅助作用的商品(服务)，或以增加单店产品线宽度为目的的商品(服务)，如时装店中的衬衣、T 恤、内衣、领带等。

(3) 关联性商品(服务)是指那些与主力商品(服务)、辅助商品(服务)共同购买、共同消费的商品(服务)，如时装店中的鞋、手袋、腰带，麦当劳店中的儿童游戏区。关联性商品(服务)通过为客户提供便利和增值服务而实现吸引客户、保留客户和提高客户忠诚度的目的。

5. 商品(物料)基本库存模式设计

商品(物料)基本库存模式设计就是根据单店商品(服务)的组合结构和各单项商品(服务)的经营属性，设计单店维持一个订货周期所必需的商品(物料)库存结构。商品(物料)基本库存模式的设计对一个单店系统的设计至关重要，因为商品(物料)基本库存模式是设计首期铺货资金的基本决策依据。

下面通过一个实际案例来说明单店商品(服务)组合的设计过程。

某服装品牌专卖店，单店面积60平方米，单店首期铺货资金设计为不超过10万元，根据该单店商品组合结构设计和商品经营属性设计，做出一个该单店的商品基本库存模式。

该单店商品组合结构设计如表6-4所示：

表6-4　单店商品组合结构设计

1. 上衣系列		2. 裤子系列		3. 配饰系列	
品类	零售价格/元	品类	零售价格/元	品类	零售价格/元
11　T恤		21　牛仔裤		31　帽子	70
111 短	180	211 短	200	32　鞋子	350
112 长	280	212 长	280	33　腰带	150
12　衬衫		22　休闲裤		34　包	
121 短	180	221 短	160	341 手袋	105
122 长	230	222 长	280	342 钱包	200
13　毛衫		23　多袋裤	200	343 皮包	350
131 厚	350			35　围巾	150
132 薄	200				
14　外套					
141 长	600		图例		主力商品
142 中	500				辅助商品
143 短	300				关联商品

该单店商品经营属性设计如图6-22所示：

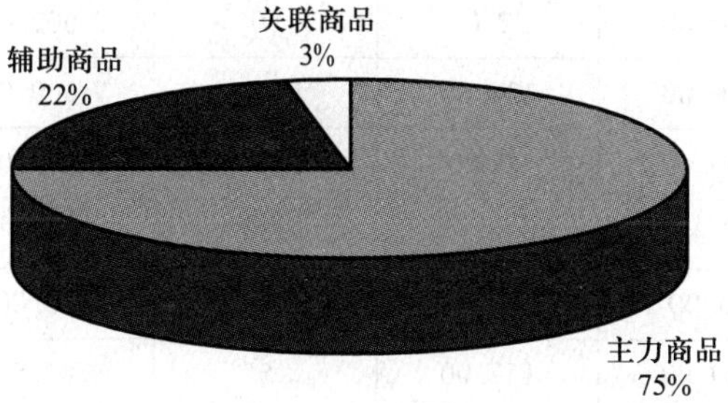

图6-22　单店商品经营属性设计

该单店商品基本库存模式设计，如表6－5所示：

表6－5　单店商品基本库存模式设计

品类	零售价格/元	单店进货价格/元	数量/件	合计金额/元	备注
11　T恤					主力商品占基本库存商品总金额75%
111 短	180.00	81.00	200	16 200.00	
112 长	280.00	126.00	130	16 380.00	
21　仔裤				0.00	
211 短	200.00	90.00	50	4 500.00	
212 长	280.00	126.00	250	31 500.00	
14　外套					
141 长	600.00	270.00	0	0.00	
142 中	500.00	225.00	0	0.00	
143 短	300.00	135.00	48	6 480.00	
	主力商品小计		678	75 060.00	
12　衬衫					辅助商品占基本库存商品总金额22%
121 短	180.00	81.00	45	3 645.00	
122 长	230.00	103.50	30	3 105.00	
13　毛衫					
131 厚	350.00	157.50	0	0.00	
132 薄	200.00	90.00	20	1 800.00	
22　休闲裤				0.00	
221 短	160.00	72.00	50	3 600.00	
222 长	280.00	126.00	60	7 560.00	
23　多袋裤	200.00	90.00	25	2 250.00	
	辅助商品小计		230	21 960.00	
31　帽子	70.00	31.50	10	315.00	关联商品占基本库存商品总金额3%
32　鞋子	350.00	157.00	5	787.50	
33　腰带	150.00	67.50	5	337.50	

续表

品类	零售价格/元	单店进货价格/元	数量/件	合计金额/元	备注
34 包					关联商品占基本库存商品总金额 3%
341 手袋	105	47.25	6	283.50	
342 钱包	200	90.00	3	270.00	
343 皮包	350	157.50	2	315.00	
35 围巾	150.00	67.50	10	675.00	
关联商品小计			41	2 983.50	
总计金额/元			949	100 003.50	

第四节 单店投资预算模型设计

单店从本质上来讲是受许人投资的对象，受许人在考虑是否加盟一个特许经营体系时，除了要考虑单店的特许权效用以及商品(服务)组合之外，更关心对单店的整体投资规模、投资回收期和投资回收率。因此，特许经营体系推广的一个重要前提就是设计出标准的单店投资回收模型。

单店投资回收模型是一套财务预算分析模型，用来展示受许人在若干财务年度内(通常是3~5年内)的总体投资规模、回收期和回收率。许多特许经营体系向受许人提供2~3个不同规模的单店投资回收模型供受许人选择。

一、单店投资回收模型设计的内容

从对单店经营体系分析中，可以看出单店系统投资回收模型的设计就是设计以下五个财务分析模型：

(1) 单店投资预算模型；

(2) 单店3~5年的损益分析模型；

(3) 单店3~5年的现金收益分析模型；

(4) 单店投资回收分析模型；

(5) 单店初始投资预算模型。

【例】重庆小天鹅火锅特许经营体系提供三种单店投资回收模型，如表6-6所示。

表 6-6　重庆小天鹅火锅特许经营体系提供三种单店投资回收模型

类别 \ 加盟店	B 类市级特许店	C 类特许店	D 类特许店
经营形式	火锅点菜	火锅点菜	火锅点菜
营业面积	1 000 m^2	500 m^2	300 m^2
总投资	210.5 万元	106.5 万元	55 万元
餐位数	450 位	250 位	140 位
上座率	60% ×2	60% ×2	60% ×2
人均消费	40 元	30 元	28 元
日营业收入	21 600 元	9 000 元	4 704 元
月营业收入	64.8 万元	27 万元	14.1 万元
年营业收入	788.4 万元	324 万元	169.3 万元
年纯利润	按 25% 计：197.1 万元	按 30% 计：97.2 万元	按 30% 计：50.8 万元
投资期收回	大约 13 个月	大约 13 个月	大约 13 个月

二、单店投资回收模型设计的步骤

单店系统投资回收模型包括的四个财务分析模型之间存在着因果逻辑关系，因此，单店投资回收模型设计要严格按照步骤进行，如图 6-23 所示。

图 6-23　单店投资回收模型设计的步骤

（一）单店投资预算模型设计

单店投资预算模型是其后的四个财务模型的基础，为以后的几个财务模型提出了基本的假设。列出单店四大投资科目：

（1）加盟金；

（2）店铺装修费用；

（3）设备/家具费用；

（4）开业筹备费用。

根据《受许人对单店的投资项目明细清单》的数据，确认上述四大科目各自的投资额，对四大科目投资额求和，即为单店投资预算总额。如表6－7所示。

表6－7 单店投资预算总额

单位：元

行次(L)	项目	金额
1	加盟金	××××××
2	店铺装修费用	××××××
3	家具/设备费用	××××××
4	开业筹备费用	××××××
5	合计	= L1 + L2 + L3 + L4

（二）单店3～5年损益分析模型设计

单店3～5年损益分析模型的设计是在单店投资总预算假设基础上，根据单店运营管理系统设计以及特许经营总体发展规划提出的总体发展目标要求，对单店3～5年的总体运营管理效益提出的基本假设，也为单店今后3～5年的现金收益提出了基本假设。具体设计方法如下：

（1）根据单店月度运营管理损益分析模型和单店投资预算模型确定单店第一年的年度运营管理损益表；

（2）根据特许经营总体发展规划提出的总体发展目标要求，提出第一年以后各财务年度单店营业收入增长计划，并做出第一年以后各年的单店运营管理损益表；

（3）将3～5年各年的单店损益表并排列出，即为单店3～5年损益分析模型，如表6－8所示。

表6－8 单店3～5年损益分析模型

单位：元

行次(L)	项目	第1年	第2年	第3年
1	一、总收入	= L2 － L3 + L4	= L2 － L3 + L4	= L2 － L3 + L4
2	商品(服务)销售收入	××××××	×××××	××××××
3	减：商品(物料)销售成本	××××××	××××××	××××××
4	营业外收入	××××××	××××××	××××××
5	二、运营管理总成本	= L6 + … + L17	= L6 + … + L17	= L6 + … + L17
6	加盟金摊销	××××××	××××××	××××××

续表

行次(L)	项目	第1年	第2年	第3年
7	装修、设备、家具折旧	××××××	××××××	××××××
8	开业筹备费摊销	××××××	××××××	××××××
9	特许权使用费	××××××	××××××	××××××
10	设备月租金	××××××	××××××	××××××
11	场地月租金	××××××	××××××	××××××
12	水、电、气、通信支出	××××××	××××××	××××××
13	卫生清洁用品和其他耗材	××××××	××××××	××××××
14	办公费	××××××	××××××	××××××
15	财务费用	××××××	××××××	××××××
16	人工成本	××××××	××××××	××××××
17	其他费用	××××××	××××××	××××××
18	三、税前利润	= L1 - L5	= L1 - L5	= L1 - L5
19	四、所得税	= L18 ×0.25	= L18 ×0.25	= L18 ×0.25
20	五、税后利润	= L18 - L19	= L18 - L19	= L18 - L19

(三) 单店3~5年现金收益分析模型设计

单店3~5年现金收益分析模型的设计就是根据本章第三节介绍的单店3~5年损益分析模型，对单店3~5年各年的现金收益情况做出的综合汇总分析。具体设计方法如下：

(1) 列出单店四大现金收益科目：

① 年度税后利润；

② 加盟费摊销；

③ 店铺装修及家具/设备折旧；

④ 开业筹备费用摊销。

(2) 根据单店3~5年损益分析模型，确定各年各项现金收益数据，并对各项现金收益数据求和，即各年现金收益表；

(3) 并排列出各年现金收益表，即为单店3~5年现金收益分析模型。如表6-9所示：

表 6-9 单店 3~5 年现金收益分析模型

单位：元

行次(L)	项目	第 1 年	第 2 年	第 3 年
1	年税后利润	××××××	××××××	××××××
2	加盟金摊销	××××××	××××××	××××××
3	装修、设备/家具折旧	××××××	××××××	××××××
4	开业筹备费摊销	××××××	××××××	××××××
5	合计	= L1 + L2 + L3 + L4	= L1 + L2 + L3 + L4	= L1 + L2 + L3 + L4

（四）单店投资回收分析模型设计

单店投资回收分析模型的设计就是根据单店投资预算模型以及单店 3~5 年现金收益分析模型，对每年单店投资回收的情况所作的综合汇总分析。具体设计方法如下：

（1）根据单店投资预算模型，用 I 表示单店总投资；

（2）根据单店 3~5 年现金收益分析模型，用 C_n 表示每年的现金收益，($n = 1,2,3\cdots$)；

（3）用第一年的现金收益 C_1 去冲销单店的总投资 I，若有剩余，即 $I - C_1 > 0$，则用第二年的现金收益 C_2 冲销，依此类推直到全部冲销为止，即 $I - \sum C_n < = 0$，并据此确认投资回收期；

（4）用第一年的现金收益除以单店的总投资，可以得出第一年的投资回收率 $\frac{C_1}{I}$；用第一年现金收益与第二年现金收益的和除以单店的总投资，可以得出单店到第二年的投资回收率 $\frac{C_1 + C_2}{I}$；依此类推可以得出单店到第 n 年的投资，如表 6-10 所示。

表 6-10 单店到第五年的投资回收率

项目	第 1 年	第 2 年	第 3 年	第 4 年	第 5 年
期初总投资剩余	I	$I - C_1$	$I - C_1 - C_2$	0	0
当年现金收益	C_1	C_2	C_3	C_4	C_5

续表

项目	第 1 年	第 2 年	第 3 年	第 4 年	第 5 年
冲销结果	$I - C_1 > 0$	$I - C_1 - C_2 > 0$	$I - C_1 - C_2 - C_3 < = 0$		
投资回收率(%)	$\frac{C_1}{I}$	$\frac{C_1 + C_2}{I}$	$\frac{C_1 + C_2 + C_3}{I}$	$\frac{C_1 + C_2 + C_3 + C_4}{I}$	$\frac{C_1 + C_2 + C_3 + C_4 + C_5}{I}$

【例】某特许经营单店加盟金设计为 250 000 元/5 年、装修预算 200 000 元，家具/设备预算 300 000 元及开业筹备费用预算 250 000 元；该单店第一年的税后利润设计为 150 000 元/年。请计算并回答：

（1）该单店投资总额是多少？

（2）假设从第二年开始该单店每年的税后利润都增长 10%，该单店每年的现金收益是多少？

（3）五年中该单店每年的投资回收率是多少？

（4）该单店的总投资几年内能收回？

该单店的总投资预算如表 6－11 所示。

表 6－11　单店的总投资预算

项目	金额(元)
投资总额	1 000 000
加盟金	250 000
店铺装修	200 000
家具/设备	300 000
开业筹备费用	250 000

该单店每年现金收益如表 6－12 所示。

表 6－12　单店每年现金收益

项目	第 1 年	第 2 年	第 3 年	第 4 年	第 5 年
每年的现金收益	350 000	365 000	381 500	399 650	419 615
税后利润	150 000	165 000	181 500	199 650	219 615
加盟金摊销(分 5 年摊销)	50 000	50 000	50 000	50 000	50 000

续表

项目	第 1 年	第 2 年	第 3 年	第 4 年	第 5 年
装修及家具/设备费用折旧(5 年折旧)	100 000	100 000	100 000	100 000	100 000
开店费用摊销(分 5 年摊销)	50 000	50 000	50 000	50 000	50 000

该单店投资回收模型如表 6 – 13 所示。

表 6 – 13　单店投资回收模型

项目	第 1 年	第 2 年	第 3 年	第 4 年	第 5 年
期初总投资剩余	1 000 000	650 000	285 000	—	—
当年现金收益	350 000	365 000	381 500	399 650	419 615
冲销结果	650 000	285 000	– 96 500	—	—
投资回收率(%)	35	72	110	150	192

单店初始投资是受许人为成功地开设一家加盟店在加盟店开业前所必须准备的资金总额。初始投资与投资是两个关系十分紧密又具有不同外延的概念。初始投资的外延大于投资的外延。

单店初始投资 = 单店的投资 + 单店首期铺货/物料资金 + 保证金 + 单店流动资金

单店初始投资预算模型设计方法如下：

(1) 在表格中纵向列出单店初始投资预算的四大科目，如表 6 – 14 所示。

表 6 – 14　单店初始投资预算总额

单位：元

行次(L)	项目	金额
1	单店投资总额	× × × × × ×
2	单店首期铺货资金	× × × × × ×
3	保证金	× × × × × ×
4	单店流动资金	× × × × × ×
5	合计	= L1 + L2 + L3

① 单店投资预算总额；

② 单店首期铺货/物料资金总额；

③ 保证金；

④ 单店流动资金。

（2）根据单店投资预算模型确定单店投资总额的数据；

（3）根据单店商品（物料）基本库存模式的设计确定单店首期铺货资金总额的数据；

（4）根据有关保证金的设计确定保证金的数据；

（5）根据单店开业后前三个月的商品物料销售成本，取月平均值的50%确定单店的流动资金数额。

（6）对四大科目初始投资额求和，即为单店初始投资预算总额。

三、总部对单店投资的战略控制设计

从表6－15总结归纳总部对单店的战略控制手段包括如下：货源/物料控制；技术控制；信息控制；客户关系控制；供应商关系控制；总部托管控制。

表6－15　部分企业总部对单店投资的战略控制

品　牌	总部战略控制采用的主要手段
麦当劳	餐厅食材100%统一配送（物料控制）
重庆小天鹅	火锅汤料统一配送（物料控制）
马兰拉面	汤料统一配送、厨师总部统一管理和派遣（物料控制＋技术控制）
Jani－King	各地区总部直接与客户签订劳务合同（客户关系控制）
21世纪不动产	总部强大的房源数据库（客户关系控制）
7－ELEVEn	指定供应商＋POS系统（供应商关系控制＋信息控制）
7天酒店	总经理由总部派遣（托管控制）
EF（英孚教育）	所有外籍教师由总部统一管理和派遣（技术控制）

四、单店投资获利组合的设计

获利模型的设计即设计单店在为其所选择的客户创造价值时获取回报的方式，也就是设计一个单店各种赢利方式的组合以及各单项商品（服务）的边际利润。单店获利模型的设计包括两项任务：

（1）单店获利方式组合的设计；

（2）各单项商品（服务）的边际利润的设计。

不同类型的单店获利模型和盈利水平会有所不同，表6－16展示了若干不同类型单店的赢利组合方式。

表 6－16 若干不同类型单店的赢利组合方式

单店类型	获利方式组合
时装店	商品零售利润
快餐店	服务利润
便利店	商品零售利润、服务利润
餐饮店/咖啡厅	服务利润、商品零售利润(烟、酒、饮料等)
美容院/发廊	服务利润、商品零售利润(美容护肤品等)、财务利润
培训学校	教学服务利润、商品零售利润(教材、音像制品、文具等)、财务利润、其他衍生利润
超市	卖场租赁利润、财务利润、商品零售利润

注：财务利润是指单店的现金在流转过程中获得的利润。

商品(服务)边际利润＝销售单价－单位变动成本

即：$m = p - v$

其中变动成本是指那些随交易发生而发生并随交易量增长而等比增长的成本，如物料成本、商品销售成本、销售佣金等。

【例】某时装专卖店，各单品零售价如表 6－17 所示。加盟商从总部以零售价的 5 折购进系列 1 各款时装，以零售价的 4 折购进系列 2 和系列 3 各款时装，设计该品牌时装专卖店各单品的边际利润，并填制表格。

边际利润，即通常所称的“毛利润”，以及变动成本的概念是单店经营中十分重要的概念。通常每个行业的商品(服务)平均边际利润以及变动成本是有一定标准的。如我国服装零售业商品的边际利润一般都在零售价的 50%～70% 之间。餐饮业的边际利润一般都在商品售价的 50%～90% 之间。而某些服务业的边际利润则会更高，如美容业、培训业、酒店业、快递业、房地产中介、咨询业等。

表 6－17 该品牌时装专卖店各单品的边际利润

系列 1	零售价	边际利润	系列 2	零售价	边际利润	系列 3	零售价	边际利润
品目 1－1	500	250	品目 2－1	150	90	品目 3－1	80	48
品目 1－2	600	300	品目 2－2	150	90	品目 3－2	80	48
品目 1－3	500	250	品目 2－3	200	120	品目 3－3	70	42
品目 1－4	400	200				品目 3－4	60	36
品目 1－5	300	150						

本章小结

1. 单店系统基本可以分为商品分销型、服务型和便利店三类。

2. 单店运营管理 SIPOC 组织系统模型：输出部分是单店提供给客户的全部价值；输入部分是单店的供应者提供给单店的所有资源；单店的运营管理流程将资源转化为提供给客户的价值；单店的供应者不仅包括总部还包括受许人和其他供应商。

3. 单店经营模式设计是单店有效开展经营的重要一步，其中包括：单店的客户定位、单店的商品(服务)组合、单店的获利模型以及总部对单店的战略控制和支持。

思考题

一、简答题

1. 单店运营管理 SIPOC 组织系统模型包括几部分？

2. 什么是单店的商品(服务)组合？

3. 单店经营模式设计主要步骤有哪些？

4. 就具体加盟店进行单店 3 ~ 5 年损益分析模型设计。

二、实训题

根据某个具体加盟店编写单店商品(物料)基本库存模式设计方案。

案例分析

案例一：

案例背景

下班后，家住韩国首尔的赵恩海(音译)走进公司附近一间便利店。她取走先前在网上预订的书，然后通过自动取款机付款。接着，她来到一排 DVD 货架前，挑选几张只能使用 48 小时的“一次性 DVD”。

对这名 27 岁的上班族及不少韩国人而言，便利店不仅是随时能买到小件生活必需品的地方，更是能提供几乎所有服务的“百宝箱”。

1. 各有侧重

当地便利店著名连锁品牌“Bokwang Family Mart Co.”希望能在唤起人们环保意识的同时增加盈利。2011 年 5 月，该公司与首尔市政府合作，建立电动汽车充电站。到今年年底，公司旗下将有 10 家便利店推出这项服务。

另一著名品牌“GS25”计划用独一无二的产品吸引顾客，一次性 DVD 就是公司当前的“王牌”。这种 DVD 打开包装后只能在 48 小时内使用，人们可以用相当于租碟的价格享受“大片”，而且不用着急归还。

“7－ELEVEn”则侧重打“实用牌”，在位于首尔市商业区江南区的便利店推出官方文件打印服务。“这项服务受到不少商人欢迎，因为他们觉得在上班时间到政府办公室太麻烦”，韩国联合通讯社引述公司官员赵允哲(音译)的话报道，“我们可以提供24小时服务，收费与政府部门相当”。

2. 奇招迭出

一些便利店还拓展业务范围，从事一些看似跟传统便利店风马牛不相及的业务。如“GS25”旗下各家便利店2010年年初开始出售进口豪车，之后又开始售卖游艇。人们不用费劲去找屈指可数的几家游艇专卖店，只要到便利店咨询，就可以买到售价高达3亿韩元(约合25.3万美元)的游艇。

还有一些知名便利店品牌携手合作，开拓新领域。2001年，韩国三个便利店品牌联合成立“CVSnet Co.”物流公司，利用遍布全国的1.1万家门店和24小时无休的工作特点开展快递业务。公司官员罗永振(音译)说，2010年上半年公司营业额同比增长90%。2010年全年公司运送货物将达到450万次。

(资料来源:http://news.163.com/10/0804/08/6D7RGH59000146BC.html)

问题:“7－ELEVEn”侧重打“实用牌”的主要目的是什么?对单店而言经营模式设计的主导思想是什么?

案例二:

案例背景

世界顶尖便利店巨头7－ELEVEn，加盟成功率高达95%以上，联华超市目前开店成功率是92%，这在特许连锁领域已经是非常成功的了。而在化妆品行业，真正能够达到以单店赢利来实现特许总部的持续发展者屈指可数。实际情况是，该行业的特许经营系统中，亏损面非常大，40%甚至更大比例的单店处于亏损状态。据了解，某经营长达十年的香薰整店输出品牌800余家加盟店中，处于盈利状态的在40%左右，20%持平，40%处于亏损状态。

一、单店赢利困局的原因分析

形成这种困局的原因很多，可以从主观与客观两个方面来进行分析。

(一) 主观原因

1. 由于化妆品产业特征，进入门槛低，诸多整店输出总部并不具备相应的资金、技术和人力资源来支撑整个整店输出体系的运作与发展，在主观意识上存在着“遍地开花、广种薄收”的投机思想，因而把重点放在招商方面，企望以招商来解决企业生存问题，然后再考虑企业的发展与单店的生存。所以，对加盟商做出的承诺永远大于其付出的行动，更难奢求其在后续的服务中准确细致到位，造成单店的单打独斗现状，与单门店独立投资别无二样，最终无法依靠总部的力量来达到赢利的目的。

2. 即使是便利店巨头 7－ELEVEn 也无法达到 100% 的开店成功率，那么作为化妆品行业的整店输出企业，自然也无法 100% 解决单店赢利问题。既然这样，与其做一些“雪中送炭”却费力不讨好的努力，还不如把精力放在扶持做得好的单店上，从而保障最少的资源得到最大的产出，以达到“锦上添花”的效果。所以，某些单店亏损并最终倒闭，并不会让这些整店输出总部动一点恻隐之心。

（二）客观原因

1. 因为单店赢利困局在于对消费者不能准确定位，因而缺乏科学的产品体系支撑，缺乏系统的服务与管理体系，也缺乏科学的终端营销体系，造成了整店输出的“水土不服”与“输出走样”。而且因为对招商效果的片面追求，造成了加盟店的分布极为分散，如北至齐齐哈尔，南到海南三亚，整店输出总部无法对每个店进行有效的服务。

2. 单品牌整店输出，也叫专卖店输出，由于存在品牌数量上的先天不足，使消费者在品牌选择上无法进行比较，而其又无法提供像专柜一样的品牌身份价值，造成品牌竞争力十分有限，无法支撑其在产品上的销售。多品牌整店输出，也叫专营店输出，虽然能够满足消费者对品牌比较的需求，却又因为整店输出总部无法有效组织货源，或者组织货源成本过高，容易造成总部拼力推销自有品牌产品而消费者并不买账的后果。

3. 当某一个整店输出体系获得哪怕是表面的“成功”之后，必然会诞生一大批追随者，或者干脆叫做模仿者。他们从产品、形象、理念、模式，无不模仿前者，以为走成功者走过的路也必然成功。其实不然，一方面无法突出后来模仿者的差异性，投资者与消费者都不会心动；另一方面造成了这一领域的恶性竞争，最终是几败俱伤。而单店赢利，更是被这些模仿者抛在脑后。

二、单店赢利困局解困之法

在现有的市场条件和政策环境下，依靠投机行为已经不能再诞生“四两拨千斤”的神话，所以，要解决单店赢利困局，必须依靠科学的方法。

1. 资源为大，投机者勿再钻营

这一点从表面上看与解决单店赢利困局不太沾边，但其实，没有资源的投机者是造成单店赢利困局的罪魁祸首。因为作为整店输出总部，必须拥有“人力、资本、信息、服务”等众多资源，并且能够将这些资源有效整合以更有效地服务整个特许体系。否则，凭简单的模仿，机械的操作，粗放的经营，是无法对整个市场进行精耕细作的。单店赢利，考验的是总部对品牌、产品、营销、人才等众多资源的把握与放大能力。

2. 区域突破，以点带面，切忌全面突破，遍地开花

全球咖啡连锁巨头星巴克切入中国市场，用的也不是遍地开花的策略，而是选择以北京、上海与广州为据点，集中开拓华北、华东与华南市场，而后逐步拓展到全国。因为整店输出的不只是店面，不只是产品，更主要的是以品牌为背景的体验与消费文化。而文化的扩张是渗透性与渐进性的，也是建立在消费者对品牌认同的基础之上的。而且，以点带面，区域突破，也能够有效地释放总部的资源，避免总部在无序拓展中的资源弱化，更有效地支撑区域单店的经营。

3. 打造具有个性的连锁文化

文化是整店输出的核心，是整店输出的灵魂，也是使每个单店如珍珠般串起来的一条丝线。没有这条丝线，就没有整个连锁体系。而文化的建立，是在对目标消费者的深刻分析与需求挖掘之后，在精神上建立的一个原点，并围绕这个原点进行有的放矢的传播和推广。文化不是做出来的，更不是凭一两句口号能够喊出来的，文化建立在每个消费者的内心。

4. 永远保持创新的精神与行动

创新不容易，持续的创新更不容易。整店输出不仅要与竞争对手抢夺消费者，更是要不断超越自己，以不断获得前进的动力。创新可以在理念上，也可以在产品上，也可以是在服务手段上，一天保持一点进步，消费者就会对这个体系始终保持熟悉又新鲜的感觉，从而让他们不断踏进加盟店的大门。

5. 解决终端营销，寻求新的经济增长点

终端营销，一定要研究每个单店的消费者组成，了解他们的消费能力、习惯，满足并引导他们的需求，并形成技术层面的战术方法。在这个基础之上，整店输出总部要不断拓宽加盟店的经济增长来源，如与异业结合，或与电子商务结合，都是在现有的单店销售基础之上为他们找到的新的经济增长点。

单店赢利困局，具体到每个整店输出体系都会有不一样的状况，而以消费者为中心，以维护消费者与投资者的利益为出发点，以科学、专业与诚信为理念，拥有相应资源的整店输出总部必然能够解决这个困局，而“西西弗斯的惩罚”就会只是一个神话而不会变为现实。

（资料来源：http://www.linkshop.com.cn/web/Article_Jygl.aspx? Articleld = 101550）

问题：本案例中总结的单店盈利困局的原因及解决办法是否符合不同单店实际？在单店管理中盈利模式对经营者而言工作的关键点是什么？

第七章 特许经营体系扩张

学习任务

通过本章的学习，重点掌握以下内容：

1. 特许经营加盟推广体系设计；
2. 加盟招募构建计划的制定；
3. 加强特许体系控制力；
4. 招募加盟商的激励办法；
5. 加盟商的自我评估的主要内容。

特许经营体系是动态的综合有机体，是在不断扩张中体现特许模式的生命力与价值。加盟商是特许经营体系生存与扩张的前提。特许经营体系扩张的重点就是发展加盟商，本章就如何特许经营加盟扩张体系的设计展开讨论，同时对招募构建计划的制定与撰写给予重点说明。特别是发展加盟商过程中注意的问题给予特别关注。

案例导入

根据中国连锁经营协会 2010 年度特许经营连锁企业发展状况调查，2010 年我国特许体系已超过 4 500 个，加盟店总数 40 万以上，覆盖的行业业态超过 70 个，特许企业直接创造的就业岗位超过 500 万个。

2010 年中国特许经营发展状况呈现如下特点：

1. 直营加盟同步推进，继续保持较快增长

2010 年，中国特许经营企业总店铺数的增长普遍高于 2009 年。其中，增长速度较快的业态包括经济型酒店、商务服务、农资连锁、健康休闲，但零售企业增幅普遍较低。

2010 年，中国特许连锁 120 强企业加盟店的开店速度与 2009 年基本持平，部分业态略有回落，但经济型酒店、教育培训、专业零售的加盟店增长速

度与2009年比明显下降，而服装专卖、农资连锁与健康休闲类的加盟店比往年有较大幅度的提高。

2. 销售增长滞后，成本上涨加快，利润压力增大

2010年，中国特许经营企业销售增幅普遍低于店铺增幅，除汽车后市场、商务服务和家装行业的销售增长率超过店铺增长率，其他行业、业态的销售增长率均低于店铺增长率。受人工、房租上涨等因素影响，2010年，特许企业的经营成本比2009年有明显上涨，平均增幅由2009年的16.6%上涨至2010年的21.4%。

3. 加盟费难收、投资意愿减弱，加盟商维护难度增加

2010年，中国特许经营企业面临的主要问题，与2009年相比有明显变化。2010年排在前3位的是“加盟费收取困难”“投资人加盟意愿减弱”和“与加盟商关系维护难度加大”，而2009年排在前3位的是“标准化和规范化管理亟待提高”“消费市场下滑导致盈利水平下降”和“选址难，租金偏高”。从而呈现出2009年以来，特许市场环境发生很大变化，特别是经营成本的持续上升，给加盟店造成巨大压力，同时特许总部强化管理、发展直营等策略调整也使总部与加盟商之间的关系发生变化。

4. 积极应对挑战，探索创新

2010年度调查中，中国连锁经营协会还推出了特许连锁企业创新调查，分为产品服务创新、多渠道营销创新、加盟管理模式创新、业态创新和管理优化创新五个方面，并在“第13届中国特许加盟大会”上评选和公布创新大奖，目的就是探索转型期特许企业的创新热点，进一步推动行业创新、提升品牌价值、改善盈利模式、促进加盟双方的信任与合作，最终实现跨越式、可持续发展。

目前，我国经济正处于发展的关键时期，落实科学发展观，转变发展方式，是确保我国经济社会可持续发展的基础。处于转型阶段的特许经营，一方面，迎来城市化进程与消费升级加速增长的机遇；另一方面，面临着经营成本高、经济发展不确定性增加的挑战。因此，特许经营企业应拓宽思路，探寻转型期的特点，发掘出新的模式和方法。

（资料来源：http://www.doc88.com/p-976478554209.html）

第一节 特许经营加盟推广体系的设计

在特许经营理念导入、基本设计、样板店、总部与单店体系设计以及总部手册和单店手册初稿都完成之后，企业特许经营体系的基础构架就基本建立起来了。接下来特许经营总部的任务便是着手进行特许经营加盟推广体系的设计和营建。

一般而言，特许经营加盟推广时涉及的相关文件有七个：加盟指南（加盟申请表通常被作为加盟指南的附件）、加盟常见问题与解答、特许加盟意向书、特许经营系列合同、合同附件、特许经营授权书、信息披露书。

（一）加盟指南（含加盟申请表）

加盟指南主要内容分为三大部分：正文、图案和通常被作为附件的加盟申请表。每部分的具体内容可以包括如下这些方面。

1. 正文部分

（1）特许人简介（名称、历史等）及联系方式，包括电话号码、传真号码、E－mail、网站、地址、邮政编码等。

（2）特许人的特许经营体系的优势及其所提供的支持。文字一定要精练、优美、深刻、煽情而又不浮夸。

只要用心发掘，经营者都会发现自己的独特优势，所以企业一定要善于发现和发掘自己的长处，并用语言描述出来。一般，企业的着眼点可以是“人无我有”、“人有我强”、“人强我特”的方面。其实在有时候，即使别人也有的优势，只要我们的语言措辞修饰得好，就能把它表达出来，而不是假设读者知道，也仍然能看起来高人一着。

（3）一些宣传的口号或企业文化的摘录，通常为企业理念，即理念识别（MI）。

（4）特许经营体系中已有的加盟店及推广文件所要招募的受许人的数量、地区。如果能用图（比如一张中国的全景地图，需要招募的地区和已存在加盟商的地区分别用不同的颜色或图形标记）表示则会更生动些。

（5）对受许人条件的要求。不能太过具体和苛刻，因为这很可能使一些本来符合条件的人不敢咨询。建议将这些要求描述得稍微有些“含糊”和“大众化”，即尽量不让每一个可能合格的潜在加盟商产生自己被排除在外的感觉。条件的数量应适当调控，一般有3～5条即可。

（6）常见问题回答。即Q&A。收集整理一些经典的、能突出本企业特色和长处的、且经常被问及的问题，问题数目一般不要超过15条，注意问和答的语言都要简练、准确、生动。

常见的问题有：

——特许体系的业务主要包括哪些内容？

——加盟店的产品和服务主要有哪些？

——我们和其余品牌的同类店的区别是什么？

——除了单店加盟外，可以区域加盟吗？

——加盟商可以是几个人、几个公司或几个合作伙伴共同拥有吗？

——加盟商应支付的特许经营费用主要有哪些？（如果《加盟指南》中已经有了费用的列表，此问题就不必再重复）

——加盟商在选择店址方面能获得哪些指导与帮助？（如果《加盟指南》中已有相关内容，此问题就不要再重复）

——特许人如何提供装修方面的帮助？

——特许人为加盟商提供哪些培训？

——加盟商会得到何种营销及广告支持？

——加盟商接收特许人安排的物品采购，特许人是否加价或收取佣金？

——加盟店里出售的商品或提供的服务有无限制？

——特许人如何对商品进行统一配送？

——总部如何保障加盟店的营运品质？

——加盟店开店时间需要多长时间？

（7）特许经营相关费用的介绍。最好列成表格的形式，直观、美观、清晰、易于记忆，也可以和单店的类型同时组合成一张表格，如表7－1所示。

表7－1　某特许经营企业的特许经营费用结构

单位：元

项目	意向书保证金	加盟金	权益金	合同履约保证金	品牌保证金
小型店 150～300m^2					
标准店 300～500m^2					
大型店 500～1 000m^2					
超大型店 1 000m^2 以上					

（8）单店投资回收预算表，或称单店的投资回报分析表。如果特许人

招募区域代理或区域加盟商，那么其投资回收预算相关内容也可以放在此处。

需要注意，因为不同地区（如一级城市、二级城市、三级城市、县城、镇）的经济状况不同，因此导致房屋租金、人力成本、能源价格、装修费用、税收等也会不同，所以企业在做投资回收估计时有两种方法可以采用：

第一，全部计算。全部计算每个有代表性的经济层次的市场中、每种规模店的投资回收情况。下面举一个实际的例子，如表 7－2 所示。

表 7－2　某特许经营企业单店投资回报分析表

单位：元

一级城市							
店面类型		月均收入	月均支出	月均利润	一次性投入	预计回收期	前期资金需求
商场专柜							
店中店							
独立店	A 型( )						
	B 型( )						
	C 型( )						

第二，选取样本。若企业出于某种考虑不愿展示详尽，则可以选取代表性的店进行预算。如选取中等或平均经济水平的单店所在市场作为预算商圈，选取中等规模的店作为预算对象。

此外还应注意，预算表中不仅要有单店的经营状况数据，还要注明加盟商前期所需付出的一次性投资数额。

（9）加盟流程。最好画成流程图的样式，如图 7－1 所示。不同企业，不同潜在加盟商的加盟流程基本类似，有个别不同之处。

流程细化说明：

首先是潜在加盟商加盟咨询。潜在加盟商可以通过电话、E－mail、MSN、QQ 等形式咨询。总部对咨询合格的人员指导其进入下一步。

然后是潜在加盟商填写加盟申请表并以传真、邮寄或电子邮件的方式发送到总部。总部对加盟商进行初步的筛选，通知合格者进入下一步。

第三步是总部邀请潜在加盟商考察总部，同时进行信息披露。潜在加盟商上交当地的行业市场分析报告，主要内容包括竞争者、消费者的特点。如潜在加盟商已有确定的店址，应一同提供其选择店址的相关资料，如照片、平面

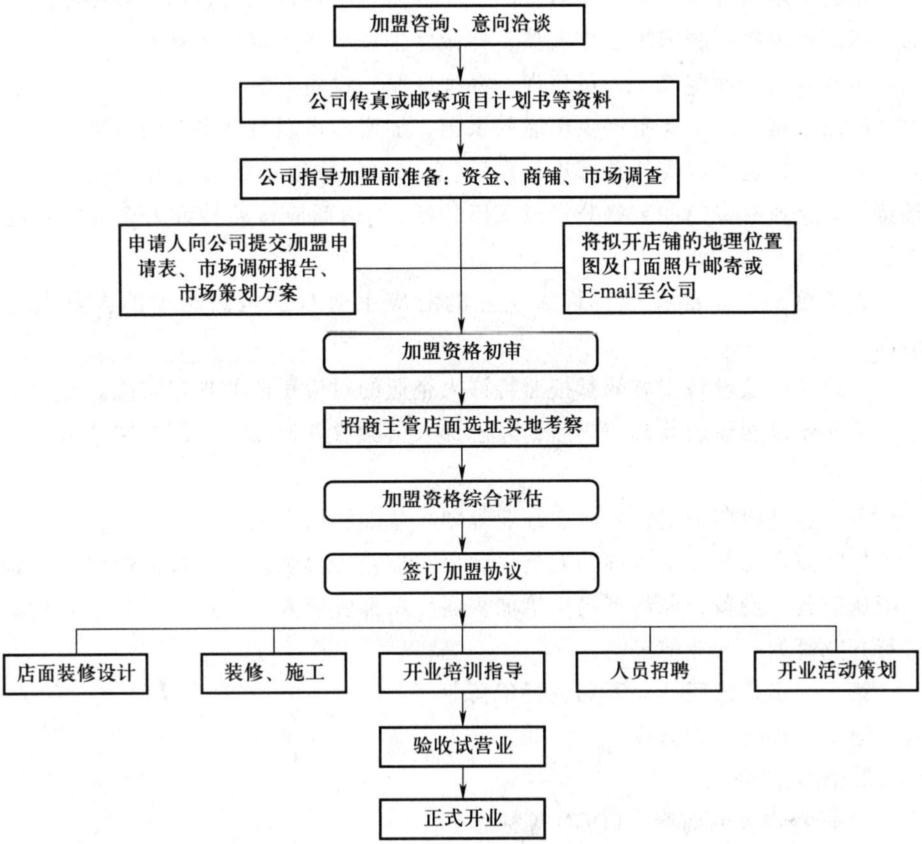

图 7－1 “凯盛家纺新财富”加盟流程

图等。

潜在加盟商持有效身份证件到总部考察，包括参观总部、直营店与加盟店等，时间为 1～2 天，潜在加盟商的费用应由其自理。总部对潜在加盟商的信息披露的内容包括特许人企业的《信息披露书》与特许经营合同标准文本，可以收取一定的费用。若潜在加盟商对总部考察的经过满意则进入下一步。

第四步是签订加盟意向书。

准加盟商缴纳保证金。

第五步是准加盟商在总部的指导下进行选址。

第六步是总部对潜在加盟商的初步考察。总部人员去准加盟商所在地考察其选中的店址，总部考察人员的差旅费、食、宿等从准加盟商签订意向书时所交纳的保证金中扣除，不足部分由准加盟商补齐。若总部对准加盟商选择的店址满意，则进入下一步。

第七步是双方签订特许经营合同，加盟商缴纳特许经营费用，并参考总部的单店人员编制招聘未来工作人员，并做好去总部接受培训的计划。

第八步是店面装修、人员培训、办理证照、设备安装。

店面装修：总部免费提供单店效果图，加盟商可以自己选择装修商进行店面实际设计，也可以委托总部进行设计（总部可以收取一定的费用）与装修（如果特许人企业有专门的装修公司或队伍的话）加盟商应按照特许人企业的对应手册的规定实施装修。

人员培训：总部按照特许人企业的对应手册对加盟商送来的人员进行培训。

办理证照及设备安装等都按照特许人企业的对应手册的规定实施。

第九步是加盟店装修完毕后，经总部人员验收并出具书面同意文件后，方可进行下一步。

第十步是前期配送、采购、开业筹划、总部驻店人员到达。

加盟商在总部接受培训的人员返回后对加盟店其余人员进行再培训。总部的配送家具、设备、原料等输送给加盟商。总部驻店人员到达，并指导加盟商进行开业筹划和开业前采购。

第十一步是依照开业筹划进行试营业。

第十二步是正式营业。

2. 图案部分

（1）特许人的商标、LOGO 等标志。

（2）特许人已有的加盟店式直营店的不同角度、不同场景的照片。

（3）营业现场照片，一般取客人多的时候，交易气氛热烈的时候效果会较好。

（4）特色的产品，设备或服务的图片或照片等。

（5）特许经营体系或体系中某些加盟店获得的荣誉证书，牌匾，证照等。

（6）体系中已有的成功受许人的图片和照片（也可包括相关文字资料）。应选择不同地区的、不同规模的等能代表各个层面的受许人代表。

（7）媒体对于特许体系的报道，通常会作为文字的背景画。

（8）来特许人企业的交通图。地图应突出本企业的位置，如可在大小、颜色、清晰度等方面加以区别。

（9）其他有关图片与照片。

关于图案部分应注意以下几点。

（1）除非图片本身很明显地告诉了读者该图片的含义，否则最好有关于该图片的简短说明文字。

（2）有的图片未必要单独陈放，也可以作为文字的背景。

（3）整个加盟指南最好是图文并茂，应尽量避免纯粹文字堆积或图片数量太多这两种极端状况。

（4）单独陈放的图片一定要有足够的清晰度。

3. 加盟申请表

这份表格将作为收集一般资料的用途，并在法律上不会对特许人或申请者构成任何约束力。不过，提出申请的潜在受许人必须在他的能力范围内据实填报所有资料，以便特许人企业能够根据这些资料来评估申请人的资格。

加盟申请表常作为加盟指南的附页出现，以便潜在受许人填完后邮寄或传真给特许人。加盟申请表的基本内容一般可以包括：

（1）申请人基本资料：如姓名、性别、年龄、婚否、籍贯等。

（2）申请人联系方式：如 E - mail、电话(办,宅)、传真、手机、呼机等。

（3）申请人详细地址、邮政编码等。

（4）若申请人已有单店，则申请表中应包括该店的一些基本情况，如营业面积、店址、拥有人、经营业务、房产情况(产权者还是租用者)、赢利状况等。

（5）申请人欲以何种方式加盟，即加盟后企业性质，如私营、合资、股份制、国营等。

（6）申请人的学习和工作经历。

（7）申请人加盟信息：计划的店址、计划签约时间、准备的投资额、加盟后的商业计划等。

（8）特许人的调查，如：你从何种渠道知道本特许经营体系的？你对特许人的希望是什么？等等。

（9）有的申请表可能还会要求申请人提供一份简略的其对于欲加盟地区的市场调查报告等。

需要注意的是，各个特许人可以根据自己的特殊情况对上述主要内容进行增删，如在特许经营刚出现在中国时，鉴于许多人并不了解特许经营这一概念，所以许多特许人还在其加盟指南上花费较大篇幅来介绍什么是特许经营、特许经营的由来、特许经营的优势等，以期给潜在受许人一个关于特许经营的“启蒙教育”。

特许人在编制加盟指南时还应注意以下几点。

（1）一般情况下，文字和图案等内容部分由企业自己选择和确定，但加盟指南整体设计却最好请专业的艺术设计公司来做，因为在颜色的搭配、位置的协调、字体的设置、内容的编排，以及整个加盟指南的风格、式样、纸张材质等方面，都需要有艺术的科学化风格，如此才能在时下众多同行们的宣传资料中凸显自己，才能引起潜在受许人的注意。而为了达到艺术的效果，仅凭个人的朴素感觉是不够的，需要经过艺术专业训练的人来主持整个加盟指南的设计。

特许人可以先提出一个大致的设想，然后请专门的设计公司进行修改。这样，加盟指南就既体现了特许人的意愿，也具备了艺术化的效果。

(2) 特许人在设计加盟指南时，无论是内容，还是外观，都要善于学习借鉴他人的做法，这指的并非只是本行业的竞争者，而是包括各个行业、地区的特许人。现今，每一次特许经营展会都是各特许人进行加盟指南集中大比拼的战场，特许人可以尽情地收集并加以比较。特许人要善于吸收别人的长处，善于吸收最新的设计理念和形式，然后用这些先进的，有效的东西来完善自己的加盟指南。

(3) 加盟指南上的内容，尤其是关于单店投资收益的部分，一定要真实、准确。特许人在设计加盟指南时，一定要谨慎、小心、反复校对，不能出现错误，否则就会影响特许人的形象和招募效果。

(4) 加盟指南上的某些内容，比如加盟政策、特许人对受许人的支持、对未来加盟店的利润预计等其实也是特许人对受许人的一种承诺，而一旦有人加盟，特许人就必须履行这些承诺。因此，特许人对待这些承诺必须持有严肃认真的态度，不能仅仅为了吸引受许人而海阔天空的胡乱承诺，因为那些不能兑现的承诺日后一定会给双方的纠纷埋下隐患，这一点必须引起特许人的注意。而且，因为现在特许经营热潮的泛滥，潜在的受许人们也都具备了日益丰富的防欺诈知识，所以，太过夸张的承诺反而会引起潜在受许人的怀疑和反感。

(二) 加盟常见问题与解答

对于特许经营总部招商人员，经常需要回答潜在加盟商的各种各样的问题，所以，为了保证不同的人员都能以统一规范的内容，熟练地应对所有关于加盟的问题，企业有必要编制一个专门的手册，如加盟常见问题与解答。

(三) 特许经营加盟意向书

在双方签订正式的特许经营合同之前，一般都要先签署一份特许经营加盟意向书，其目的是为了给潜在受许人一定的时间来慎重考虑最后加盟的决定，或者给潜在受许人一定的时间来选址、筹集资金等。在此期间，特许人不应再将潜在受许人意欲加盟的区域单店特许权再授予他人，潜在受许人也不应再选择其他的特许人。

（四）特许经营系列合同

特许经营系列合同分为特许经营主合同及辅助合同两部分，其中特许经营主合同又可分为区域特许经营合同和单店特许经营合同。

（五）合同附件

合同附件的内容为特许人或受许人认为在特许经营合同之外还需说明的事项，根据特许人与每个受许人谈判情况的不同，合同附件的内容也有所不同。

（六）特许经营授权书

为了美观和表示郑重，特许人通常将特许经营授权书做成牌匾或挂件的形式。其常见内容和格式如图 7－2 所示。

编号：

（特许人全称）兹授权 ______________________________（受许人全称）获得 ______________________（特许人全称）______________________（受许人加盟地区准确、详细的全称）特许经营权。

授权内容：

经营地点：

备注：

（特许人全称）

年　　月　　日

图 7－2　特许经营授权书格式

特许人也可以根据自己的实际情况对授权书的格式和内容进行变更，如有的特许人会加上自己企业的 LOGO、有的特许人会加上本特许经营体系创始人的签名等。

（七）信息披露书

依照我国于 2007 年 5 月 1 日实施的《商业特许经营管理条例》中的规定，“特许人应当在订立特许经营合同之日前至少 30 日、以书面形式”提供信息披露书。信息披露书的具体内容应包括：

（1）特许人的名称、住所、法定代表人、注册资本额、经营范围以及从事特许经营活动的基础情况；

（2）特许人的注册商标、企业标志、专利、专有技术和经营模式的基本情况；

（3）特许经营费用的种类、金额和支付方式(包括是否收取保证金以及保证金的返还条件和返还方式)；

（4）向受许人提供产品、服务、设备的价格和条件；

（5）为受许人持续提供经营指导、技术指导、业务培训等服务的具体内容、提供方式和实施计划；

（6）对受许人的经营活动进行指导、监督的具体办法；

（7）特许经营网点投资预算；

（8）在中国境内现有的受许人的数量、分布地域以及经营状况评估；

（9）最近2年的经会计师事务所审计的财务会计报告摘要和审计报告摘要；

（10）最近5年内与特许经营相关的诉讼和仲裁情况；

（11）特许人及其法定代表人是否有重大违纪经营记录；

（12）国务院商务主管部门规定的其他信息。

对于信息披露的更细节的内容，企业应参照《商业特许经营信息披露管理办法》的规定进行。特许人既可以针对上述某一条或某几条项目编制单独的信息披露书，也可以将含有不同内容的文件整合到一起。

第二节　加盟招募构建计划的制定

特许经营体系的加盟(to buy a franchise,简称特许加盟)，是指受许人(加盟商)为投资开设一个或多个加盟店而开展的一系列活动。

世界商业特许经营的历史证明，加盟商是特许经营体系的决定性一环。没有加盟商的加盟和加盟店的营建，特许经营体系的发展就是一纸空谈。特许经营体系的生存和发展是由特许人和加盟商的这种“伙伴”关系决定的。因此，能否招募到合格的加盟商并高质量的营建加盟店是特许经营体系成功的关键一步，也是最基本的一步。

特许加盟活动的本质是人们的一种创业行为(new venture creation)，同时也是人们的一种投资行为(investment)，除了符合一般的创业和投资规律之外，本身又具有一定的特殊性，作为受许人必须对其特殊性有清醒的认识，才可能顺利开展特许加盟活动。

一、招募工作及组织结构

（一）加盟商招募工作的内容

加盟商招募工作的内容主要包括：①研究和制定加盟商的加盟条件；②拟

订年度招募计划；③策划招募活动和广告；④审核加盟申请；⑤与准加盟商谈判签订加盟意向书；⑥与加盟商谈判签订加盟合同。

（二）加盟商招募工作职业素质要求

加盟商的招募是特许经营总部的重要工作之一。总部应配置有相应职业素质的人员专职负责该项工作。配置的招募人员应具备以下职业素质：

（1）熟悉国家有关特许经营的法律法规和政策；

（2）熟悉本特许经营体系的企业历史、经营理念与企业文化；

（3）熟悉特许经营的有关知识；

（4）熟练掌握本体系特许经营合同的各项条款；

（5）熟知本体系加盟商的条件；

（6）熟知本体系特许经营业务内容；

（7）良好的沟通能力；

（8）丰富的谈判经验和谈判技巧；

（9）正直诚实、强烈的责任心；

（10）形象好、给人诚实、敬业、专业的感觉。

（三）招募工作组织结构及人员岗位职责

1. 招募工作组织结构

招募工作的组织结构往往是简洁的直线制如图 7－3 所示，这样的工作效率高、沟通速度快、各岗位和人员的职责分明。通常，招募主管的职责范围或岗位领域可以按照地区来划分，如华北地区招募主管、华南招募主管或更小的地区划分。招募咨询人员的职责范围或岗位领域可以在招募主管地区内进行再细分，也可以由招募主管根据招募的流程来分配，即每个招募咨询人员分别负责招募流程中的某个或某几个环节，如某人专门负责前期的信息发布、回答咨询等，某人则专门负责中期的去实地考察、与潜在受许人谈判并签订合同等。对于那些人员规模较小的特许人而言，也可以只设招募顾问一种岗位。

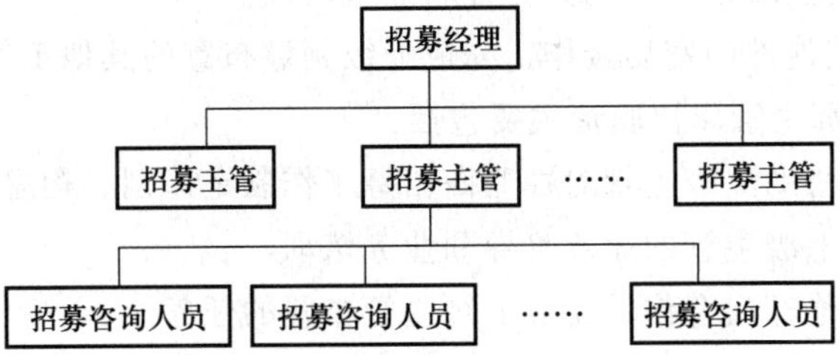

图 7－3　招募工作组织结构图

在招募组织结构之中，企业需要聘请若干在行政级别上属于同级的招募人员进行加盟商的招募工作，所有招募顾问都直接对总部的负责特许经营体系市场推广的副总经理(或分管招募工作的负责人)负责。各个招募顾问的职责范围实际上就融合或兼备了上述直线制中招募主管和招募咨询人员的应有职责，他们的职责范围或岗位领域可以按照地区来划分，也可以按照招募流程的环节或别的标准来划分。

2. 招募工作人员岗位职责

首先，招募经理岗位职责主要包括：

(1) 根据特许总部下达的年度经营指标，制定加盟商招募计划和工作进度、分阶段拓展目标、实施方案和执行策略等。

(2) 对分阶段目标进行任务分解、组织实施、督导完成，以系统的方式计划所有活动，以减少或避免低效率。

(3) 建立基本的加盟系统，制定加盟作业流程，设定合格加盟商的基本条件。

(4) 负责对加盟商的资信及业务拓展计划(区域、店数、时间等)进行审核和评估分析。

(5) 负责对准加盟商招募的谈判及信息管理结果的呈报。

(6) 负责对合同的解释说明和合同的签订。

(7) 定期对本部门工作效率进行分析及评估，并指导部门所属人员进行整改。

(8) 在本部门所属人员需要公司支援时，给予相应支援及与其他相关部门协调处理。

(9) 对本部门所属人员规划的工作建议，进行审核、评估。

(10) 领导、培训、激励、评估及督导本部门所属人员不断提高其业务水平及绩效。

(11) 接受上级领导的业务督导和业务培训。

(12) 与其他部门密切合作，完成上级领导布置的其他工作任务。

第二，招募主管岗位职责主要包括：

(1) 负责协助上级主管对加盟商招募工作制定计划、构思及协调安排。

(2) 接受上级主管的业务督导和业务培训。

(3) 与其他部门合作，完成上级主管布置的任务。

(4) 负责协助上级主管对加盟店招募工作的计划构思及安排，协助上级主管推行招商活动。

（5）负责与准加盟商的联系，跟踪洽谈、谈判总结的呈报。

（6）参与招募加盟商的资格审核和评估分析。

（7）负责对竞争对手信息的收集及参与应对策略的制定。

第三，招募咨询人员岗位职责主要包括：

（1）负责“招募热线”的接听和客户咨询。

（2）负责对加盟申请人以书面、E－mail、传真等方式进行咨询。

（3）负责“加盟申请人数据库”的建设和维护。

（4）负责“加盟申请人数据库”的数据录入。

（5）负责所有加盟招募相关文件的编写。

（6）负责整理和保存所有加盟招募的资料。

（7）参与招募加盟资格审核和评估分析。

（8）与其他部门合作，完成上级主管布置的工作任务。

（9）负责协助上级主管对加盟店招募工作的计划构思及安排，协助上级主管实施招商活动。

二、招募加盟商的激励办法

为尽快扩大特许经营体系规模，更好地激励与表彰招募人员招募加盟商，特许人应制定一些有效的激励办法。

对特许人企业的非正式或非专职的加盟商招商的人员，常用的激励方式包括以下几种：

（一）信息贡献奖

员工对招商部门提供潜在加盟商信息，由招商部门谈判并签订特许经营合同的，在正式特许经营合同生效后，且加盟商单方解除合同的期限已过的一定时间内，由总部向该员工支付一次性奖金。奖金数额可以为一个固定数值、或该加盟商加盟金的若干百分数、或加盟店投资总额的若干百分数等。

（二）全程谈判奖

员工不但提供加盟商信息，而且全程和加盟商进行主谈判（招商部门可以协助）并最后和加盟商签订特许经营合同的，在正式特许经营合同生效后，且加盟商单方解除合同的期限已过的一定时间内，由总部向该员工支付一次性奖金。奖金数额可以为一个固定数值、或该加盟商加盟金的若干百分数、或加盟店投资总额的若干百分数等。

（三）精神或物质奖励

对于上述两种情况，公司均可在公司内部书面通报表扬，并可作为评比、奖金计算、晋级、提职等的重要依据。对于专职的招商人员，激励办法可以这样：对加盟商进行从开始谈判到签订特许经营合同，在合同生效后，且加盟商单方解除合同的期限已过的一定时间内一次性支付奖金，数额可以为加盟金、单店投资额等的一个比例，也可以是按面积、地区等计算的一个固定数值。需要注意的是，由于上述这些奖励办法是针对个人进行的，所以必然会出现个人利益与团队利益冲突的问题，即每个招商人员都更多地去追求单兵作战，团队的意识被淡化。因此，企业在上述的个人激励办法之外，还应设置专门的团队奖，即每次加盟谈判的成功，所有招商人员都可以得到一定的奖励。

三、加盟信息的管理规定

在特许人开展招商加盟的前期，招商部门所有有关加盟商信息的电话、邮件等可以由招商人员记录后交专人，并由专人进行整理，统一分配给各个招商人员。

待招商部门运作成熟后，加盟电话、邮件等可按如下三种方式进行分配：

（1）每个招商人员负责接听加盟热线、接收邮件等一天，该天所获信息由接听人员所有。可按周次进行轮回调换，以保证每个招商人员都能在一周的每日接听到加盟电话、接受邮件等。

（2）把全国按地区划分，由不同招商人员分别负责不同地区。注意不同地区间的均衡，以保证所有招商人员均能公平地接受到加盟信息。

（3）依旧由专人负责接听所有电话、接收邮件等，然后由专人负责分配，以保证每个招商人员公平的接受到加盟信息。

在经过一段时间的信息分配的“公平”运营后，企业应能分辨出优秀的招募人员，即那些成功地将信息转化为实际的加盟实践的概率较高的人员。然后，企业应逐步调整信息分配的倾斜度，有意识地将信息多分配给这些优秀的招募人员，而逐渐淘汰掉那些业绩不理想的招募人员。

第三节　招募构建计划的实施

一、特许经营知识学习

（一）学习特许经营知识的必要性

特许经营作为一种商业模式与其他传统的商业模式相比有其独特的交易内容和交易规则。综合起来有以下两点：

（1）加盟商从特许人那里购买的是一种“权利”，而非一般意义上的商品，并且这种“权利”的核心是特许人的知识产权。

（2）加盟商与特许人之间的交易不是一次性完成的，而是在一个长期契约关系下，通过无数次的交易和互动来完成的。

（二）学习特许经营知识的途径

加盟商可以通过以下途径来学习和初步掌握相关特许经营知识：

（1）相关的图书、报纸、杂志以及国际互联网。

（2）参加相关的培训班、讲座、演讲、研讨会等活动。

（3）直接向顾问公司、法律事务所以及特许经营专家和学者、特许经营成功人士等咨询和求教。

二、加盟商的自我评估

受许人加盟某个特许经营体系，并不意味着加盟商就进入了一个保险箱，而只是意味着一个持续的经营活动的开始。尽管特许人会给予加盟商很大的支持，但加盟店的成功主要还取决于加盟商的理念、知识、技能和最大限度地利用资源的能力。

虽然特许加盟较独立创业有更高的成功率，但在全球特许经营的实践中，仍不乏加盟店经营失败的案例。

（一）加盟店失败原因根据专业人士的总结归纳

造成加盟店经营失败的原因主要有以下几点：

（1）加盟商以前独立经营过与当前特许经营体系类似的业务；

（2）加盟商自满自足，不思进取；

（3）加盟商对开业后的工作压力估计不足；

（4）加盟商对开业后的资金压力估计不足；

（5）加盟商不遵循特许经营体系的标准规范；

（6）加盟商亲友对加盟店的业务进行干预；

（7）加盟商期望值过高而过分依赖于特许人。

鉴于以上原因，加盟商在开展特许加盟活动时，应当对自己的综合素质有一个全面的评估，做好充分的心理和物质的准备以应对加盟店经营过程中的各种挑战。

（二）加盟商自我评估的方法

加盟商自我评估的方法有多种，这里介绍一种比较简易的方法——加盟商自我评估12问与答：

(1) 我的人生追求究竟是什么?

(2) 我是否深刻理解特许经营的理念和体系结构?

(3) 我是否适合自己个人创业?

(4) 我的家庭是否会全心全意支持我的事业?

(5) 我的年龄和健康状况能否允许承受每天长时间的紧张工作?

(6) 我能否筹集到足够的资金开办加盟店?

(7) 我能否承受经营过程中可能的亏损?

(8) 我能否应付意想不到的挫折?

(9) 我是否善于学习?

(10) 我是否善于与人合作?

(11) 我能否管理好员工?

(12) 我能否认同并接受总部对加盟店的统一管理?

三、行业定位

所谓行业定位，就是加盟商选择进入一个与自身的兴趣，价值观、知识结构、能力、资源等相匹配的行业来开展特许加盟活动。

目前在全球范围内，有 75 个行业采用特许经营的商业模式，这给加盟商进行行业选择提供了足够大的空间。

(一) 行业定位的重要性

正确的行业定位是特许加盟活动成功的重要前提，这是因为，正确的行业定位可以使加盟商拥有的能力和资源等得以充分的发挥和调动，可以使加盟商自身的兴趣、价值观、知识结构与行业的特点和发展方向相一致，进而激发加盟商在未来加盟店的经营活动中投入高度的热情和专注。

(二) 行业定位的方法

第一步：加盟商应当根据目前所掌握的有关行业的知识和信息预选出几个准备进入的行业。

第二步：把行业发展性、行业盈利性、行业竞争性、个人兴趣匹配度、价值观匹配度、知识结构匹配度、能力匹配度、资源匹配度 8 项行业评估参数划分为 5 个由低到高的分数。

第三步：对每一个预选行业根据上述评估指标及分数等级进行打分，并制成雷达图。

第四步：将各预选行业的评估雷达图放在一起进行综合比对，从中选出最理想的行业。

【例】某加盟商预选了 A、B、C 三个行业，根据以上方法该加盟商进行行业定位决策。三个预选行业评估参数如表 7－3 所示。

表 7－3 三个预选行业评估参数一览表

项目	行业发展性	行业盈利性	行业竞争性	个人兴趣匹配度	价值观匹配度	知识结构匹配度	能力匹配度	资源匹配度
预选行业 A	2	4	5	3	4	2	4	3
预选行业 B	5	3	2	5	5	1	3	2
预选行业 C	4	5	1	2	3	5	2	5

如图 7－4 所示，预选行业 B 在个人兴趣匹配度、价值观匹配度、行业发展性以及行业竞争性方面明显优于预选行业 A，但在行业盈利性方面又明显劣于预选行业 A。此时，如果加盟商的价值取向更注重长远的发展，则会考虑选择 B；而此时，如果加盟商的价值取向更注重快速收回投资，则会考虑选择 A。

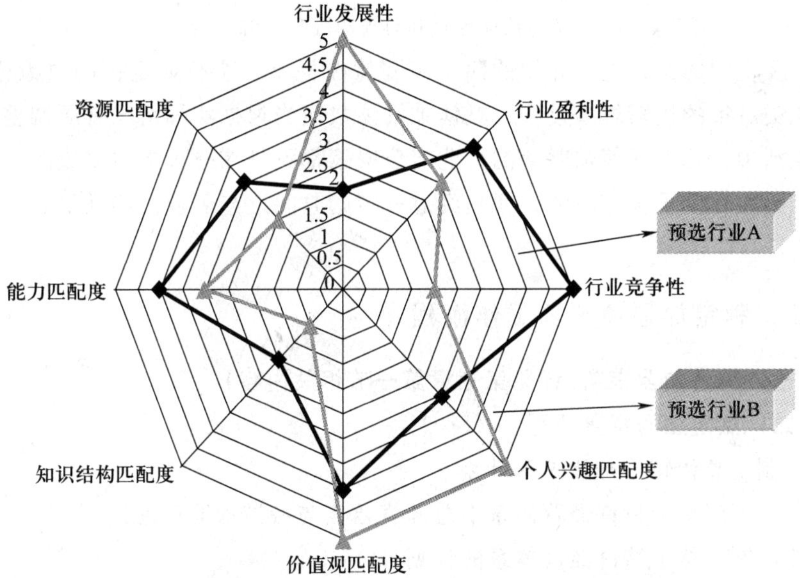

图 7－4 预选行业 A 与预选行业 B 对比图

如图 7－5 所示，预选行业 C 的行业盈利性和资源匹配度明显优于预选行业 B，但在个人兴趣度和价值观匹配度方面又明显劣于预选行业 B。此时，如果加盟商的价值取向偏向比较感性，则会考虑选择 B；而此时，如果加盟商的价值取向偏向比较理性，则会考虑选择 C。通过此图可以看出，行业定位是一个需要加盟商综合考虑多种要素的复杂的决策过程。

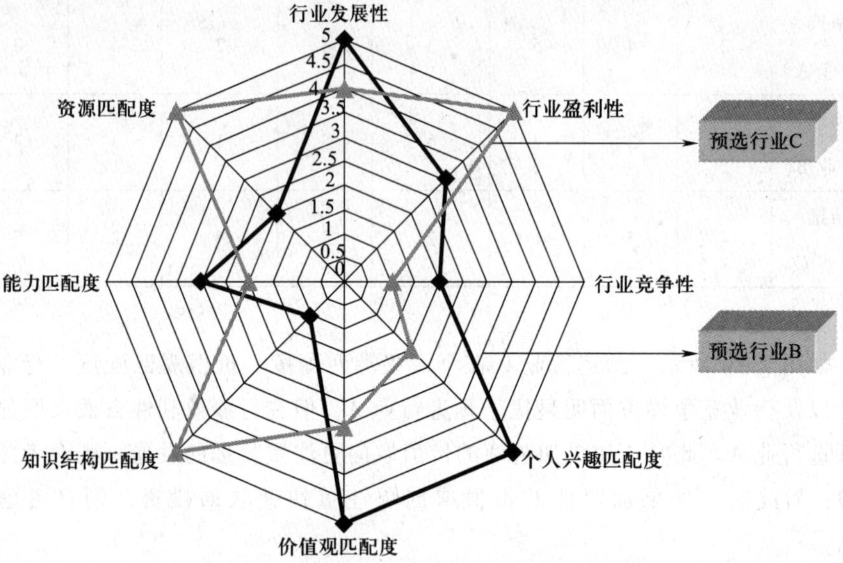

图 7－5　预选行业 B 与预选行业 C 对比图

需要说明的是，这里介绍的四个步骤旨在提供一个行业定位的决策模型，揭示此类决策的逻辑思维过程，具体评估参数应当根据实际情况有所调整。在实际生活中，几乎任何加盟商的行业定位决策都不是在一天之内完成的，也不是一个人关在屋子里完成的，而是经过一定的时间，与创业伙伴反复商讨才决定的。

四、制定加盟商招募工作流程

(一) 编写加盟指南(详见第七章第一节相关内容)

(二) 制定加盟招募计划。

1. 制定总体特许加盟招募计划

(1) 确定整个特许经营体系中总部直营店与特许加盟店的比例；

(2) 制定整个特许经营体系的计划；

(3) 规划自某年开始，每年发展多少个区域加盟商或多少个单店加盟商；

（4）拟订特许经营体系在各个地区的推广计划。

2. 制定年度招募计划

在这一阶段，计划制定者必须清楚地了解总部的经营目标、经营战略和经营方针，使招募工作计划和进度与总部整体计划相配合。在此基础上，经过团队的集体讨论，用一个甘特图将全年的招募行动计划展示出来。应用甘特图的好处在于：在一张纸上，将各种资源在时间和空间上的分配做出充分和清晰地展示，同时明确地显示负责人和工作进度要求。

3. 制定加盟条件和加盟商招募优惠条件

这是一项政策性相当强的工作。计划制定者应当多做调查研究并多方征求意见。在此过程中，头脑风暴法是最好的决策工具之一。

加盟条件主要是受许人的要求，有人也将之称为招募标准，是特许人制定的对于其特许经营体系的加盟商资格的基本要求，通常，任何潜在投资人或潜在加盟商都必须在满足了这个资格后，特许人企业才会与其洽谈更进一步的加盟事宜。制定招募标准是能否招募到合格的加盟商的重要事项，制定招募标准时可以从潜在受许人的以下几个方面考虑：

（1）受许人的信誉(个人品德、商誉等)。

（2）受许人的资金实力。如麦当劳对加盟商的这方面就要求非常严格。其所有的加盟商都必须先支付加盟金，如果加盟商购买的是麦当劳已有的新店铺，则加盟商需要支付该店总成本的40%，如果加盟商购买的是麦当劳的旧店铺，则加盟商可以只支付总成本的25%。除了为数不多的特别优秀的加盟商，麦当劳会给予其设备的租赁，对于绝大多数的加盟商，麦当劳都会要求加盟商个人的非借贷资金在17.5万美元以上，而且这些资金必须是加盟商个人的自有资金，即加盟者所持有的现金、证券、债券等。实际上，即便是针对特别优秀的加盟商的设备租赁，即麦当劳先代为购买设备，而后再将设备租给加盟商，麦当劳仍然要求加盟商拥有10万美元以上的自有资金。

（3）受许人的经营经验(本行业经营经验、其他行业经营经验、缺乏经营经验)。

（4）受许人的加盟动机(有强烈的个人创业欲望,欲借助特许经营创立一番事业;有一定的闲置资金,与投资于回报高于银行利息的生意;退休后能有寄托等)。

（5）受许人的文化素质(大专以上、本科以上等)。

（6）受许人的家庭关系(配偶、子女等)。

（7）受许人的身体健康状况。

（8）受许人的心理素质(承受压力、自我约束、拼搏奋进等方面)。

（9）受许人的个人社会关系、人脉资源状况。

（10）受许人的个人能力和资历。

（11）受许人的个人基本状况（年龄、性别、家庭所在地、户籍、国籍等）。

（12）受许人对本特许体系的企业文化认可程度。

各个特许体系对受许人的要求都不尽一致，特许人应针对自己单店运营的实际需要、根据对自己样板店经理人分析的结果、针对已有的受许人（加盟商）特征的分析，并同时考虑到自己的期望，制定一个大致的“受许人模型”。但此模型不能太详细精准，应留有一定的余地，因为太详细的“受许人模型”描述会使招募工作丧失很多有发展潜力的潜在受许人。模型也不能过分泛泛而模糊，因为这样会使招募人员在实际的工作中无所适从，或感到每个申请者似乎都合适。

4. 发布加盟商招募信息

企业应充分利用一切机会向外界或目标招募地区发布自己的招募加盟信息，以吸引尽可能多的申请人。具体内容在本书前面各章已有充分阐述，在此不再赘述。

5. 加盟申请人的咨询和信息收集

这部分工作内容包括三个主要步骤：

（1）首次咨询（通过面谈、电话、E－mail、传真、QQ 等）；

（2）向加盟申请人发放加盟指南、加盟申请表；

（3）指导加盟申请人填写加盟申请表。

这部分工作是相当基础性同时也是重要的工作，需要注意以下几点：

（1）设立招募热线，需由经过培训的招募咨询员负责，认真回答咨询；下班后热线应有专人继续接听，或设置电话的自动应答功能。有条件的企业，应开设免费热线。热线的具体形式可以是电话，也可以采取时下一些企业流行的 QQ、论坛等形式。

（2）为增强潜在加盟商对本体系的信任度，特许人企业一定要加强对所有招募咨询人员的“剧本”式培训，即尽可能地把所有潜在加盟商的问题逐日、逐条收集在一起，然后由总部组织相关人员做出标准化的回答。这样，就可以保证所有招募咨询人员的口径一致，潜在加盟商也会对本体系更加信任。

（3）所有信件、传真、电子邮件、留言等信息每天由指定的招募咨询员接受与回复并妥善地保存备查。

（4）招募咨询员记录所有的信息并填写招募信息记录表，信息表的内容应包括加盟商的基本情况，地址的情况，加盟意向，咨询者是从什么途径获悉加盟信息的，招商人员每次和客户联系的精确时间、方式、经办人员、结果等。

（5）招募咨询员负责将当日所有信件、传真、电子邮件、留言等整理归档。

（6）疑难问题由招募主管回答，或由招募咨询人员记录后向招募主管确认再回复。

（7）展览会及招募会现场咨询由招募经理负责。

（8）所有发出的书面文件要确保准确无误、口径统一。

（9）招募咨询人员彼此之间要经常保持高度的信息共享和交流，如将遇到的潜在加盟商的较特殊的问题、招募过程中好的经验和做法、对招募政策的建议等收集起来，经过分类处理后，用以逐渐充实、完善如招募手册、加盟指南、加盟常见问题与回答等特许经营系列手册。

6. 加盟申请人的考察和筛选

这部分工作内容包括：

（1）分析、审核加盟申请人提供的资料；

（2）邀请加盟申请人到总部参观和考察样板店等；

（3）赴加盟申请人所在地考察加盟申请人的资信，并进行目标商圈调查。

这部分工作是与潜在加盟商进行大量的沟通的阶段，也是宣传和推广特许经营体系的好机会。在这一阶段，特许人在考察潜在加盟商，潜在加盟商也在考察特许人。因此，特许人企业必须做到：

（1）清楚地向加盟申请人传达企业的理念、文化以及加盟条件、加盟优惠政策；

（2）样板店的规范操作及店面陈列要到位；

（3）赴加盟申请人所在地考察，要细致耐心，有效率；

（4）在可能的情况下，同一个地区至少要选择两个以上加盟申请人作为候选对象；

（5）加盟申请人的资料输入数据库。

7. 加盟商资格的全面评估和加盟意向书的签订

这部分工作内容包括：

（1）全面评估加盟申请人加盟资格，确认准加盟商；

（2）与准加盟商签订加盟意向书。

这部分工作属于决策性的，因而需要注意以下几点：

（1）加盟商资格的全面评估工作应由一个工作小组负责进行。小组成员应包括招募经理、招募主管、财务经理、总部营运经理等。

（2）加盟商资格的全面评估使用打分制。评估指标包括：组织状况、资本信誉状况、业务拓展和管理能力、市场运作能力、社会关系、与总部的关系、经营方案等。经过上述全面评估，对一个城市而言，要从若干个加盟申请人中筛选出确认为准加盟商。然后要填写一份准加盟商申报表报主管批准。

(3) 经评估认可后的准加盟商要与受许人签订《加盟意向书》。

(4) 经过上述全面评估暂时不能入选的加盟申请人也应得到妥善对待。由招募咨询员礼貌地及时通知对方特许人的评估结果并表示感谢。

8. 特许经营活动的签订

在与准加盟商签订加盟意向书后，招募工作人员应就特许经营加盟合同及其附件、其余特许经营系列合同的各项内容与准加盟商进行谈判。在完成一切准备工作之后，即应与准加盟商签订特许经营系列合同，同时总部授予加盟商相应的身份证书和标志，加盟商招募流程如图 7－6 所示。

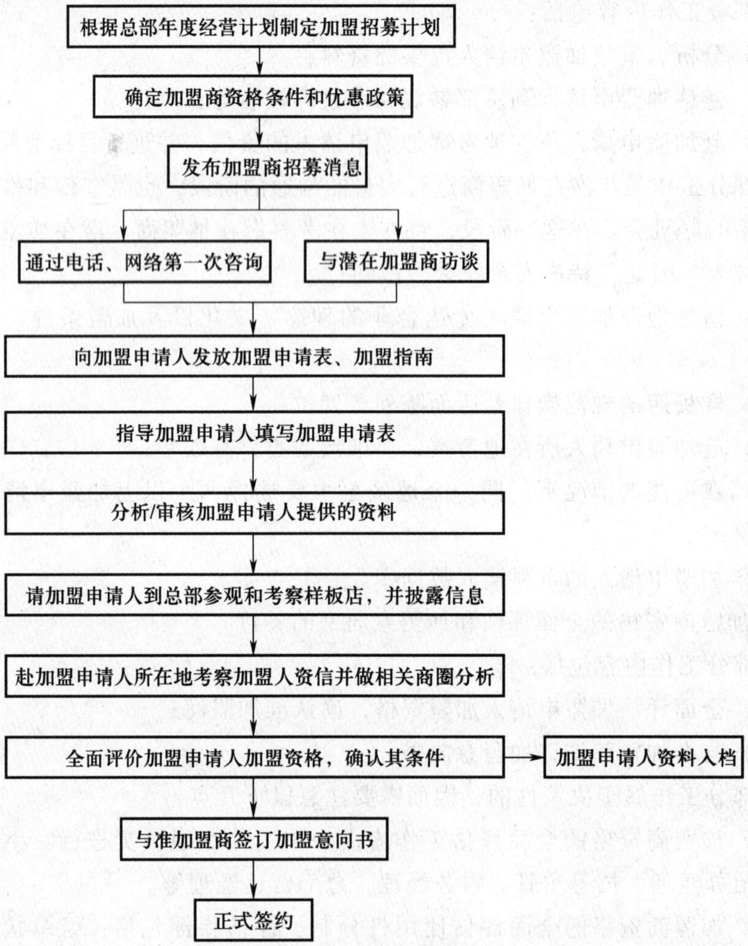

图 7－6　加盟招募流程

五、加盟商营建计划的制定与实施

在双方签订合同之后，特许人应立即组织实施受许人单店的营建工作，主要的内容就是按照前文所述的单店开店手册和营运手册等系列手册进行实践操作。特许人一定要事先做出针对每个具体加盟商的营建工作计划，如用甘特图或进度表的形式将时间、地点、人物、费用等安排妥当，如此才能有序的调整各种资源。

特许人企业针对每个加盟店都要有一个专门的营建小组。虽然特许人在受许人加盟的过程中都给予了加盟商大量、详细的培训和指导，但在加盟商实际建立单店并运营时，特许人通常都还应派遣总部人员或委托分部相关人员前往实地指导和帮助，以便加盟店可以顺利的开张和运营。

在单店开业时，总部还可以派遣特许人总部的高层人员亲临现场开业仪式，以示对受许人的支持和重视。

为了确保加盟单店开业后正常度过试运营期，特许人总部可以派遣管理、技术等各个关键方面的专家在受许人单店里进行为期 1 ~ 3 个月的跟踪指导，直至受许人完全可以独立地进行单店正常运营为止。跟踪指导或总部人员驻店指导的形式、费用、人数、时间、地点、内容等应事先在合同中约定。

在帮助加盟商营建的过程中要注意如下几点：

（1）要注意对于整个营建过程的记录工作，包括营建过程中出现的所有问题，无论是经验还是教训，如加盟商的抱怨和表扬、营建人员的经验和体会等，都要完整、详细、准确地用文字或图片、视频等形式进行记录，然后总部要根据这些问题对总部的管理、或对一些手册进行整改与完善。要让每次的营建都同时成为特许人企业改善与提高自己的一次机会。负责人员应每日查看预定的营建计划，保证营建的进度和质量。

（2）时刻对照系列手册与合同，不能让加盟店轻易更改体系的统一化规定。因为这些更改很可能会直接影响到日后对于加盟店的管理和督导，从而影响到整个体系的一致性，影响可能发生的特许人和加盟商之间纠纷处理的合法性。如有的加盟商在营建加盟店的过程中，要求更改店名、更改设备、更改原料供应商、更改软件系统等，特许人企业应遵照已经签订的特许经营合同和系列手册的规定来处理这些要求。

（3）对于在营建过程中与已签订特许经营合同的内容不相一致的任何更改，都最好应形成由相关方面签字确认的书面文件，以备将来可能发生的责任追究或甚至法律交涉之用。

（4）特许人企业应按照自己的广告宣传、合同约定、手册内容等事先告知加盟商的支持办法来实施加盟店的营建，不能轻易违背承诺，因为营建时期往往是特许人和受许人之间的关系首次出现裂痕和分歧的时期，违背承诺的做法极容易导致日后加盟商的抱怨或甚至法律诉讼。

以上所述的内容可以单独编制成一本手册，即招募营建手册，也可以分别编制成招募手册、营建手册，或将其内容融入其他手册之中。

阅读资料

合同是当事人或当事双方之间设立、变更、终止民事关系的协议。依法成立的合同，受法律保护。广义合同指所有法律部门中确定权利、义务关系的协议。狭义合同指一切民事合同。还有最狭义合同仅指民事合同中的债权合同。《中华人民共和国民法通则》第85条：合同是当事人之间设立、变更、终止民事关系的协议。依法成立的合同，受法律保护。《中华人民共和国合同法》第2条：合同是平等主体的自然人、法人、其他组织之间设立、变更、终止民事权利义务关系的协议。婚姻、收养、监护等有关身份关系的协议，适用其他法律的规定。

第四节　特许经营训练体系设计

在特许经营中，加盟商一般都不具备欲加盟的特许体系或其所在行业特殊的技能或商业经验，但加盟商要想取得成功，又必须具备这些特殊的技能或商业经验，所以特许人对加盟商的培训就非常重要。通过对加盟商的培训，不但可以让加盟商了解盟主的业务开展程序、运作方法等专业知识和技能，更重要的是可以让加盟商理解特许人的经营理念和发展目标，加强特许人与加盟商之间的沟通，便于双方更好地合作。

基于全球视角，我们不难发现，成功的特许人都特别重视培训工作。如麦当劳在对加盟商的培训方面精益求精，其培训时间长达一年，加盟商的培训不但包括课堂讲授，还包括在真实的单店里实习、在各个岗位上的锻炼和考核等。麦当劳还为其培训专门建立了汉堡包大学，为加盟商、管理者和管理助理等体系内的工作人员提供全方位的系列化培训。多年以来，麦当劳在全球各地设立了七所国际汉堡包大学，分别位于德国、巴西、澳大利亚、日本、美国、英国、中国香港，每年有超过五千名来自世界各地的学生到汉堡包大学参与训练课程。

在7－ELEVEn各地总部，每周都要举行定期会议，交流经验，检查总部的政策和方针是否得到贯彻和落实。7－ELEVEn每年花在此类会议与培训上的费用高达3亿日元。这也许就是7－ELEVEn日益蓬勃发展的根源所在。

按照时间顺序，对于加盟商的培训可分为三类：签约前培训，签约后培训，以及运营中培训，每类培训的主要目的不同。

一、签约前培训——展示企业自我，吸引潜在加盟商加盟

签约前培训主要包括以下内容：

（1）特许经营基本知识介绍；

（2）加盟商素质及自我评估；

（3）如何选择加盟体系、回避特许经营陷阱；

（4）企业的历史、成就与经营目标；

（5）企业的理念与文化；

（6）企业特许经营业务分析；

（7）企业特许经营财务分析；

（8）特许经营合同及其余系列合同（标准版）分析；

（9）如何签约；

（10）如何筹备加盟事业；

（11）案例分析与讨论。

因为签约前培训的最主要目的是为了吸引潜在加盟商加盟，所以在上述这些培训的同时，还可以适当组织潜在加盟商实地参观特许人的样板店，或安排本体系的优秀、成功加盟商现身说法，也可以聘请一些特许经营界的知名专家、学者、教授等以第三方的身份来讲解特许经营或对本体系进行案例分析。

需要注意的是，尽管此时的培训的主要目的是为了吸引和招收加盟商，但此次培训也同时是特许人企业的一次展示企业形象、建立更多关系的交流活动。

在培训的时间方面，因为这个培训本身具备招募说明会或发布会的性质，所以时间不宜过长，最好能在一天之内完成。

这部分培训通常是免费的，但潜在投资人需要自己负担各自的差旅费。

这部分的培训的主要承担者是特许人企业的招商部门。

二、签约后培训——保证加盟店的顺利开张

（一）培训内容

（1）特许人的企业理念与文化；

(2) 特许经营合同及其余系列合同(加盟版)分析;

(3) 特许经营系列手册详细讲解;

(4) 如何运作加盟事业;

(5) 如何与特许人相处;

(6) 详细的企业介绍;

(7) 行业的深度研讨;

(8) 单店运营及管理。

签约后培训的主要目的是使加盟商能充分、准确、彻底、全部理解或掌握特许人的理念、技术、历史、知识、产品和服务等,使加盟商能顺利、成功地开设并运营其加盟店,因此这部分的培训是特许权能否转化为加盟商生产力的关键。所以,此时的培训的重心应是加盟店的运营,应加大加盟商实习、实际锻炼的时间和机会。其时间短则几周,长则一年甚至更久。

(二) 培训费用

这部分的培训费用通常是包含在加盟商所交纳的加盟金里,所以加盟商无须再为这部分培训另外付费,但如果是总部人员下店培训,则一般加盟商要承担总部人员的食、宿、差旅费;如果是加盟商派员到总部接受培训,则加盟商的参加培训人员的食、宿、差旅费一般自理。

需要说明的是,如果单店的人员很多,对新开加盟店的所有人员都进行培训对于总部将是一项非常艰巨的工作,因为人多,培训的场地、师资、费用、教具、指导的时间、实习的岗位等都会受到一定的限制,所以培训的效果可能会不好。在这种情况下,特许人企业可以根据自己的实际情况,在加盟店的同种岗位中只培训部分人员,而不是全部岗位人员。如某服务员岗位需要30名服务员,那么总部可以只为加盟商免费培训20名,加盟商需要对其余的人员也进行培训时,总部可以每人每天收取一定费用。

(三) 培训课程

此阶段培训可以分为公共课和专业课两类课程。

公共课指单店的所有人员都必须接受的培训内容,如熟悉企业历史、企业概况、企业文化、行业市场、总部职能、单店职能、单店业务、单店人力资源管理、财务制度、单店常用表格、安全管理、特许经营知识、市场营销、督导内容等。

专业课指每个具体的岗位所需要接受的岗位性、专业化培训内容。特许人可以根据岗位的不同来分别对不同的岗位的人员进行培训。

一般而言,可以先进行专业课的培训,再进行公共课的培训。公共课的培训可以在加盟商所在地进行，而专业课的培训则最好在总部进行，因为总部有充分的、良好的实习、观摩地点。

（四）培训时间

在培训的时间安排方面，特许人应保证培训的效果，所以时间不宜太短。一些著名的、成功的特许人的培训时间一般都会以月、季来计算，而很少只有短短的几天几周。

但在培训中需要注意，为了最大化的节省培训时间，减少培训成本和增强培训效果，特许人应安排好培训的时间，尤其是安排好公共课和专业课的时间分配与衔接。最好能按照开业时间的倒推法，画出一个详细的培训、招聘人员时间图，如图 7 –7 所示。

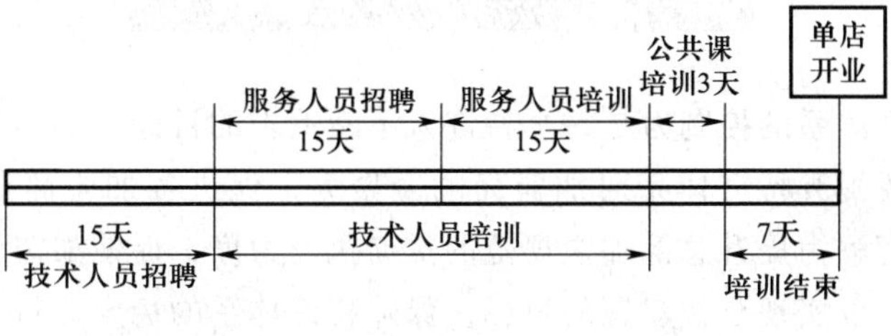

图 7 –7　开业时间的倒推法示意图

在培训中需要注意以下几点：

（1）在总部的培训可以连续地滚动进行，不同的加盟商人员来到后可直接参加培训，不需等待。

（2）在加盟商当地的培训主要由即将驻店的人员承担。

（3）条件允许的情况下，特许人应将培训进行录像，或专门进行重点流程、环节、工作的录像或照片，并以光盘形式下发给加盟商，以便加盟商和单店人员在日后的经营过程中随时可以学习。

这部分的培训的主要承担者是特许人企业的营建部门和培训部门。

三、运营中培训——保证体系的统一、体系升级

运营中培训主要包括以下内容：

（1）如何运作加盟事业；

（2）加盟事业的延续、升级与退出；

（3）特许人新技术、新运营方法、新制度等变革；

（4）特许经营体系的创新与变革。

在加盟店的运营过程中，特许人应及时把自己体系中更新的技术、理念、

知识、政策等，以及对于加盟商、单店、体系等在运营过程中出现的问题等的应对措施，及时、准确、高效的传达给加盟商，以促使整个特许经营体系随时处在不断的创新和生命活力之中。

这部分的培训可与特许体系的督导结合进行。特许人在这部分的培训费用可以向加盟商收取，也可以免费。培训的形式可以多种多样，除了特许人组织师资进行培训之外，加盟商之间的相互交流也是很好的形式，比如特许人定期的加盟商会议就是一种很好的互相培训形式，因为加盟商之间可以有充分的经验交流和教训分享。

这部分培训的主要承担者是特许人企业的培训部门和督导部门。

第五节　特许体系控制力

加强特许体系的控制力是每个特许人不断追求的目标。加强特许体系的控制力，就是要提升特许体系对加盟商的凝聚力，促进各加盟商经营行为的统一，也可以理解为提升总部加盟规范的贯彻执行力度，促使加盟商对加盟政策的令行禁止，以实现合作双赢的目标，保障特许体系的稳定运行和有序发展。

一、特许经营体系的性质

特许经营是指特许人将其拥有的注册商标、企业标志、专利、专有技术等经营资源以合同形式许可被特许人使用，被特许人按照合同约定在统一的经营模式下开展经营，并向特许人支付特许经营费用的经营活动(《商业特许经营管理条例》第三条)；特许人从事特许经营活动应当拥有成熟的经营模式，并具备为被特许人持续提供经营指导、技术支持和业务培训等服务的能力(《商业特许经营管理条例》第七条)。

由此可见，特许经营是一种合同法律关系，特许经营的法律本质是经营资源(主要是知识产权)的许可使用；特许经营的商业魅力在于特许体系内各直营店和加盟店共享有价值的经营资源，采用统一的成熟的经营模式开展经营，并在市场上树立起有特色的商业品牌形象，从而保持和提升各单店的盈利能力和市场竞争力。

二、特许经营体系控制的特点

经营模式是特许体系经营资源整合的市场表现形式，是特许品牌形象树立的载体，同时，成熟的经营模式也是各单店维持盈利能力、凸显市场竞争力的有力武器。要彰显特许品牌的特性，就必须保证特许体系内各单店经营模式的统一。

（一）经营上的统一性

加强特许体系的控制力，在很大程度上就是要用制度保证各单店在经营模式上的统一，即保证对加盟店的“有效复制”。有效复制的前提是整合经营资源并提炼出成熟的、经过市场检验过的经营模式；有效复制的手段是确立游戏规则（即建章立制），形成稳定的特许体系运行机制，通过持续的支持、指导和服务确保加盟店在统一的经营模式下开展经营活动。

（二）资源上的整合性

整合经营资源是基础，稳定的运行机制是保障，支持、指导和服务是手段。这一切都是为了保证加盟店的有效复制。同时应当将上述各个环节全部纳入法律保障的范畴之内，即依法整合资源，依法维护权利和履行义务，依法制订和执行特许规范。

一般来讲，特许体系的经营资源包括专有品牌、专有技术和专有产品。其中，专有品牌是核心，建立法律保障机制是关键。经营资源的整合应该围绕专有品牌、专有技术和专有产品展开。

（三）重视品牌价值

品牌价值的凸显是保障特许体系市场竞争力的首要因素。加盟店对品牌的依赖性越强，特许体系的控制力就越强。品牌建设的核心内容是知识产权保护体系的建立，包括商标、字号（商号）、专利、著作权、商业秘密和反不正当竞争等内容，这是一项基础性的工作。

三、知识产权维护

合法拥有商标专有权是最基本的要求，规范商标使用和授权行为也十分重要。一方面，特许人应尽量将企业字号与商标保持一致，以防范不正当竞争行为；同时可注册“防御商标”，即将商标进行全类别注册以防止遭他人抢注；此外要尽量申请认定驰名商标，扩大注册商标的保护范围。另一方面，特许人应该避免使用非注册商标（特别是特许品牌的主要商标）。若使用非注册商标，则绝不能加上“注册商标”或“R”标志，以免欺诈之嫌。另外，不能将产品商标误作服务商标使用。

（一）商号问题

商号是企业名称的核心部分，是区别不同企业的主要标志。企业名称权由企业登记管理法律、法规规范和保护。我国法律禁止企业名称的出租、转让和许可使用，因此特许授权不应该包含字号的授权。在实践中，字号的“授权使用”常常隐含在特许体系专有的营业标志和形象识别系统之中。特许人尽可能将字号与商标中的文字保持同一，为防止字号被他人在当地申请企业名称登记，特许人可到拟发展业务的重点城市进行企业名称预登记，在一定时期内（半年）阻止他人登记。同时特许人可在企业形象中突出字号。对于侵犯字号的行为应综合利用商标法、著作权法和反不正当竞争法等法律手段进行打击。

（二）著作权与专利权

特许人应当重视著作权和专利权，将形象标志和文字作品、美术作品、计算机软件等（如招牌设计、灯箱设计、店内装饰物品、教材、操作手册、经典宣传材料、经典广告用语等）进行著作权登记，同时向知识产权局申请发明专利、实用新型专利和外观设计专利。特许人应当注重保密工作，将保密文件标注为“秘密”或“机密”，与核心员工签订保密协议和限制竞争协议，在特许合同中明确约定保密条款及其违约责任等内容。

四、建立特许经营运营机制

在整合经营资源的基础上，特许人应当建立一套切实可行的特许体系的运行机制，即建立特许规范并用制度保证执行。特许规范及其制度通常包括如下方面：

（1）经营理念。经营理念是指一个特许企业所具有的独特的经营管理、品牌运作方式、方法、原则和宗旨。

（2）企业形象识别系统（CIS）。其核心是视觉形象识别系统（VI）。

（3）培训规范和制度。培训在特许经营之中具有特别重要的地位。要使加盟商了解并执行特许规范，培训的作用无可替代。

（4）单店营业管理规范与制度。

（5）操作规范与技术手册。

（6）专用产品配送规范和制度。

（7）财务管理规范和制度。

（8）督导规范和制度。

（9）其他规范和制度。

五、特许经营体系控制中需注意的问题

要加强特许体系的控制力，还应该注意如下问题：

（1）慎重选择加盟商。在很大程度上，加盟店成功与否取决于加盟商，如加盟商是否认同特许企业的经营理念、是否专注于加盟事业、是否具备从业能力以及是否拥有良好的经营资源等。

（2）通过培训让特许规范深入人心，以形成对体系的认可和忠诚。

（3）加强督导。督导不仅仅是简单的监督和指导，更是特许双方交流和沟通的重要手段。

（4）控制加盟店数量，量力而行，不盲目追求发展速度。特许体系的管理资源和控制力度是有限的，超出限度就会失控。

（5）不断完善特许体系、加强特许体系的凝聚力。

（6）正确处理纠纷，做到有理、有利、有节。纠纷在所难免。特许人应当重视加盟商的意见和建议，耐心做好沟通与协调工作，谨慎采用处罚和诉讼手段。只有最大限度地满足了加盟商的利益，才能真正实现对特许体系的控制。

本章小结

1. 特许经营加盟招募时的相关文件包括：加盟指南(加盟申请表通常被作为加盟指南的附件)、加盟常见问题与解答、特许加盟意向书、特许经营系列合同、合同附件、特许经营授权书、信息披露书。

2. 加盟商招募工作的内容主要包括：①研究和制定加盟商的加盟条件；②拟定年度招募计划；③策划招募活动和广告；④审核加盟申请；⑤与准加盟商谈判签订加盟意向书；⑥与加盟商谈判签订加盟合同。

3. 招募构建计划的实施：特许经营知识学习、加盟商的自我评估、行业定位、加盟商构建计划的制定与实施。

4. 加盟商的培训可分为三类：签约前培训、签约后培训，运营中培训。

5. 特许经营体系控制的特点：经营上的统一性、资源上的整合性、重视品牌价值。

思考题

一、简答题

1. 特许经营体系加盟活动的主体是什么？
2. 特许经营体系加盟活动要经过哪些阶段？哪些步骤？
3. 加盟商为什么要做自我评估？
4. 加盟商自我评估可以通过什么方法来进行？
5. 主要有哪些加盟商的主观原因会造成加盟失败？
6. 什么是行业定位？加盟商为什么要做行业定位？
7. 加盟商选择特许体系要经过哪几个重要步骤？

二、实训题

以某个特许经营体系为例，撰写特许经营训练体系设计方案，并对方案的实施提出建议。

案例分析

案例背景

对于一个特许经营体系，加盟商只有进入核心的管理层，才能参与企业未来的发展规划，才能算是特许人的直系。但是不可能所有加盟商都成为直系，企业管理需要一个阶梯化的管理体系。一个国家有从中央到地方各级政府，一个企业同样如此。

对于黄记煌这样一个立足全国市场的餐饮连锁企业而言，在进行上游供应链把控的同时，对下游终端的管理同样重要。

连锁道路，无外乎直营和加盟两个选择。黄记煌从一开始，就选择了加盟连锁这条经营之路。黄记煌董事长黄耕最开始的想法是：加盟商自己管理门店绝对比总部派遣管理人员直接负责门店具体事宜的效果要好很多。因为，作为直接的资金投入者，加盟商随时都想着如何将门店做好，实现自身利益的最大化。在这种指导思想下，黄记煌目前的加盟店数量占到了总门店数的90%以上。但这也对黄记煌的发展产生了一定的制约。加盟商想的是利益最大化，这难免会与黄记煌标准化的经营模式和管理制度发生冲突。黄记煌在个别地区的加盟商就曾经发生过一些问题。黄记煌三汁焖锅的各种配料是根据人体对营养膳食需求来进行合理配置的，而这几家加盟商为了迎合消费者的习惯并减少成本支出，私自将黄记煌标配的大蒜、胡萝卜、洋葱、红枣等配料换成了廉价的大白菜等原材料。总部发现之后，非常坚决地取缔了这几家店的运营资格。

经过类似几次的教训之后，黄记煌对于加盟商的筛选开始变得更加审慎。如今，在发展新加盟商的时候，许多方面都提高了要求。如黄耕所说，并不是给钱就能加盟，而是要求加盟商的经营理念与思路必须与公司的长远发展相吻合。“在谈加盟的时候，我们会更多地考察加盟商对黄记煌的经营思路和对未来发展的看法。”具体标准包括，能否坚持品牌建设的目标，坚持操作标准，有建立现代化餐厅管理体系的意愿同时兼备能力。经过几轮大浪淘沙似的筛选，有近200家加盟店，都是最近两年发展起来的。

随着加盟店数量增多和覆盖区域扩大，原有的加盟管理体系开始显得捉襟见肘。对此，黄耕又开始琢磨新思路，即从加盟商中发展管理人才。随着黄记煌品牌越来越壮大，一批批新加盟商不断跟进，在这个过程中，加盟商的素质也在不断提高。这为黄记煌从中发现管理人才奠定了基础。黄耕经常与这些加盟商沟通、了解，对于那些能与公司未来发展想到一起，能合力把黄记煌做得更大的加盟商，黄耕就会把他们吸纳到核心管理团队中。现任兰州分公司总经理黄东华原来就是加盟商，黄耕通过多年来与黄东华的合作和沟通，觉得无论是职业素养还是管理水平，黄东华都非常优秀。于是，就以黄东华为基础，建立了兰州分公司，由其全权负责甘肃、青海、宁夏三个省份黄记煌加盟市场的推广事宜。黄东华如今也已成为了黄记煌核心管理团队的骨干成员。

而对于这些新加盟商的管理，黄记煌也做到了松紧有度：对于日常性事务，不会过多干涉；但涉及品质和服务，必须进行大力辅导和监管，因为正是这些要素构成了黄记煌的不可复制性，已经成为公司生存和发展的基础。这其中包括秘制的酱汁、出品保证的培训和持续监督、发现问题的再训练，以及不断的新产品开发等。而黄耕本人，近年来更是将主要精力放在了打造以标准化细分化的加工中心、原材料及物料的配送中心、操作和服务标准化的培训中心三大重心为主体的立体化加盟连锁体系上。期望使企业真正做到"有连有锁"。

黄耕认为，具体的管理方式有个"度"的问题，"任何的管理措施，管理方法，如果没有把'度'掌握好，都会出现想不到的结果""与加盟商交流，首先是自身敞开胸怀，把所有的东西都展开，我个人以及黄记煌这个企业，让加盟商清楚看到我是一个什么样的人，企业是一个怎样的企业"。

但这些都是针对加盟问题的种种调整措施。将思路进一步放宽之后，黄耕开始逐步加大直营门店的比例，实现直营和加盟并举，用两条腿走路。为此，黄耕开始调整发展战略：变加盟店为合作直营店。至于如何扭转，黄耕也自有一套方案，"比如一个加盟商，通过几年的加盟式经营，效益和口碑都做得很不错。那么，我们会与之沟通，如果他的经营思路和理念与公司未来的发展都非常吻合，那我们会改变双方的关系，选择与其开合作店。所谓合作店，就是前期投入资金由对方提供，黄记煌提供直接资金投入之外的一切支持，包括具体的店面设计、管理、人员培训等。在加盟商的资金投入完全回收之前，黄记煌只是根据流水额收取一定比例的管理费，不参与任何利益分割。但在此之后，双方自动变换为合作股东，并由黄记煌掌握51%的股份。店面产生的收益也由双方按照股权比例进行分配。"

（资料来源：http://sz.bendibao.com/news/20111114/332976_3.htm）

问题：1. 黄记煌吸引加盟商的最主要能力是什么？在加盟商尚未了解总部体系的情况下应如何开展营销工作？

2. 加盟商的支持方面黄记煌的主要做法是什么？有何创新之处？

第八章 国际特许经营法律

学习任务

通过本章的学习，主要掌握和理解：

1. 特许经营法律的归属；
2. 特许经营法律的一般构成因素及特征；
3. 国际特许法律实施中的问题及对策；
4. 特许经营法律的渊源及其体系发展。

国际特许经营法律对准备在国际市场扩张的企业来说是护身和发展的利器，是国际特许经营企业的必修课。本章对存在于各国的具有典型特征的相关法律进行理性分析，为积极开拓国际市场的企业提供国际特许法律的理论框架和运用方法。通过学习，学生可掌握国际特许经营的基本概念和一般理论，为今后实施特许经营的国际化运作做好准备。

案例导入

2011年4月末，商务部发布关于《商业特许经营信息披露管理办法(修订征求意见稿)》以及《商业特许经营管理办法(修订征求意见稿)》公开征求意见的通知。专家指出："两法"公开征求意见表明政府对进一步完善商业特许经营管理工作的高度重视，希望"两法"更加详尽，更具可操作性，同时加大执法力度，提高法规的严肃性。

特许经营专家在接受记者专访时称，希望修订后的上述两个管理办法，应在保障消费者利益的前提下，兼顾特许人和潜在投资人双方利益，应该学习和借鉴美国《统一特许权提供公告(UFOC)》的经验与做法，重点在信息披露管理办法的4个"更"上做文章：更详细、更明确、更科学、更可执行。与此同时，加大执法力度，真正做到违法必究，以推动这种国际上公认的先进的商业模式在中国的发展。

专家认为我国应该向发达国家学习，进一步完善商业特许经营的法律法规，让作奸犯科者无机可乘。如在美国，任何潜在特许加盟商都可以在美国联邦贸易局官网上看到特许人的相关信息。按照法律规定，特许人必须在官网上发布《统一特许权提供公告(UFOC)》，内容分为4个部分：封面、目录、主体(23条)和附件。这个公告类似于上市公司在证券监管局发布的信息披露。从事特许经营者就如同从私人公司变成为"公共公司"，必须翔实披露信息，接受各方监督。《统一特许权提供公告(UFOC)》明显对特许人进行了严苛的法律约束。特许人必须说明公司的经营历史，曾经参与的法律诉讼(包括与加盟者曾经发生过的法律纠纷)、所有收费项目的来源、价格及用途，商标专利事项说明，双方权利与义务，与所有加盟商签订的加盟合同及终止合同，以及其所有加盟商的详细名称、地址及联系方式等。

（资料来源：中国特许第一网，有删减）

第一节　国外特许经营法律发展概况

对于特许经营的法律规制，世界上通常有两种做法：一种是采用一般法律进行调整；另一种是采用专门法律进行调整。因为特许经营在世界上发展的不平衡性，以及世界各国法律传统和国情的不同，采用专门法律进行调整的国家虽然逐渐增多，但在整体上还是少数。截至2012年年底，世界上颁布了专门特许经营法律的国家和地区，除美国、加拿大（两个省）、巴西、墨西哥、委内瑞拉、澳大利亚、中国、马来西亚、韩国、印度尼西亚、日本、法国、西班牙、俄罗斯、罗马尼亚、意大利、阿尔巴尼亚，越南、印度、拉脱维亚等外，欧盟也开始制定具有国际化区域性质的特许经营法律法规，中东欧部分国家也开始参照国际上成熟的特许经营法律实践制定具有本国特色的相应的特许经营法律，形成了国际性、区域性、国家性、国内不同地区性的特许经营法律体系构架。

所谓采用一般法律进行调整，是指并无专门针对特许经营的法律，而对特许经营当中发生的法律问题，由现有的各项法律予以调整。如新西兰目前并无专门的特许经营法律，而是采用普通商法进行调整。此外，因为特许经营是一个复杂的系统工程，在其中会涉及许多专门的法律问题，这些问题也由现有的部门法律予以规范，如商标问题由商标法调整，垄断问题由反托拉斯法调整等。据国际统一私法协会统计，与特许经营有关的法律部门包括合同法、代理和分销法、租赁和担保法、金融投资法、知识产权法、竞争法、公平贸易法、公司法、税收法、物权法、消费者保护和产品责任法、保险法、劳动法、技术转让法、外商投资法、合资企业法、行业特别法等几十种。

所谓采用专门法律进行调整，是指专门制定关于特许经营的法律，或在其他法律当中有针对特许经营的特别规定。前一种如马来西亚 1998 年颁布的《特许经营法》，后一种如澳大利亚于 1998 年在《贸易实践法》当中补充的《特许经营行为准则》。需要说明的是，这些专门法律只是直接针对特许经营这一特殊经营模式的某些重要方面所做的特别规定，而对于特许经营中的其他方面仍需要其他部门专项法律予以分别调整，如商标法、公司法、竞争法等。

纵观世界各国的特许经营专门法律，主要是从两个方面对特许经营进行调整的：一是信息披露，二是特许经营双方的关系。因此这些特别法又可以分别称为信息披露法和关系调整法。大部分国家的特许经营法律都是以信息披露为主要内容的，一些国家的法律则兼有信息披露和关系调整的内容。

信息披露主要是指特许人需要在销售特许权之前以及在特许经营合同履行过程中，及时、完整、准确地向潜在受许人或现有受许人提供法律规定的信息。这些信息涵盖的范围很广，一般包括特许人的财务状况、法律状况、知识产权状况、特许费用、特许合同的权利义务、现有受许人的状况等内容。特许经营销售的往往是特许人的无形资产，无法像对有形产品一样做出准确评估，而且特许经营要收取加盟费、保证金等大额费用，相当于一种社会融资行为。因此，为保护加盟者的利益，防止特许人的欺诈行为，特许人必须完整、准确地披露所有有关信息，以使潜在受许人及现有受许人充分依据这些信息做出完整的判断。

关系调整是指从特许人和受许人双方的具体关系的角度进行调整。这些关系通常包括双方的权利和义务、特许经营合同条款、解除合同的条件和限制等等。如《澳大利亚特许经营行为准则》规定：受许人可以在签订特许经营合同之后的 7 天内单方终止合同而不承担任何责任。同时，特许人必须在其后的 14 天内将受许人缴纳的费用全部退回。这个可以单方解除合同的“7 天”，被称为“冷静期”（cooling off period）。再如《马来西亚特许经营法》规定，特许经营合同的期限不能少于 5 年，也是关于特许经营双方具体关系的规定。又或关于受许人是否具有续约的法定权力，受许人是否在违反合同后有权力进行补救而特许人不能立刻解除合同的规定等等，都是关系调整法的内容。此外，有些国家还要求对特许经营进行登记和备案。

一、美国特许经营立法概况

随着特许经营业务的发展和实践需要，美国的特许经营法律制度也逐步发展和完善起来。

（一）美国特许经营立法过程

在1950年，美国只有不到100家公司采用特许经营方式进行经营，但特许经营在20世纪60年代快速发展。不过由于市场比较混乱，利用特许经营进行违法犯罪的情况逐渐增多，许多受许人成为受害者，美国联邦和州政府开始认识到保护受许人的必要性。1971年，美国联邦贸易委员会（FTC）宣布将开始制定一个关于销售特许经营以及销售前信息披露的商业法规。从1972年开始，FTC召开了一系列关于特许经营问题的听证会。1979年美国联邦贸易委员会（Federal Trade Commission）颁布了《特许经营与商业机会投资企业的披露要求和禁止事项》（*Disclosure Requirements and Prohibitions Concerning franchising and Business Opportunity Ventures*）的公示规则，即FTC条例（Trade Regulation Rule），至此，在全美特许经营的法制监管已经上升到联邦法规。

该条例与联邦法律具有同等效力，以便规范在销售特许经营权以及商业机会过程中所发生的普遍存在的不公平和欺诈性行为和事件。

1995年起，FTC开始研究对特许经营条例进行修改。1999年10月，FTC公布了对于条例的修改意见，重点关注特许经营权的销售问题。修改意见减少了联邦和州立法之间关于特许经营信息披露方面的矛盾，关注特许经营权销售模式的最新变化，如通过网络销售特许经营权，并要求披露关于特许经营关系的更广泛的信息。与联邦制定的特许经营条例一样，美国各州的法律也需要有特许经营权和商业机会的销售人向潜在的购买者提供包含财务和其他信息的销售前信息披露文件。不同的是，某些州的法律要求特许人和商业机会提供商将其信息披露文件向指定的政府部门提交，并由该部门对信息的准确和完整性进行审核。

从20世纪70年代开始，美国各州也开始针对特许经营销售和商业机会销售进行立法。加利福尼亚州在1970年颁布了世界上最早的一部特许经营信息披露法。根据美国总审计署于2001年7月向美国国会提交的《联邦贸易委员会执行特许经营法规情况的报告》统计，截至当时，颁布了商业机会法的州有24个、颁布了特许经营信息披露法的州有15个、颁布了特许经营关系法的州有17个。三种法律都有的州有7个，同时拥有特许经营信息披露法和特许经营关系法的州有9个。在颁布特许经营信息披露法的州当中，有12个州要求对信息披露文件进行登记并设有专门官员进行审查。

目前，美国有 17 个州颁布了特许经营关系法，规范特许经营合同签订后特许人和受许人双方的关系。这些州包括：阿肯色、加利福尼亚、康涅狄格、特拉华、夏威夷、伊利诺伊、印地安纳、艾奥瓦、密歇根、明尼苏达、密西西比、密苏里、内布拉斯加、新泽西、弗吉尼亚、华盛顿和威斯康星。这些法律在适用范围上各不相同，尤以艾奥瓦州的特许经营关系法适用最为广泛。各州特许经营关系法通常允许受许人对违反该法的行为提起私人诉讼。而那些没有颁布专门特许经营信息披露法和特许经营关系法的州也有其他方面的法律保护消费者，如消费者保护法或反欺诈法等，这些法律也赋予了有关各方在州法庭直接提起诉讼的权利。此外，除了上述 17 个州拥有一般特许经营关系法之外，全部 50 个州都颁布了关于特定行业的特许经营关系法，如汽车、农业器具以及酒精饮料等行业。

20 世纪 90 年代，美国国会审议了几个关于对特许经营关系进行联邦立法的建议，但最终没有形成法律。在传统上，FTC 并不对特许经营以及其他经济领域的私人合同进行规范或设定合同条款。特许经营关系通常被视为合同法内容而在州法层面上进行调整。FTC 条例仅规定了特许经营权销售给潜在投资者时发生的问题，并不涉及特许经营合同签订后的问题。FTC 通常缺乏干预私人特许经营合同和其他特许经营关系的权力。特许经营关系通常被视为是合同法问题，传统上由州法进行调整。前面提到已有 17 个州颁布了普通意义的特许经营关系法，以调整特许经营合同签订后的某些特许经营关系。

尽管这些特许经营关系法在调整范围上各有不同，但它们都有关于特许经营合同终止问题的规定，且除了弗吉尼亚州外所有的其他州都规定了合同续约问题。其他在不同程度上涉及包括特许权的转让、侵权、指定供应商的商品和服务的购买、受许人之间进行联合的权力、管辖的选择等问题。

（二）特许经营的法律性质及法律关系的特点

美国的特许经营立法实践说明，无论一州是否拥有专门规范特许经营关系的法律，受许人均有权对特许人提起关于合同争议的民事诉讼。许多州均拥有“小 FTC 法”（模仿 FTC 法规而制定的法律）或消费者保护法或反欺诈法，允许受许人依此解决合同争议。这些法规在不同的州可能分别被称为“消费者保护法”、“消费者销售法”、“欺诈性商业行为法”或“消费者欺诈法”等。各州的特许经营关系法和其他消费者保护法、反欺诈法等通常都允许受许人就违反该法的行为对特许人在州法院提起诉讼。

根据美国特许经营协会（American Franchise Association，AFA）介绍，因特

许人和受许人之间在经济实力和法律地位上存在的巨大差距，已经导致特许经营合同权利义务越发的不平衡，并造成了二者之间的许多问题。从协会的观点来看，特许经营合同越来越苛刻和不公平，已经到了无论从哪个角度都无法说是一种合理的商业行为的地步。这些苛刻的合同实际上已经妨碍了小的经营者进入商业领域。

特许经营合同的最大问题是特许人为自己保留了在合同期间对广泛事项的完全决策权。潜在受许人可以进行尽职调查，调查特许系统，与现有受许人交谈，并比较放心地签订特许经营合同。然而，大多数特许经营合同允许特许人单方面对特许经营关系做出重大修改，从而对受许人的经济状况产生重大影响。特许人通常保留在任何时候修改经营手册的权力，从而达到对特许经营关系进行修改的目的。当特许经营合同续约或特许经营权进行转让时，往往会发生大规模的修改。这些单方修改可以增加特许人的营业额，但也将严重影响受许人的收益以及特许业务的价值。某些单方面修改的内容是受许人在签订特许经营合同时无法预计的，也就是说，如果受许人当时知道这些约束受许人的修改内容，可能他们就不会签订特许经营合同。而有些特许经营合同根本就不允许进行续约，即使允许续约，也往往规定必须“依照当时有效的完全不同的条款”进行续约。这些条款完全谈不上具有商业合理性和基本的公平可言。

AFA 认为，美国联邦和州的销售前信息披露法以及州特许经营关系法并没有有效地解决特许经营关系中存在的这些问题，联邦特许经营关系立法应该规定特许人对权利的普遍滥用问题，并减少各州存在的对受许人的不公平待遇。AFA 是联邦特许经营关系立法——《1999 年小商业特许经营法》(the Small Business Franchise Act of 1999)的主要支持者。该立法建议规定：为特许经营关系制定最低的行为标准，规范特许经营关系的其他方面，如合同续约及终止、特许权转让、新受许人选址、从特许人以外进行产品或服务的采购、受许人之间的联合权等。该法案也规定受许人有权对违反该法案的人提起私人的民事诉讼。AFA 坚持认为，尽管大部分特许人并没有滥用它们的权利和地位，但仍然需要制定一个有效的联邦标准来限制特许经营当中的权利滥用问题。

与 AFA 的观点正相反，国际特许经营协会(International Franchise Association, IFA)是反对制定联邦层面的统一特许经营关系法的组织之一。IFA 官员说，特许经营能够发挥作用就是因为企业家能够灵活地设计特许经营体系结构，从而使特许经营体系可以更好地服务于它们的产品、服务以及整个行业。

阅读资料

国际特许经营协会(IFA)成立于1960年，旨在保护和完善特许经营市场体系。该协会的会员包括特许人、受许人和供应商。协会通过年度大会、培训项目、法律研讨会和地区会议等活动，为会员提供更全面的服务。在过去的50多年中，国际特许经营协会有效地改善了世界各地的特许经营市场状况。该协会还成立了专门的网站，为协会会员和客户提供一站式的特许信息服务。其成员包括了超过10 000位加盟商，1 300个特许人及500位供应商。目前，协会成员特许经营发展遍及100个国家，涉及75种不同行业。

(三) 特许经营合同

特许经营合同必须赋予特许人有效的权力来监控整个体系以便达到以下目的：

(1) 确保特许经营体系提供的产品和服务的统一形象和品质；

(2) 为特许人和大多数愿意遵守统一标准的受许人的利益，保持体系的质量标准；

(3) 保护消费者避免受到不安全或不符合质量标准的特许经营网点的伤害。

特许人对特许经营关系进行的调整应该是有利于特许经营体系的微调，如增加新的服务项目、启动新的安全程序、升级软件，以及类似的修改，并且不能影响特许经营合同的条款。换言之，特许人对特许经营关系中的众多事项拥有的决定权，应该能为建立统一的品牌形象、扩大市场占有率、提高消费者忠诚度发挥作用，也就是最初吸引受许人进行投资的那些方面。同时，IFA认为，销售前信息披露法是确保建立有效和成功的特许经营关系的有效手段。尤其是关于特许经营体系现有和过去的诉讼，和现有受许人的名称和地址，以及在过去的财政年度中离开体系的受许人的名称和地址等信息，可以为特许经营投资者提供必要的资源以确定某一特定的体系当中双方关系的主要状况。

具体地说，IFA反对联邦和州关于特许经营关系立法的理由有三个：

(1) 不明确的立法将给特许经营关系带来混乱和不确定性，并引发诉讼的大量增加。这会增加特许经营公司的运营成本，这些公司的大部分都是小本生意，无法负担增加的成本。

(2) 特许经营对于妇女、少数民族以及小生意人来说，是一个创业的机会。特许经营关系立法将会限制特许经营的发展，结果对这些群体造成不同程度的影响。

(3) 对于一个在75个行业的各种各样的公司中存在的特许经营模式来说，事实上不可能制定一个一劳永逸的解决方案。不可能有一个通用的关系法能适用于在75个不同的行业中运营的、成熟度且市场影响力都各不相同的特许经营体系。

总之，IFA认为，正因为特许经营并不是一个行业，而只是存在于75个不同行业的一种销售产品和服务的方法，因此制定一个一劳永逸的特许经营关系立法是不现实也不可能是有效的。此种立法意味着所有的特许经营概念以及特许经营关系都能用一部立法加以规范。这种观点是有缺陷的，因为它没有认识到经营模式型特许经营与产品分销型特许经营的重要区别，经营模式型特许经营是一种被许多行业、许多企业采用的经营模式，而产品分销型特许经营只是在个别行业中的少数企业中存在(如汽车销售或汽油零售)。IFA称联邦立法草案，如《1999年小商业特许经营法》草案，给了政府和法院过多的权利来改变合同双方的本来意愿。对合同的干预将严重损害合同的解释。IFA认为，对于特许双方的地位的差异，应该通过行业自律的方式予以解决，如全国特许经营调解程序、IFA特许经营基础知识和特许经营销售培训项目，以及IFA道德准则及其执行机制等。

二、FTC特许经营规则简介

2007年3月，美国联邦贸易委员会(FTC)正式颁布了长达398页的《特许经营规则》(Disclosure Requirement and Prohibitions Concerning Franchising and Business Opportunity Ventures)修正案，目前该修正案已经在美国全部州范围内适用。

(一) 概况

规则的基本要求是特许人必须向潜在受许人提供书面的披露文件，提供关于特许人、特许业务以及特许关系方面的重要信息，并且给予潜在受许人至少10个工作日以使其在决定投资前进行审查。

特许人既可以根据本规则规定的信息披露格式进行披露(FTC格式)，也可以根据UFOC指南的要求进行披露(UFOC格式)。

阅读资料

在美国，为了加强对受许人的保护和特许人的约束，特许人必须像上市公司那样为股东揭示某些公告。为潜在受许人提供一份揭示其自身特许经营概况的资料文件。这个文件被统一称为联邦统一特许经营提供报告（Uniform Franchise Offering Circular，UFOC）。其目的是在受许人加入特许经营体系之前给受许人关于该特许经营的全部实质性信息，以便受许人能够理解自身的经济责任而做出理性的投资以及能够制定一份商业计划。内容主要分为4个部分：封面、目录、主体和附件。这个公告类似于上市公司在证券监管局发布的信息披露，有严格的格式和内容要求。

本规则主要适用于经营模式型特许经营、产品销售型特许经营等商业类型。

本规则仅要求进行信息披露。与各州的信息披露法不同，本规则不要求在FTC对任何披露文件、广告、协议进行登记、备案、审查或批准。

本规则是一部贸易条例，与联邦法律具有同等效力。本规则只能由FTC实施，而不能由私人实施。对违反本规则的行为，FTC可以申请法庭禁令、民事处罚，或对投资人进行赔偿。

本规则的目的在于使潜在受许人在投资前能够获得足够的信息，以便充分地对潜在的风险和利益进行评估、对不同的投资机会进行有价值的比较，并对该特许经营体系进行进一步调查，从而能够保护自己。

本规则的正式名称为《特许经营规则》（*Disclosure Requirement and Prohibitions Concerning Franchising and Business Opportunity Ventures*）。

（二）基本要求

1. 总体要求

在商业特许经营和与商业有关的特许经营方面，规则在广告、要求、许可、合同、销售和其他促销六个方面提出了要求：

（1）基本信息披露要求：本规则要求，在双方第一次面对面会谈时，或潜在受许人支付任何款项，或签订关于特许经营投资的任何合同10天前之中的较早时间，特许人应向潜在受许人提供基本的信息披露文件。

（2）收益声明：如果特许人提供了收益声明，无论是历史收入还是收入预测，他们必须有合理的基础，并在提供基本信息的同时书面提供潜在受许人要求的实质性信息。

（3）广告中的收益声明：规则只适用于包含收益声明的广告。此类广告必须披露达到收益声明标准的现有受许人的数量和比例，以及警示性声明。同时，必须遵守与收益声明要求相同的披露要求。

（4）特许经营合同：在提供基本信息披露文件的同时，特许人必须向潜在受许人提供一份标准的特许经营合同和相关协议，并至少提前5天提供将要签署的合同最终文本。

（5）费用返还：如果符合披露文件中所规定的返还条件，特许人应将保证金和加盟费返还给投资者。

（6）矛盾性声明：尽管特许人可以向投资者自由提供任何促销或其他资料，但不能提供与规则要求的披露文件相矛盾的书面或口头声明。

2. 责任

违反规则上述6项要求的任何一项，都是对规则的违反。特许人和特许经纪人（包括独立经纪人以及分特许人）将对违法行为承担连带责任。

阅读资料

协议各方责任的分担和收益的分享，将因商业形式的不同而不同。就特许经营本身而言，这种划分也会因特许经营方法而不同。区域总特许的性质，决定分特许人责任是比较重的：负责网络开发、为分受许人提供培训和帮助、监督和保护特许者知识产权和工业产权的人是分受许人。在直接单个特许经营情况下，受许人的责任较轻：对网络不负责任，也不必负责保护特许人知识产权和工业产权。很可能特许人只要求其通报可能发生的侵权。类似地，代理人责任不同于经销商责任，而经销商责任又不同于受许人责任。

责任的不同，也会从各方收益中反映。一方承担责任越大，获得的收益也就越多。在区域总特许中，分特许人必须获得足够收入，使其在有能力履行义务的同时，可获得一定利润。而特许人也必须获得充足收入，以支持其在这一关系中独一无二的作用。有关特许经营方法的决定，也会反映各方在责任和收入分享上的变化。

（三）适用范围

规则适用于传统的特许经营和商业机会这两种持续性的商业关系。

传统的特许经营：包括经营模式型特许经营和产品销售型特许经营。构成特许经营的三个前提条件包括：

(1) 商标。特许人授权受许人使用特许人的商标、服务标记、商号、广告和其他商业符号销售商品或提供服务。

(2) 严格的控制与强大支持。特许人对受许人的运营方式实施严格的控制，并提供强大的支持。

(3) 付款。受许人为获得特许权或进行经营，须向特许人或其关联企业支付相应费用。

不适用规则的几种情况：

(1) 如果受许人在营业后的六个月内支付给特许人或其关联企业的款项等于或少于500美元时；

(2) 只是在现有的经销商经营的产品或服务基础上再增加产品或服务的情况下，如果受许人或其现任董事、高级管理人员在特许业务领域已经有两年的从业经验；且双方预计，或应该能够预计特许经营业务的销售额将不超过受许人以美元计算的销售总额的20%时；

(3) 专门的商标许可合同；

(4) 纯粹的雇佣关系和普通合伙人协议；

(5) 没有任何实质性条款的口头协议；

(6) 合作性组织；

(7) 证明或检验服务；

(8) 房屋租赁关系。

此外，任何人都可以向FTC申请免除该规则的适用，目前已有加油站特许经营，诸多汽车销售特许经营、批发商组织的自愿连锁等被排除在规则适用范围之外。

阅读资料

在决定特许经营对特定商业来说是否是最合适方式时，需要对许多因素进行评价。最重要的是，相关经营模式应该是经过检验的。换言之，它必须是经实践证明是成功的。财务问题也具有重要性，运作特许店获得的资金回报，必须足够使受许人获得合理投资回报，赚取合理利润并使其有能力为特许人提供的服务支付合理使用费。特许人从特许运作中获得的收入，同样必须足够补偿它的管理费用，并使其能赚取合理利润。

（四）披露方式的选择

对于规则要求披露的信息，特许人可以选择规则提供的格式进行披露，也可以选择北美证券管理协会(NASAA)制定的 UFOC 格式进行披露。

FTC 格式：特许人可以根据规则的要求提供基本信息披露文件，如果他们提供收入声明的话，应再准备一份单独的收入声明披露文件。关于规则的最终解释，FTC 提供了详细的建议和披露模版。

UFOC 格式：此格式可以在任何一州使用。从 1996 年 1 月 1 日起，使用此格式的特许人必须遵守 UFOC 指南的规定，该指南在 1993 年 4 月 25 日由北美证券管理协会进行了修订。

如果特许人将 UFOC 文件在某一州进行了登记，他必须根据该州法规对披露信息进行及时更新；如果特许人在不需要登记的州使用的是同一个 UFOC 文件，则应同时对披露信息进行更新。如果特许人在某一州使用或登记了 UFOC 文件，并将在另一没有特许经营登记法的州使用同一个文件，则必须根据该州的法律规定修改某些特定问题的答案。

许多特许人采用了 UFOC 格式，因为要求进行特许经营登记的 13 个州中约一半不接受 FTC 格式的备案。当特许人选用了一种信息披露格式时，它必须遵守其所有规定，而不能从 UFOC 格式和 FTC 格式中分别选择条款进行披露。

在使用 UFOC 格式时，FTC 规则中的几个重要条款仍然适用：

（1）必须根据规则规定的披露事项进行全面信息披露，而不管州法是否有相同的规定；

（2）规则有权决定谁必须遵守规则的规定，无论州法是否规定其必须披露；

（3）何时进行信息披露必须根据规则的规定进行，除非州法规定的披露时间更早；

（4）规则未要求披露的信息可以不进行披露，无论使用哪种披露格式。任何陈述不应与披露文件相矛盾；

（5）如果不能在签订最终合同前至少 5 天向潜在受许人提供合同文本，将是对规则的违反，无论使用哪一种信息披露格式；

（6）如果特许人不能按照承诺向受许人返还费用也将是对规则的违反，无论特许人使用哪一种信息披露格式。

（五）违反规则的法律责任

1. FTC 诉讼

违反规则规定的特许人、特许经纪人、其高管人员和代理人，将可能承担由 FTC 提起的诉讼引起的严重后果。规则为联邦贸易委员会提供了广泛的救济手段:

(1) 救济措施

禁令。可以采取临时性或永久性的禁令。对于违反条例规定的行为以及在提供、销售特许经营中的错误表述行为，有关案件通常都会寻求并最终获得禁令保护。

资产冻结。在相关的案件中，法院实施了初步的资产冻结措施。冻结的资产既可以包括公司资产，也可以包括个人资产，其中包括主要高管和董事的不动产，也包括动产。

民事罚款。对每次违反规则的行为，给予一定额度的罚款。

经济赔偿。联邦贸易委员会可以代表经济上受害的投资者提出经济赔偿。

其他补救措施。如解除合同，或修改合同，返还财产，对违法行为进行公告等。

(2) 个人责任

规划、指导以及控制特许人行动的个人对于以特许人名义实施的违法行为，也可能与特许人一起承担相应责任，并可能受到民事罚款以及经济赔偿等处罚。

(3) 其他人的责任

特许人及其关键管理人员和经理对于其代理人的违法行为也要承担责任，包括独立特许经营经纪人、分特许人以及特许人的销售人员。

2. 私人诉讼

法庭裁定，不能由私人诉讼来实施 FTC 特许经营规则。虽然在规则颁布时，联邦贸易委员会曾表示允许对违反规则的行为在法庭提起私人诉讼。但时至今日，还没有联邦法庭允许这种做法。1979 年，美国联邦政府开始通过联邦贸易委员会管理特许经营。特许经营的联邦法规(通常称为“联邦贸易委员会规则”或“联邦贸易委员会披露规则”)并不要求特许人登记其特许经营，或者甚至允许受害的被特许人提起私权诉讼。立法者认为特许经营关系里的当事人双方在交易能力方面存在不容置疑的差异，为了平衡两者的差异，给予作为弱者的被特许人一点(私权)保护是必要的。这实际上正是反映了遵从美国《宪法》对公民平等保护的立法精神。联邦贸易委员会规则仅要求向潜在的被特许人进行预售披露，并不调整已发生的特许关系。后者由州法调整。如佛罗里达州的成文法规定，在有关汽车特许经营协议的行政诉讼中，被特许人胜诉后可追索合理的律师费和诉讼成本，但该法没有赋予在上述行政诉讼中可能胜诉的机动车生产商(特许人)相同的权利。

不同的是，实施了特许经营登记和/或信息披露法律的15个州都允许对违反本州法律的行为提起私人诉讼。而一些州的法院也认为，各州的欺诈行为法(也称小FTC条例,little FTC Acts)允许对违反法规的行为提起私人诉讼。

三、欧洲特许经营立法概况

(一) 法国特许经营法律

法国的特许经营法(The Doubin Act)自1991年起生效。该法与有关的实施条例一起，适用于包括特许经营在内的商业关系。该法要求特许人在销售特许经营之前向潜在受许人披露信息。该法的全称为《关于商业与手工业企业发展及其经济、法律和社会环境改善的第89-1008号法律》，其中第一条就是关于特许经营的，因此这部法律并不是关于特许经营的专门立法，而只是涵盖了特许经营。

该法将特许经营定义为“通过协议将商标、商号或其他商业标志授权给受许人，受许人承诺以独占或排他的方式进行经营”。

该法要求特许人在受许人付款或签订特许经营合同的至少20天前，向潜在受许人提供披露文件和将要签订的特许经营合同。

(二) 俄罗斯特许经营法律

俄罗斯于1996年制订了特许经营法律并作为民法典的一部分，法律要求特许经营合同在政府部门进行登记，并对特许经营关系的有关方面做出了规定。俄罗斯特许经营法对特许经营的定义是：特许经营是一种商业特许权合同，在合同中应规定：一方(特许人)承诺授权给另一方(受许人)在一个特定或非特定的期限内在企业经营中使用一系列特许人所有的独占性权利，包括使用权利方的商号和/或商业标志的权利、使用保密的商业信息的权利，以及合同中规定的其他独占性权利——商标、服务商标等，特许人为此获得一定的收入；且受许人在指定或非指定的区域内，在限定的企业经营活动中以一定方式使用特许人的一系列独占性权利、商业信誉以及商业技术，企业经营活动包括销售权利方提供的或使用方制造的产品，进行其他商业活动，提供服务等。

俄罗斯特许经营要求特许经营合同采用书面形式，并且在政府部门进行登记。

该法的主要内容是调整特许经营双方的关系，主要涉及：受许人进行分特许的权利；特许经营双方在特许经营合同项下的义务，包括对合同权利的限制；受许人的续约权；特许经营合同的终止；消费者投诉的责任承担；特许经营合同的转让；商号和商标权利的丧失；特许经营合同终止后双方的义务等。

如果特许经营合同不遵守登记要求，将被视为无效。

（三）西班牙特许经营法律

根据1990年12月13日的一项皇家法令，西班牙设立了特许人中央登记官制度。尽管不是专门调整特许经营的法律，但于1996年通过的西班牙《零售贸易法》还是明确地包含特许经营，要求特许人登记并进行信息披露。

从1999年11月26日起，外国特许人将被要求对特许经营销售和续约行为进行登记，并且在特许经营销售前进行信息披露，包括特许人的信息、商标信息、特许业务信息以及在西班牙的主受许人的名称等。

《零售贸易法》认为特许经营是一种协议关系，通过这种协议，特许人赋予受许人对某个系统中的产品或服务进行营销的权利。

根据《零售贸易法》的要求，在潜在受许人签订特许经营合同或支付任何款项的至少20天前，特许人必须向潜在受许人提供书面的信息披露文件。

披露的标准是：特许人应披露所有关于特许经营体系的信息，以便受许人能够在获得足够信息的基础上自由决定是否加盟特许经营体系。

尽管某些特殊的披露要求正在不断地提出，特许人至少应该披露以下信息：特许业务的描述、特许经营体系状况、特许经营系统的性质、特许经营合同的主要条款等。西班牙的法律没有规定违法行为的救济措施。

四、大洋洲特许经营法律介绍

大洋洲有两个主要国家：澳大利亚和新西兰。澳大利亚有专门的特许经营法律，而新西兰没有。

澳大利亚联邦贸易实践法（TPA）是一项关于贸易实践和反托拉斯事项的法律，总体上类似于美国的联邦贸易委员会法（FTC Act）。该法仅适用于公司和非公司之间的州际贸易和商务活动。1993年，澳大利亚制定出一个自律性的行业指导——《特许经营行为准则》，1998年代之以《贸易行为（行业准则——特许经营）条例》。《条例》为特许经营的基本法律，其主要内容包括信息披露制度、等待期制度、规范特许关系的制度、争端解决机制。TPA于1998年4月进行了修正，根据该修正法案，一部直接调整澳大利亚特许经营行业的强制性特许经营行为准则（Franchising code of conduct，以下简称行为准则）被补充进TPA当中，并具有法律效力。

该行为准则于1998年7月1日起生效，且适用于1998年10月1日以后在澳大利亚境内的特许经营销售活动以及签订的特许经营合同或续约，但不适用于一次性的特许经营销售活动。

该行为准则有四个基本任务：

（1）为特许经营合同签订和续约建立最低的信息披露标准；

（2）鼓励采用多种手段解决特许人和受许人之间的纠纷；

（3）禁止某种特定的行为；

（4）要求对收益声明提供可靠的依据。

该行为准则将特许经营定义为任何一种口头、书面或推定的协议，在此协议下：一方（特许人）授权另一方（受许人）在特许人或其关联方完全决定、控制或推荐的系统或营销计划下，在澳大利亚境内开展商品或服务的销售、供应和分销业务；且受许人的经营活动完全或主要使用特许人或其关联方拥有、使用、许可或指定的商标、广告或其他商业标志进行；且在开展经营活动之前或过程中，受许人必须向特许人或其关联方支付或同意支付费用，如加盟费、购买商品或服务的费用、特许权使用费、培训费等。

五、亚洲特许经营法律介绍

（一）日本特许经营法律

1973 年《中小零售商业促进法》规定了一般的信息披露义务。该法不是专为特许经营制定的法律，只是包含了两条特许经营相关条款。这两条也仅仅适用于零售特许，其他方面的特许经营则不在其适用范围之内。

该法规定，特许人应该在签订加盟合同前向加盟申请人提供信息披露文件，并对披露的信息做出解释。这些披露信息包括：

（1）关于加盟费、保证金或其他任何费用的信息；

（2）向受许人销售产品的条件的信息；

（3）对经营给予支持的信息；

（4）关于许可使用的商标、商号或其他任何标志的信息；

（5）关于合同条款以及续约、终止的信息；

（6）经济、贸易和产业部部长令中规定的其他信息。

此外，实施该法的部长令对信息披露的细节进行了详细规定。部长令规定，该法所指的“经济、贸易和产业部部长令中规定的其他信息”包括特许人的基本登记状况、特许人过去三年中的资产负债表、损益表、特许人从事特许业务的时间、特许人过去五年内关于特许经营合同的诉讼情况等 17 类信息。同时，部长令还对该法中的其他五类信息披露事项进行了细化，如所谓“向受许人销售产品的条件的信息”是指由特许人或其指定的第三方向受许人销售的商品种类，以及销售商品所发生成本的处理方法等。

（二）马来西亚特许经营法律

1998 年 12 月，马来西亚颁布了《特许经营法》。该法适用于马来西亚境内所有的特许经营销售活动以及境外销售但在境内开展的特许经营活动。

该法规定了特许经营登记、信息披露和某些强制性合同条款。禁止特许人对受许人区别对待，规定必须将促销费用单独放入审计账户，必须签订五年以上的特许经营合同。该法同时规定了特许经营合同解除、不续约时的程序和条件。只有存在正当理由且进行通知并给予受许人补救机会后才能解除合同。

目前，各国有关特许经营立法的建议包括三个主要的变化：将现有法律适用范围扩大到服务领域，比如饮食服务业；扩大特许经营销售前信息披露的范围；增加特许经营关系条款等。

阅 读 资 料

在采用区域开发协议的情况下，开发者被授权在指定地区按预先拟定的计划，开办多家特许店。开发者每开一个特许店都要和特许者签订一系列单个协议，要在特许者和开发者之间一一签订。依据单个特许协议，开发者是与其他被特许者具有相同权利、义务的普通被特许者。最近在国家特许中仍不常见的开发协议，目前在离特许者所在国较远的国家地位正变得越来越突出。在国家特许经营中，此种合同存在许多国内特许中不一定存在的问题，包括建立网络所需大量资金。要想按照预先计划开办多个特许店，开发者必须有雄厚财力。如果操作不理想，那么对特许者或另外想接收的开发者来说，接管该网络是非常昂贵的。不现实的开发计划也可能导致问题，虽然这并不仅是国家特许经营或确切地说是区域开发协议中所特有的问题。

第二节　特许经营信息披露示范法

国际统一私法协会于 2002 年 9 月通过了《特许经营信息披露示范法》(以下简称示范法)。协会认为，虽然信息披露对于现代立法来说是一个相对个性化的命题，但足够的信息披露是潜在受许人对特许经营体系投资能否做出慎重的、深思熟虑决定的关键因素。大多数提交诉讼或仲裁的特许经营纠纷都包含信息披露不充足或不准确的问题。因此，信息披露是特许经营关系的核心环节。

同时，负责起草示范法的特许经营研究小组得出结论，制定了特许经营关系法的国家的经历表明，这些法律的适用效果通常是消极的，而制定了特许经营信息披露法的国家的经历表明，从总体上这些法律的适用效果是积极的。此外，根据特许人提供给潜在受许人的有关信息就可以达成特许经营合同，且不同国家对于信息披露的要求能够达成一定程度的统一的事实，以及考虑到特许经营领域中各种关系的复杂性使得为特许经营关系设计一个统一的标准所带来的诸多问题，研究小组认为在国际立法层面涉及的主要问题应该是特许经营信息披露，而不是特许经营关系。

一、示范法的起源

示范法的制定起源于1985年国际统一私法协会管理委员会的加拿大委员提出的建议。为此，特许经营研究小组于1993年成立，于2000年完成了示范法及其说明报告的草稿，经过几易其稿，最终示范法于2002年通过。示范法不但规定了信息披露的内容问题，也规定了披露的形式、模板和披露确认问题。示范法是为了给那些决定制定特许经营专门法律的国家的立法者提供灵感，并为他们提供可资借鉴和使用的模板。正因为是示范法，所以它并没有法律约束力。在准备借鉴示范法时，各国的立法者应考虑到某些披露要求可能会妨碍外国投资者进入本国市场。因此，立法者在决定是否采纳某项特殊的披露要求时，应该权衡特许人和受许人的利益关系。如强制采用特别的会计标准会抑制特许人的扩张。

之所以采用示范法的形式而不采用国际公约的形式，是因为示范法比国际公约灵活得多。国际公约多多少少会成为缔约国国内法的一部分，除了可能对某些特殊条款的保留以外，改变内容的可能性很小。因此，为防止受到过多限制，某些国家可能不愿意加入国际公约，而只是参考并采纳其中的一些规定，实际上将国际公约当成了示范法使用。采用示范法的形式，既允许有关国家对某些条款做出变化以适应本国的特殊需要，同时也使起草示范法的专家能够将解决某些特殊问题的最适合的方法写入示范法的条款中。当然，示范法的过于灵活也造成了不一致的弱点，不同国家所采纳的条款可能各不相同。

二、示范法条款简介

（一）适用范围

示范法只限于规范合同签订前的信息披露问题，不涉及特许双方的关系，也未规定合同终止的后果问题。示范法规范国内和国际的特许经营关系，并适用于各种类型的特许经营合同，如传统的单店合同、主特许经营合同以及开发合同，甚至包括未来出现的新型的特许经营模式。

示范法未要求受许人进行信息披露，仅仅要求特许人进行信息披露。原因是特许人具有丰富的经验和雄厚的实力，能够聘请法律顾问为其提供帮助，没有必要为特许人提供与受许人相同的保护。此外，与其他商人相同的是，特许人要求潜在受许人提供必要信息是一个普遍的商业惯例。特许人自然要评估潜在受许人的能力、可靠性以及财务状况，以决定是否授权他们以自己的商号开展特许业务。

（二）定义

示范法规范的是经营模式型特许经营，而不是以商品的制造和基于专利、专有技术和商标许可的制造许可为内容的工业特许经营，不是有关商品销售的分销特许经营，也不是提供服务的服务特许经营。

特许权的定义显示，特许经营体系必须包含专有技术和支持两个要素，考虑到国家间所存在的区别，该定义没有明确专有技术和支持的性质和数量。各国立法者因此会考虑确认没有专有技术或没有支持的体系是否构成特许经营，如果他们认为这样的体系应该受本法约束，也许会将特许经营的定义修改为“包含专有技术或支持”而不是“包含专有技术和支持”。

阅读资料

虽然在国家特许经营中，有时会适合采用区域代表协议，但必须强调的是它们并不是特许协议，而更多的是具有代理协议或商务代表协议的性质。这种协议的典型情况是特许者授权第三方，即区域代表在一定的专属区域内，吸引未来的被特许者，并代表特许者向已有的被特许者提供某些具体服务，通常既帮助特许店的建立，也帮助其后续运行。

区域代表方式有时被认为是区域总特许的变种，在这种做法中，区域代表可获得与区域总特许同样利益，同时又可避免相关问题。需要注意的是，由于区域代表通常不像分特许者那样进行投资，也不像区域特许中的分特许人那样积累商誉，因此特许者不应指望区域代表具有与分特许者相同的品质。区域代表的做法不是作为区域总特许的一个代替物，而是与直接特许经营联合使用在这种联合中不是区域代表，而是特许者与被特许者存在直接合同关系。区域代表仅仅是搜寻潜在被特许者，会见他们并就其是否合适向特许者提出建议。区域代表可承担一些特许者的监督职能。

（三）披露文件的交付

示范法规定的14天的披露日期，是就某些国家立法规定的20天和7天(或5天)的折中。14天的规定给了受许人足够的时间去检查文件并获得专家建议。两个时间点引发了特许人的披露义务：潜在受许人签订与获得特许权有关的任何协议(但不包括关于特许人已经或即将披露给受许人的信息的保密协议)时，以及潜在受许人向特许人或其关联方支付与特许权有关的任何费用时。然而，“与特许权有关的任何费用”不应该包括潜在受许人对特许人的某些实际支出给予的补偿，如在讨论特许经营体系或者销售特许权过程中，特许人对潜在受许人进行初步访问或召开预备会议时产生的支出；又如特许人对潜在受许人准备开展业务所在的市场进行尽职调查、市场或法律研究所发生的费用。示范法同时要求，特许经营合同必须附在信息披露文件之后，通常作为文件的附件而提交给潜在受许人。

（四）信息披露模版

示范法要求以书面形式进行信息披露。因为潜在受许人需要比较容易地对披露文件进行检查和评估，口头的披露信息将使他们很难做到这一点。还有，特许双方都需要提供信息披露的证据，而这些证据只有通过书面形式才能存在。当然，书面形式并不单单是指纸面形式。联合国国际贸易法委员会电子商务示范法第6条第(1)项规定，如果数据形式的信息能够解读并被使用，也符合示范法规定的书面要求。所谓“数据形式的信息”，是指通过电子、光学或类似的手段而产生、传送、接收或储存的信息，包括但不限于电子数据交换、电子邮件、电报、电传或传真等。是否接受电子文件为书面形式，各国可能有不同的做法，《中华人民共和国合同法》以及2005年4月1日起实施的《中华人民共和国电子签名法》为我国采用数据电文形式进行信息披露提供了法律依据。

（五）披露义务的免除

如果潜在受许人曾经是特许人的高级主管或董事，或者是特许人的关联方，他们应该拥有有关特许权的相关信息，因此可以免除特许人的信息披露义务。在特许权转让时特许人可以免除信息披露义务的三个前提条件是：第一，特许权的受让方授予转让方相同条款的约束，也就是说，特许经营合同只是变更了受许人名称而没有其他变化。此时，转让特许权的受许人应该将有关材料和情况都转交给了新的受许人，包括在加盟初期所获得的信息。第二，特许人不能参与此次转让，而仅是批准转让。如果特许人没有参与，受让人就不会受到特许人陈述的引诱。假设特许人对受让人做出了新的陈述，则此次转让则相当于对特许权进行了一次新的销售，从而引发特许人的披露义务。第三，如果需要大额投资的特许经营授权总是要进行大量的谈判，可以预料这些投资人并不需要信息披露法的保护，因此可以免除特许人的信息披露义务。而具有雄厚经济实力的受许人也会因有足够的世故和商业经验而不需要示范法的保护，因此同样可免除特许人的信息披露义务。

（六）披露的信息

需要披露的信息可以分为两大类：第一类是指那些披露文件必须包含的信息；第二类是指披露文件应该包含，但如果特许经营合同有详细规定时就可以省略的信息。示范法本条第三款还规定，在分特许经营中，分特许人不但应向分受许人提供其自身的信息，还必须提供其收到的与特许人有关的信息。

（七）收到披露文件的确认

提供信息披露文件是为了使潜在受许人根据披露信息进行有依据的决策以决定是否加入特许经营。因此，信息披露文件所包含的信息是相当重要的。此外，在特许人不披露信息、信息披露文件包含误导性陈述、对重要事实有遗漏时，示范法第八条规定，允许受许人解除特许经营合同或要求赔偿。因此，能够证明潜在受许人收到了信息披露文件对特许人是相当重要的。正因如此，示范法本条规定，在特许人提出要求时，潜在受许人应该以书面形式确认收到了

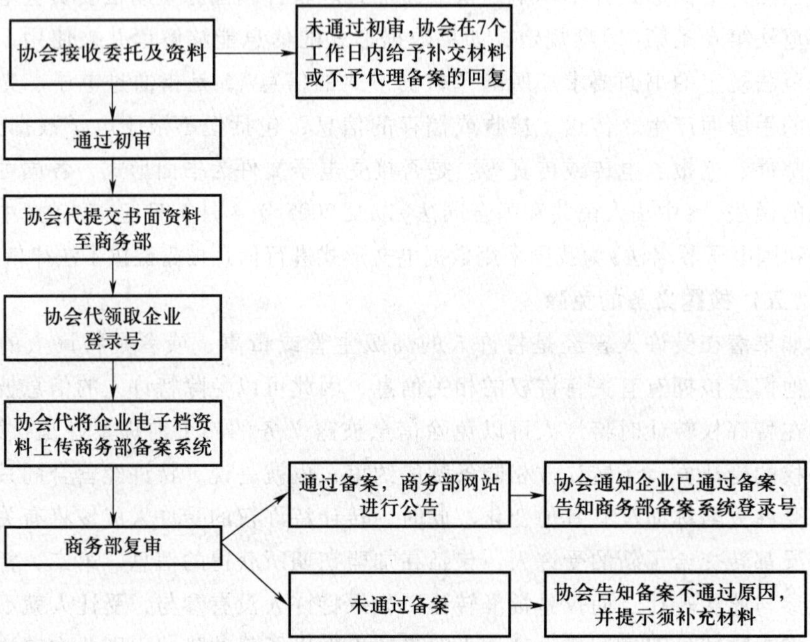

图8－1　特许经营信息披露示范法流程

信息披露文件。当然，各国的立法者可以自己考虑是否将本条要求作为强制性规定。示范法之所以做出强制性规定，既是为了提示潜在受许人注意信息披露文件的重要性，也是为了保证特许人真正向潜在受许人提供所需的信息。

（八）违约补救问题

对于特许人不遵守信息披露的规定所引起的法律后果，示范法主要规定了两点，即解除合同和要求赔偿。同时示范法还规定，本条内容不影响受许人根据相应的法律所获得的其他权利，如图 8－1 所示。

第三节 国际特许经营法律的发展

一、欧洲统一立法的进展

（一）基本背景

欧洲仅有少数几个国家制定了专门的特许经营法律，特许经营更多的是由普通民法、商法和社会法等进行规范。西班牙和法国等个别国家制定了信息披露方面的法律，要求特许人在签订特许经营合同之前向潜在受许人披露信息。

作为公开和竞争性统一市场的监护者，欧盟委员会通过了两部关于竞争法的实施条例，规定了包含垂直限制内容的合同条款的有效条件问题。特许经营合同大都包含此类垂直限制条款，因此通常要受到这两部条例的约束。这两部条例是由关于竞争问题的常设董事会起草，并由相关的部长理事会投票通过的。它们分别是 1999 年 12 月 22 日通过的《关于对某些种类的垂直协议及协同行为适用条约第 81 条第(3)款的第 2790/1999 号欧共体条例》（以下简称欧共体条例），以及该条例的指南，即《关于垂直限制的指南》(以下简称指南)。为更好地理解上述条例，以下的欧盟公告也是需要了解的，它们是：《关于共同体竞争法规定的相关市场的解释的欧盟公告》以及《关于非主要合同的欧盟公告》。

欧共体条例中的所谓条约是指欧共体条约(The Application of Article EC)，该条约第 81 条第(1)款规定了因限制竞争而被禁止的几种行为。特许经营合同很容易落入上述条款的管辖而经常被法院认定为无效，从而大大限制了特许经营在欧洲的发展。1988 年由欧共体委员会制定的第 4087/1988 号欧洲经济共同体条例规定某些特许经营可以适用欧共体条约第 81 条第(3)款的集体豁免，从而首次在立法上肯定了特许经营的合法地位。第 4087/1988 号欧洲经济共同体条例于 1999 年终止，并被欧共体条例所取代。欧共体条例同样规定了某些垂直限制合同及协同行为可以适用集体豁免，当然也包括特许经营的集体豁免问题，因此又被称为集体豁免条例。所谓的集体豁免，即符合法定条件的某些限制竞争的合同或行为豁免受到反竞争法的约束，并被法律认为是有效和可行的。

（二）欧共体条例简介

欧共体条例包括了序言与13项条款，其中第2条为条例的核心条款，规定了适用集体豁免的几种情况，以及不适用集体豁免的几项例外。第2条第(1)款规定，根据欧共体条约第81条第(3)款以及本规则的规定，条约第81条第(1)款不适用于如下两个或两个以上企业之间签订的合同或协同行为，即这些企业签订合同式协同行为的目的是在生产或分销链上的不同层级进行经营，并且在规定的条件下购买、销售或转售相应的产品或服务。这类合同被称为垂直合同。这项豁免规定同样适用于包含第81条第(1)款规定的限制竞争情形的合同。这种对竞争的限制被称为垂直限制。条例第2条第(3)款与特许经营合同直接相关，该款规定，条例第81条第(1)款规定的集体豁免适用于包含这样一些条款的垂直协议，这些条款涉及向买方转让或许可使用知识产权，且该条款不构成合同的主要目的，并直接与买方或其消费者使用、销售或转售的产品或服务有关。同时，该集体豁免适用的条件为，对于合同规定的产品或服务，这些条款不包含与本条例规定不能豁免的垂直限制有相同目的或效果的限制竞争的规定。

条例第3条规定了适用集体豁免的市场份额限制，即当供应商或买方在相关市场的份额不超过30%时，才能适用集体豁免，否则就不能适用。条例第4条规定了不适用集体豁免的带有几种限制性条款的垂直合同，与特许经营关系紧密的是(a)项和(b)项的规定。(a)项是指对卖方销售价格决定能力的限制；(b)项是指对卖方销售产品或服务的区域的限制，以及对卖方销售客户的限制。条例第5条规定了对于垂直协议中某些义务条款不能适用集体豁免，包括：(a)任何直接或间接的不竞争义务，如果该义务是不定期的或超过五年，一项可以自动延期到五年以上的不竞争义务视为是不定期。但是，如果买方在卖方所有的或从与卖方无关的第三方租赁的场所销售产品或服务，且不竞争义务的期间不超过买方占用该场所及土地的时间，则不适用五年时间的限制。(b)任何直接或间接要求买方在合同终止后不能制造、购买、销售或转售产品或服务的义务，除非这些义务：事关与合同规定的产品或服务相竞争的产品或服务，且只限于买方在合同期间内经营所占用的场所及土地，且为保护卖方提供给买方的专有技术所必不可少，同时，该不竞争义务的期间限于合同终止后的一年。本项义务不影响对尚未进入公知领域的专有技术的使用和保密所做的没有期限的限制。(c)任何直接或间接导致选择性分销体系中的成员不能销售特定的竞争供应商的品牌产品的义务。

条例第 6 条、第 7 条分别规定了欧盟委员会及其成员国有权撤销对不符合第 81 条第(3)款规定的某些垂直协议的豁免。其他条款涉及一些名词和概念的解释，以及本条例的效力期间等问题。

欧共体条例并未直接规定特许经营合同及其集体豁免的问题，但条例中所规定的垂直限制和垂直协议实际上包含了特许经营这种经营模式，符合条件的特许经营合同直接受到该条例的约束。这一点在指南中得到了体现，指南明确规定了特许经营合同适用集体豁免的有关问题。

(三) 指南简介

指南是对欧共体条例各条款含义及具体应用的详细阐述，因内容较多，只简单介绍其中关于特许经营的直接规定。

指南规定，以下与知识产权有关的义务通常被认为对保护特许人的知识产权确有必要，如果它们在第 81 条第(1)款的范围之内，将根据集体豁免条例而获得集体豁免：(a)受许人不直接或间接从事相同业务的义务；(b)受许人不在竞争性企业中获得股份利益从而使受许人获得影响该企业经济行为的权利的义务；(c)受许人不向第三方披露特许人提供的未公开的专有技术的义务；(d)受许人向特许人提供在开展特许经营过程中获得的任何经验并向特许人和其他受许人授权实施从该经验中提炼的专有技术的非独占许可的义务；(e)受许人向特许人通知对许可使用的知识产权的侵权、对侵权人采取法律行动或帮助特许人对侵权人采取法律行动的义务；(f)受许人不为特许经营以外的目的使用特许人许可使用的专有技术的义务；(g)未经过特许人同意，受许人不能转让特许经营合同中的权利和义务的义务。

指南规定，如果垂直协议既提供货物，也包含帮助买方营销货物的知识产权条款的话(比如使用供应商的商标条款)，供应商在其所提供的货物上的市场份额对于是否适用集体豁免条例是有决定性意义的。在特许人不提供货物转售但提供与知识产权相结合的一系列服务，且知识产权与服务共同构成了特许经营的商业模式的场合，特许人需要考虑作为商业模式的提供者所占有的市场份额。

以此为目的，特许人需要计算在使用其商业模式的地方他所占有的市场份额，也就是受许人使用该商业模式向终端消费者提供货物或服务的那个市场上的市场份额。特许人必须基于受许人在市场上提供的货物或服务的价值来计算市场份额。在这个市场上，竞争者也许是其他商业模式的提供者，也许是未开展特许经营的替代性货物或服务的提供者。比如，在一个快餐服务市场，在市场上经营的特许人需要根据受许人在该市场上的相关销售数据计算他的市场份额。如果特许人在商业模式之外还提供某些物资，如肉类和调味品，特许人也需要计算在这些货物市场上的市场份额。

指南第六章专门对垂直限制之中的特许经营进行了详细介绍。指南认为，特许经营合同包含了知识产权的许可，尤其是与产品或服务的使用和分销有关的商标、标志和专有技术的许可。此外，特许人通常在合同期间内向受许人提供商业或技术支持。知识产权的许可和各项支持是特许经营商业模式不可缺少的内容。特许人通常收取受许人为使用特殊的商业模式而支付的特许费。特许经营可以使特许人以有限的投资建立一个统一的网络来分销其产品。除了提供商业模式之外，特许经营合同经常包含关于分销产品的各种垂直限制，如选择性分销、不竞争和独家分销等形式。

关于特许经营合同中对货物和服务的销售、购买和转售的垂直限制，如选择性分销、不竞争或独家分销，集体豁免条例(即欧共体条例)适用于特许人或特许人指定的供应商占有的市场份额不超过30%的情形。前面关于这些垂直限制的规定同样适用于特许经营，并可以得出以下几项特殊的结论：(1)根据指南通用规则第8条的规定，专有技术授权越重要，垂直限制越容易符合集体豁免的条件；(2)当对维护特许经营体系的一致性和声誉确有必要时，关于受许人购买的货物或服务的不竞争义务不受欧共体条例(The Application of Article EC)第81条第(1)款的约束。在此种情况下，只要不超过特许经营合同本身的期限，不竞争义务的期限也就不受第81条第(1)款的约束。

举例来说，一位生产商开发了一种在快乐店铺销售糖果的新模式，而且可以根据顾客的需要在糖果上点上特别的颜色。这位生产商也制造了给糖果着色的机器。该生产商也生产彩色的液态糖浆。液态糖浆的质量和新鲜度对于生产高质量的糖果是至关重要的。

该生产商通过自己的使用同一商号和统一的快乐店铺标志的大量零售网点销售糖果，并取得了成功。为扩大销售，该生产商开始拓展特许经营体系。受许人有义务从特许人处购买糖果、液体糖浆和着色机器，使用统一的标志，并在同一个商号下经营，支付特许费，缴纳共同广告费用，并对特许人提供的操作手册进行保密。

此外，受许人只能在特许人同意的经营场所销售产品，只能向最终消费者或其他受许人销售产品，且不能销售其他糖果。特许人不能在合同规定的区域内再授权其他受许人，也不能自己经营零售店。特许人还有义务更新和开发新的产品、操作手册，并将这些改进提供给受许人。特许经营合同的期限为10年。

糖果零售商在全国性市场上从适合国民口味的国内生产者或者从进口国外产品的批发商那里购买糖果。在这个市场上，特许人的产品与其他品牌的糖果竞争。特许人在销售给零售商的糖果市场上占有30%的市场份额。竞争来自于众多的国内和国际品牌，某些品牌有时来自于进行多种经营的大的食品公司。有许多潜在的销售糖果的地点，比如香烟店、普通食品零售店、自助餐厅以及糖果专卖店等。

在着色机器的市场上，特许人的市场份额低于10%。特许经营合同中的大部分义务可以认定为对保护知识产权或保持特许经营体系的一致性和信誉确有必要，因此不适用于欧盟条约第81条第(1)款的规定。关于销售的限制激励了受许人投资于着色机器和特许概念，即使不是必需的，至少有助于保持体系的统一性，因此抵消了品牌内竞争的损失。在特许经营合同期限内排除在店内销售其他糖果的不竞争条款，也使得特许人能够保持特许网点的一致性，防止竞争者从其商号中获益。考虑到其他糖果的生产商有大量的潜在经营网点成为客户，以上限制并没有导致任何严重的排斥。特许人的特许经营合同很可能满足欧共体条约第81条第(3)款规定的集体豁免的条件，除非包含的义务落入第81条第(1)款规定的范围之内。

二、美国特许经营法律的发展

从特许业发展的历史来看，尽管特许经营是市场经济的产物，但发展到一定阶段，就必然地需要法律的规范与保护，需要国家干预这一有形之手来建立正常、有序的市场秩序，以促进特许业的进一步发展。1979年，美国联邦政府正式立法，颁布了《联邦贸易委员会法规》(*Federal Trade Commissions Rule*)规定所有的特许组织必须发行全国性的公开说明书，交付于可能的加盟投资者，同时也维护了合法正派的特许经营者。特许经营最早起源于美国，1851年Singer缝纫机公司为了拓展其缝纫机业务，开始授予缝纫机的经销权，在美国各地设置加盟店，撰写了第一份标准的特许经营合同书，在业界被公认为是现代意义上的商业特许经营起源。

在联邦立法层面，目前只有关于汽车和石油行业的特许经营关系法。在1956年的《汽车零售商出庭日法案》中，汽车特许经营零售商可以在联邦地方法院对汽车制造商提起诉讼，以补偿因制造商未能诚实地履行如下义务造成的损失：(1)履行合同规定的条款；(2)终止、取消，或未续约。1978年《石油销售行为法》规定，从事汽车油料销售和分销的特许人在合同期间不能终止特许合同，除非终止或不续约是基于法律的明确规定。该法要求必须提前 90 天给予关于终止或不续约的通知，除非在某种情况下，这个要求是不合理的。该法同时规定受许人在特许人违反该法规定时可以在联邦地方法院提起诉讼。两部法律的立法史说明，需要法律来弥补特许人和受许人之间权利的不平衡。

三、我国特许经营法律的发展

我国特许经营自 20 世纪 80 年代以来，出现繁荣的景象。特许经营产生与发展的历史，说明法律规制其经营主体的必要性。

（一）宏观特许经营法律的形成过程

2004 年商务部针对我国特许经营的现状，为了保障特许业健康、有序的发展，颁布了《商业特许经营管理办法》。这项法规的意义重大，各方期望在条件成熟时，应进而成为《特许经营管理条例》或《特许经营管理法》，以此来提高其法律地位。因为特许经营被认为是特许连锁，它是连锁店的一种组织形式，与公司连锁、特许经营自由连锁并列为连锁的三种类型。在我国，商务部 2004 年第 25 号颁布的《商业特许经营管理办法》第二条定义为：商业特许经营是指通过签订合同，特许经营特许人将有权授予他人使用的商标、商号、经营模式等经营资源，授予被特许人使用，被特许人按照合同约定在统一经营体系下从事经营活动，并向特许人支付特许经营费。

特许经营是 21 世纪主流的商业经营模式，作为一种经营方法，它可以向任何行业领域扩张。2007 年 5 月 1 日，《商业特许经营管理条例》开始实施。条例更新了之前的法律条款，使国际特许加盟商进入中国市场更加便利。条例还说明中国政府支持特许经营发展的意向。而且，它还规定了特许经营谈判的专门条款，比如，特许申请表和信息披露条款。

国际特许协议实际上都不会是单纯的知识产权许可或技术转让问题。外国企业与中国企业、经济组织或个人签订特许协议目的无非是要销售特许权，从而获得特许经营费用。对于外国企业在中国内地从事特许经营活动，中国是否历来就没有法律规定呢？回答是否定的。

首先，根据中国政府加入 WTO 的承诺，包括但不限于商业特许经营的商业流通领域自 2004 年 12 月 11 日起对外国投资人全面开放。为此，我国在 2001 年 4 月 12 日对《中华人民共和国外资企业法实施细则》进行了修改，并且在 2002 年 2 月 11 日颁布了第 346 号国务院令《指导外商投资方向规定》和《外商投资产业指导目录》及其附件。所以，在 2002 年 2 月以后，我国关于外资市场准入的法律、行政法规等已经明示，对于外国投资人(外国公司、企业和其他经济组织或者个人)而言，中国内地的商业特许经营市场是封闭的，即特许经营属于《指导外商投资方向规定》第6条定义的“属于国家逐步开放的产业的，法律、行政法规规定的其他情形”的领域。在2004年12月11日前，中国内地特许经营市场对外国公司、企业和其他经济组织或者个人是否开放，取决于另外的根据法律、行政法规等相关上位法制定的专门行政规章的特别规定。

其次，自2004年6月1日起施行的《外商投资商业领域管理办法》第3条明确规定，关于佣金代理、批发、零售、特许经营等商业领域，自“2004年12月11日起，允许设立外资商业企业”（参见该办法第21条）。但是，外国公司、企业和其他经济组织或者个人必须通过在中国境内设立的外商投资企业从事特许经营。由此可见，即使商业特许经营市场对外商开发后，对于外商从事特许经营的方式仍有着特别的限制性规定。

综上所述，在2002年2月《指导外商投资方向规定》和《外商投资产业指导目录》颁布施行后，中国法律、行政法规以及根据上位法制定的行政规章《外商投资商业领域管理办法》，已明确规定在2004年12月11日前，外国公司、企业和其他经济组织或者个人不得在中国内地直接从事特许经营活动。在2004年1月1日以后，香港的服务提供者可以在遵守国家有关特许经营的法律、行政规章的前提下，以独资形式在内地从事特许经营。在2004年12月11日以后，外国公司、企业和其他经济组织或者个人必须通过在中国境内设立的外商投资企业从事特许经营。

（二）区域性特许经营法律的完善过程

随着特许经营在我国的快速发展，因特许经营主体间利益问题而导致的经营纠纷时有发生。2008年至2011年间，仅北京市各级法院受理的特许经营案件就增长了近五倍。北京市法院在审理这一新类型案件时不断摸索、尝试、总结，力图为特许经营事业的健康发展保驾护航。

北京作为中国特许经营企业的重要集聚地，制定和实施特许经营相关法律对全国企业具有引领和指导作用。2011年2月，北京市高级人民法院向所辖各级法院印发了《北京市高级人民法院关于审理商业特许经营合同纠纷案件适用法律若干问题的指导意见》(以下简称《指导意见》)，开创了特许经营司法审判创新的先河。

《指导意见》是在缜密调研的基础上，并依据《民法通则》、《合同法》和《商业特许经营管理条例》(以下简称《条例》)而制定，针对北京市各级法院在审判实践中遇到的问题，以求统一审判尺度和裁判标准。尽管这是由法院系统内部掌握执行的“尺度”和“标准”，但作为特许经营的参与者应当对其有基本的了解，以便在获取法律救济时更为主动、有效。

由于目前我国还没有一部通过立法程序完成的《商业特许经营法》，作为行政法规的《条例》虽是《指导意见》的依据，但《指导意见》并不是对《条例》的简单解释，其中更出现了一些对法律规范认识的扩展和突破。

1. 明确了特许经营资源的内涵

《指导意见》对“经营资源”做了详细阐述，明确了“经营资源既包括注册商标、企业标志、专利，也包括字号、商业秘密、具有独特风格的整体营业形象，以及在先使用并具有一定影响的未注册商标等能够形成某种市场竞争优势的经营资源。”这里需要注意的是，并不是任何不注册商标都可以成为经营资源，它必须具备在先使用、有一定影响、能够形成某种市场竞争优势这三个条件，而且，这还需要凭法官的判断裁量。因此，注册商标仍是毫无争议的经营资源。

2. 对备案时限及效力给予明确规定

《指导意见》在明确“特许人应当自首次订立特许经营合同之日起 15 日内依法向商务主管部门备案”的同时，还规定了“特许人未及时向商务主管部门备案的，一般不影响特许经营合同的效力”。这意味着，在一般情况下，法院只根据特许经营合同双方当事人是否自愿真实缔约为合同成立的条件，而不考虑其他。在司法审理进程中，这理顺了合同和备案的关系，也厘清了司法审判和行政管理的区别。作为行政法规，《条例》规定了“备案”的要求，以及不备案的处罚，但北京市高级人民法院认为这种备案不是特许经营合同成立的法定条件。不备案，特许经营合同仍对双方当事人有约束力，也可以成就民事法律关系，但并不能免除违反行政法规的行政责任。

3. 对总部体系构建的条件及责任进一步明确

《指导意见》对“2 +1”做了分割性的规定。“特许人从事特许经营活动应当拥有至少两个直营店，并且经营时间均超过一年。特许经营合同不因特许人不具备前述条件而无效。”这一看起来颠覆了特许经营基本条件的规定，其实更明确了特许人的法律责任。在这里，特许人的“2 +1”条件并没有取消，而是更加明晰，拥有两个以上直营店且经营时间“均”超过一年，是成为特许人的基本条件。但基于《合同法》的基本原则，《指导意见》规定了“特许人”不具备“2 +1”条件时，不影响特许经营合同的成立。这一分割了行政管理要求和法律基本条件的规定，有待于法院在今后的审理实践中去验证。但这无疑会冲击已有的特许门槛，增加法院区分真假特许的难度。因此，特许总部按照《条例》的要求，备齐“2+1”的条件，是减少不必要麻烦的前提。

4. 理清涉及宣传内容的法律责任

《指导意见》将特许人在推广宣传特许经营业务过程中使用的广告或者宣传手册的资料定义为“要约邀请”，但同时规定“特许人就特许经营所做的说明和承诺对特许经营合同的订立有重大影响的，亦可视为合同内容，当事人违反该说明和承诺的，应当承担违约责任”。近年来，关于宣传推广中的资料是不是合同要约，能不能被认定为是合同内容不断引发争议。《指导意见》认定其不是“要约”而是“要约邀请”，在法律性质上明确了行为后果。作为特许企业应该注意的是，虽然一般情况下，宣传推广中的资料不是合同内容，但过分的渲染和承诺，对订立合同有重大影响，企业就要为这样的“宣传推广”承担合同义务。

5. 重申信息披露问题的要求

《指导意见》并没有把“信息披露”简单定义为特许人的义务，而是从“欺诈”角度剖析了“信息披露”的作用。“对特许人欺诈的认定应综合考虑特许人隐瞒的信息、提供的虚假信息或夸大的经营资源与合同目的的关联性、与真实信息的背离程度及其对特许经营合同订立和履行的影响程度等因素。”“特许人在订立合同过程中隐瞒、提供或者夸大直接关系到特许经营实质内容的相关信息或经营资源，足以导致被特许人签订特许经营合同的，被特许人可以请求撤销或依法解除该特许经营合同。”可见，《指导意见》是将信息披露的行为和结果联系在一起考量判断的。另外，在签订特许经营合同之后，特许人仍有披露信息的义务，如果因为“隐瞒重大变更信息或者提供虚假信息、夸大经营资源，给被特许人从事特许业务造成实质影响的，被特许人可以请求撤销或者依法解除该特许经营合同”。

6. “冷静期”问题的界定

《指导意见》对“冷静期”并没有明确一个具体的时限，而是做出了一定条件下的限定。特许人和被特许人有约定“被特许人在特许经营合同订立后一定期限内可以单方解除合同的，从其约定”“特许人和被特许人未约定被特许人在特许经营合同订立后一定期限内可以单方解除合同的，被特许人在特许经营合同订立后的合理期限内仍可以单方解除合同，但被特许人已经实际利用经营资源的除外”。这就是说，被特许人“冷静期”的权利不能无节制地行使，前提是有没有“实际利用经营资源”。

《指导意见》的出台，使法院在审理特许经营合同纠纷活动中遇到的一些争论和问题得到了一定解释，对特许经营合同纠纷的审理起到了重要的指导作用。

四、国际特许经营中需注意的问题

一般认为，特许经营是一种营销产品、服务或技术的体系，特许人和他的单个受许人在法律和财务上相对独立，但他们之间保持紧密和持续的合作，受许人依靠特许人授予的权利和义务，根据特许人的概念进行经营。双方通过直接或间接财务上的交换，受许人可以使用特许人的商号、商标、服务标记、经营诀窍、商业和技术方法、持续体系以及其他工业或知识产权，在经双方一致同意而制定的书面特许合同的框架和条款内进行经营。

（一）合同双方的法律地位和法律关系

如马来西亚的特许经营受1998年颁布的特许经营法的规范监督，该法自1999年8月8日起开始实施。这个1998特许经营法给特许经营和与其相关的经济行为下了法律定义。根据1998特许经营法，特许经营是两者或更多人之间的合同行为，这一行为就是特许经营商授权给加盟商按特许经营商既定的模式经营的权力。在马来西亚，根据1998特许经营法的规定，每个特许经营行为都需在特许经营注册所注册，不顺从就是违法行为。2011年，马来西亚推出全国特许经营蓝图，以巩固特许经营领域发展。

（二）当事人权利

除对对方的合同履约能力进行调查和评估以外，还需要考察当地法律有无特殊规定，是否把受许人看做是特许人的代理商或雇员。在特许经营合同中，应保证受许人是独立的合同当事人，而不是特许人的代理人或合作伙伴。

（三）政府的态度

确定政府对待特许经营和商业秘密的态度是至关重要的。通过对政府态度和现有政策的调查，可利用政府对特定行业的支持和鼓励，从而为特许人和受许人带来成功和赢利。

（四）竞争法

该区域的竞争法必须被考虑。目前许多国家制定了竞争法，目的是刺激竞争。这些法律并不直接针对特许权的交易，但其普遍适用性会影响特许经营活动的开展。

（五）自身权益的保护

受许人日后有可能成为特许人的竞争对手，特许人当然不愿意看到这种情况发生。特许人有两个基本的防御武器：一是限制合同期内和合同期后的竞争，二是保护特许人的商业秘密。这两种武器都是以合同为基础的，在进行特许经营国际化之前应对目标区域的法律保护情况进行调查。一般在合同期内的限制比在合同期外的限制要容易。

（六）知识产权法

特许人的知识产权是特许业务的基础。这些产权包括：商标和服务标记、商号、商誉、经营诀窍、方法和商业秘密、著作权、专利权等。必须调查清楚目标区域对这些产权是否有足够的保护，因为每个国家在这方面的法律规定总会有一些重要区别。在特许权交易中，通常这些权利的使用是由许可证规定的。

（七）公司法

在决定建立分支机构子公司时，除了考虑税收问题以外，还应研究当地公司法的有关规定。

（八）特殊的特许法

有些国家可能制定有专门针对特许经营进行规范和限制的法律。在进行特许经营国际化决策时，必须要考虑到这方面的法律规定。

（九）特殊行业法

有些国家对某些行业的经营活动做出一些限制，从事这些行业的特许组织在决定进入前应详细研究这方面的法律规定。

（十）货币管制和支付年金的限制

有些国家限制货币的进出，因此有必要了解这些限制，以便制定相应的对策。

（十一）进出口限制

有些国家对进口或出口有各种各样的限制，特许人必须为此找到一些替代的办法以保证特许经营业务的顺利开展。

本章小结

1. 特许经营法律是特许经营企业维护自身利益，保持持续发展的利器。世界各国都通过相应的特许经营立法来规范特许行业主体行为，保障特许经营行业健康发展。

2. 特许经营合同的最大问题是特许人为自己保留了在合同期间对广泛事项的完全决策权。特许经营法律构成中的最重要部分就是特许经营信息披露规则。

3. 各国对特许经营法渊源的看法：当事人权利；政府的态度；竞争法；自身权益的保护；知识产权法；公司法；特殊的特许法；特殊行业法；货币管制和支付年金的限制；进出口限制。

思考题

一、简答题

1. 美国对特许经营法是如何定义的？其特许经营法包括哪些最基本的要素？

2. 什么是特许经营信息披露？它包含哪些内容？

3. 各国特许经营法律的基本概况及相互之间的关系是怎样的？

4. 特许经营合同的基本条款是什么？

5. 特许经营法与公司法以及知识产权法的关系是怎样的？

二、实训题

参照日本特许经营合同条款范本，拟写一个餐饮业特许合同。

案例分析

案例背景

日前新快报接到读者投诉称，京东商城所售卖的美国化妆品“贝佳斯”的产品是“假货”，广州消费者樊小姐将京东商城告上法庭，目前广州市越秀区法院将于8月24日开庭受理该案件。

记者接到投诉后，随即登录京东商城的网址（www.360buy.com），在京东商城的主页上，确实有着明确的承诺：“所售商品100%正品行货，全国联保，机打发票，价格更实惠”。那么，京东商城所售卖的“贝佳斯”究竟是不是假货？带着一连串的疑问，以及樊小姐提供的所购商品，新快报记者迅速联系了贝佳斯的商标拥有者——美国浦林塞斯·马赛拉·贝佳斯公司（THE PRINCESSMARCELLA BORGHESE. INC），继而联系到其在亚洲的子公司贝佳斯（香港）有限公司（下称“香港贝佳斯”）以及北京贝佳斯。

樊小姐诉状京东商城违法销售化妆品

在樊小姐的诉状中，其控告京东商城：

1. 所销售的“贝佳斯”产品“存在套用他人卫生批准文号、将过期的卫生批准文号标注于产品上、伪造国家进口商品检验检疫标志等严重违法行为”；

2. “北京京东叁佰陆拾度电子商务有限公司(即:“京东商城”)营业执照经营范围并无化妆品销售。”

北京贝佳斯“没有授权给京东商城”

樊小姐向新快报提供了其在京东商城购买的5款贝佳斯产品的信息:蓝海新生美肤泥浆面膜212g、矿物营养美肤泥浆212g、活力亮彩美肤泥浆面膜212g、矿物营养美肤泥浆膜212g以及矿物营养强效润肤剂神仙水30ml(买一送一)。

记者据此采访了北京贝佳斯。据了解,成立于2007年的北京贝佳斯,是香港贝佳斯的分公司,为贝佳斯产品在中国内地的唯一经销商。也就是说,在中国内地,从正常渠道购买到的贝佳斯产品必须出自此公司。目前在中国内地,北京贝佳斯在网下以授权的形象专柜于全国各城市的百货商场和丝芙兰化妆品连锁店销售,目前全国共有95个专柜和100多家丝芙兰化妆品连锁店获得授权销售贝佳斯产品。而在网上,截至目前,已授权网站有:丝芙兰官方网站、淘宝商城旗舰店、乐蜂网、拉手网和卓越网,并不包括京东商城。

北京贝佳斯给新快报的书面回复称:“公司在中国大陆地区从未自行或授权其他单位或个人在京东商城销售贝佳斯的蓝海新生美肤泥浆面膜212g、矿物营养美肤泥浆212g、活力亮彩美肤泥浆面膜212g、矿物营养美肤泥浆膜212g以及矿物营养强效润肤剂神仙水30ml(买一送一)这几款产品。”

换言之,京东商城销售的贝佳斯产品并非来自中国的唯一总经销。那货品到底从何而来?记者随后进一步了解到,在2007年前,即北京贝佳斯成立前,由北京京港时悦商贸有限公司担任北京及天津地区经销商,上述5款产品中的贝佳斯矿物营养强效润肤剂神仙水30ml这款包装曾在其经销期间售卖。但该公司给新快报发来的证明文件中,也指其“在对贝佳斯系列产品的行销期间,在中国区域内从未自行或授权其他单位或个人在任何渠道销售‘贝佳斯矿物营养强效润肤剂神仙水30ml(买一送一)’”。

记者在调查过程中还获悉,目前北京贝佳斯已授权广州恒百贸易有限公司(下称“广州恒百”)为网络总经销商并跟进相关事宜。而昨日,广州恒百再次代表北京贝佳斯向新快报重申,“我们从没有授权给京东商城”。

贝佳斯所有产品已下架

昨晚7点记者发现京东商城已将所有贝佳斯产品全部下架。

(资料来源:青岛日报,2011-08-22)

问题:京东商城经营中涉及违反法律中的哪些部分?如何在经营中避免违反法律法规?

第九章 特许企业品牌管理

学习任务

通过本章的学习，主要掌握和理解：

1. 品牌和特许品牌管理的含义；
2. 特许品牌的核心内涵及表象特征；
3. 国际特许品牌管理的任务及意义；
4. 国际特许品牌的市场效应及价值体现；
5. 国际特许品牌管理面临的挑战。

品牌代表着企业的外在形象和行业地位，品牌同样也是特许经营企业的核心竞争力的表现。本章把特许经营品牌定位为市场中新的竞争焦点，在对品牌管理过程的分析基础上，为我国特许经营企业进入国际市场竞争，提供品牌设计到维护的思维框架和管理方法。通过学习，学生可掌握国际特许品牌的基本概念和一般理论，为今后实施特许品牌管理奠定基础。

案例导入

“知彼知己，百战不殆”。在国际品牌纷纷瞄准中国市场的时候，确切知道对方需要什么，并迅速而准确地提供服务，才是国内经销商成功把握机会的秘诀。

在西班牙驻华大使馆一等经济商务参赞司嘉伟看来，多数的西班牙企业都具备以下四个特点：规模中等而数量众多；品质优异，企业拥有传统品牌的自豪感；最大程度地通过竞争来提升质量；持续改进和创新满足客户需求。可以想象，这样的企业在进入中国市场时，其对经销商的诉求必然会与我国本土品牌企业大相径庭。

财富品质研究院院长周婷认为，高端的奢侈品品牌来到中国，最关心的有三点：传播渠道是什么样的，销售渠道是什么样的，消费者的消费心态和理念如何？而这三点，几乎可以推而广之至所有试图进入中国的国际品牌。

众所周知，一些高端品牌入驻中国商场时，因为品牌效应带来客流，商场甚至愿意倒贴租金给国际品牌。但是，此时的商场扮演的角色更像是一个物业，而非品牌的合作商，它既没有帮助品牌得到推广，也没有建立起高端品牌的零售渠道。

反之，一个值得推敲的细节是，高端的国际品牌更看重的是细节服务和规划。周婷不久前接触到的一个有趣的案例：某高端品牌入驻新光天地的理由是，其女士卫生间遵循了国际标准，比男士卫生间大了3倍。

在北京师范大学特许经营学院院长、中国特许经营权董事长刘文献看来，国外的中小品牌和国内的中小商贸企业进行对接，最有效的方式就是特许经营，但同时也要看到：因为缺少第三方机构，目前纠纷比较多。刘文献认为，第三方机构的核心是解决整个贸易链条当中的进口商问题，买手、配送、渠道等问题。

商务部流通业发展司副司长吴国华更是直言："在全球化形势下，一些高精尖的国外百货商品，过去只需要授权经销就可以进入中国市场，但随着品牌时代的到来，要求他们脱离综合零售商而转向专卖店，这就涉及特许经营的问题了。"他认为，营销方式、企业文化、店面风格以及产品的工艺，更加能够体现品牌建设的需要。而现在的特许经营有相当一部分是非商品，即服务的特许经营，也有相当一部分是跟商品的销售有关系的。

"对于特许人、品牌商而言，可以通过特许品牌进行市场扩张；对于加盟者而言，即使是一个中小企业、小微企业，也可以借船出海，借用大品牌的影响力，实现快速发展的方式。"吴国华认为，从这个意义上来讲，特许经营涉及了广大中小商贸企业的正常健康发展的问题，这项工作影响面非常大。

他同时透露：国务院关于促进小微企业的健康发展的意见中专门制定了一条：对于新开三年内的小微企业租用经营场地或者是店铺的，可以利用财政资金给予一定的租金补贴。

（资料来源：特许经营是对接的主要方式．王滢．中国经营报，2012－09－08.）

第一节　我国特许经营品牌现状分析

品牌是特许经营企业的基础和灵魂，优秀的特许经营企业都拥有至少一个知名度很高、口碑颇佳的品牌。加盟者加盟进入特许经营体系，首先看中的也是特许人的品牌。所以品牌在特许连锁经营中占有重要的地位。我国目前在特许经营品牌建设方面与国外强势企业相比，尚有很大的差距，主要表现在：

一、品牌建设的力度不够

我国的特许经营最大的不足就在于缺少可供转让的成熟品牌。这主要体现在：一是部分企业在商品服务、销售技术上还没有鲜明的特色，尚不具备特许连锁的条件就一哄而上，纷纷“特许”，结果整个连锁体系犹如空中楼阁，没有发展后劲，也抵御不了任何市场风险，随时都有体系崩溃的可能；二是部分产品虽然在服务上已有特色的成熟品牌，如一些老字号、老品牌，但由于运营中没有一整套标准规范的模式，或过于墨守成规而缺乏品牌的可转让性。

因此大力培育可供转让的成熟品牌是十分必要的。首先，应做到自己企业的商品服务在同行业中独具特色。在商品和服务的差异化上下工夫，在提供质量、便利的同时，不断创出“你无我有，你有我优”的特色商品服务。然后，要不断积累经验，建立一整套可行的特许运营模式和一套完整的品牌经营系统，提供加盟店人员培训、营业指导、商品供应，加强对它们的监督调控，使整个特许连锁体系稳步发展。随着商业领域的全面对外开放，无论是通过跨境交付或是合资合作方式进入，或以平行进口等形式出现，海外特许品牌的独资经营趋势日趋明显。与此同时，兼并重组也将成为国外特许品牌进入中国的一种重要方式。在特许经营趋于理性发展的同时，品牌建设中的一些突出的问题也必须引起各方面的关注。这些问题的解决对于特许经营行业的健康发展至关重要。

（一）加盟商满意度下降

通过对特许经营企业的调查显示，加大品牌维护力度已经成为其工作重点，但从对加盟商的访问来说，“最不满意”仍集中在总部对品牌的维护和宣传上；而对加盟手册的实用性评价也不高(最满意的只有38.7%)。

根据对部分特许企业的加盟商的抽样调查和对总部管理人员的访问，同一特许经营体系中，2004年和2005年加盟商对总部的综合评价，得分下降的占到被调查样本一半以上。导致对特许企业总部评价下降的原因，归纳起来有四个方面：一是总部管控力度过大，对加盟商的考评、督导过于严密；二是行业竞争加剧，加盟商的投资回收期延长；三是加盟店数量增加，独占商圈缩小；四是总部的支持和服务能力和加盟店的增长不同步，相对滞后。

（二）忽视加盟商的利益诉求

加盟商最为关心的是经营效益增加与经营能力水平提高问题，其他依次为品牌维护和宣传、经营管理的支持、手册的适用性、督导培训等。为了更好地维护与加盟商关系，特许企业总部应制定明确的沟通计划，让加盟商和总部都习惯一种沟通规则，最大限度地降低冲突的产生，使特许经营品牌首先被加盟商所接受并大力推广。

（三）政策环境亟须完善

尽管政府和行业组织近些年来努力为特许经营创造良好的政策法律氛围，如商务部2004年出台了《商业特许经营管理办法》，但特许市场环境仍存在许多不利因素。目前特许企业反映最突出的问题主要集中在两个方面：一是企业的知识产权无法得到有效保护，品牌被其他企业恶意仿冒，特许系统被抄袭或恶意复制，损害了企业在消费者心目中的形象，对加盟店也造成不利影响，扰乱了市场秩序。二是潜在加盟者的投资信心需要保护。虽然国家在积极出台相关政策措施，但利用特许经营骗取加盟费等商业欺诈行为依然没有得到有效遏止，很多投资人对特许经营有抵触心理，给正常的加盟招募带来不利影响。

（四）食品安全问题关注度不足

国内特许经营企业的经营范围大多集中在食品销售、餐饮服务等行业。食品安全问题直接影响到特许企业的形象和知名度，对品牌的推广意义重大。在消费者对健康和消费安全的关注空前高涨的情况下，以零售、餐饮和服务业为主体的特许企业应积极回应。特别是中式餐饮调整产品配方和烹饪方法（如清油火锅的推广、绿色生态原料使用）、西式快餐增加吸纳本土饮食的健康元素等做法开始流行，家装行业对装修污染的防范，洗衣行业对环境安全的关注，超市食品安全措施和冷链建设等，都是提升品牌美誉度和连锁店竞争力不可或缺的一环。

2013年，堪称特许经营企业典范的瑞典宜家出现肉丸造假问题之后，诸多特许餐饮企业开始吸取经验教训，以防止类似问题在其他地方出现。这次欧洲的马肉风波，至少有两个方面应当受到重视。一是食品安全问题所具有的跨国性。二是构建食品安全监管体制过程中的相互借鉴作用。

马肉风波暴露了欧盟食品安全政策和体制的软肋，折射出经济全球化迅速扩展后引发的管理跟不上市场发展的问题。目前，大型食品跨国公司、连锁特许经营超市已经成为食品市场的主导者，大量食品生产、运输以及销售的链条不断延伸扩展，将更多地区和国家联系在一起。而在制度层面，不同国家或地区的食品安全监管又各不相同。马肉风波就突出显示了欧盟虽有共同市场，却没有统一的监管。各国发展水平不一，食品立法千差万别，加之食品供应链过长，一国的监管部门难以控制整个链条的每个环节，致使食品安全漏洞迭出。

（五）应对海外品牌威胁的准备不足

任何一个海外特许品牌，无论它在本国发展得多么完善，经营上取得多大的成功，当该品牌开始全球化发展时，进入任何一个新的市场都将面临本地化的过程，尤其是在东西方文化差异较大的领域，生搬硬抄百分百复制并不一定会让特许品牌在中国取得同样的成功。与此同时，由于中国的一些特许加盟商缺乏对特许者的文化与战略目标的充分理解，常常目光短浅，急于求成，只贪图眼前利益，任意修改核心要素，从而对海外特许品牌、特许体系造成破坏。

二、海外特许经营品牌发展趋势

（一）海外品牌数量增加

自2004年以来美国20个著名特许品牌逐步进入中国，众多世界上驰名特许连锁品牌也纷纷抢滩中国市场，形成群“星”逐鹿的局面。2013年4月26日“中国特许展”在北京国家会议中心举行。此次特许展有来自70个行业业态的500多个特许加盟品牌参展。韩国、新加坡等国家和地区组团带来几十个优秀的加盟品牌，其中不少海外品牌是首次进入中国市场。500多个参展品牌组成了亚洲特许经营嘉年华，其中既有肯德基、速8酒店、特百惠等国际知名品牌，韩国、新加坡更是组团带来几十个优秀的加盟品牌，这些海外品牌绝大部分都是首次进入中国市场，为加盟者在未来的市场竞争中占领先机。

（二）海外品牌涉及行业集中

从全球特许经营涉及的行业来看，会展、餐饮、零售、教育培训等是发展最多、增长最快的行业。从目前进入中国内地的海外特许品牌所从事的行业来看，餐饮品牌占据了半壁江山。进入我国大陆的美国前20个特许品牌中，餐饮业品牌7个，酒店住宿业品牌3家，房产服务中最大、最知名的两个品牌都已进入中国。

（三）加盟成本增加

相比国内许多不收加盟费或权益使用金的特许品牌，海外特许品牌几乎都会征收特许加盟费或权益使用金，不少知名特许品牌的加盟费还相当昂贵。受我国各区域经济发展程度不同以及文化差异的影响，海外特许品牌对于不同的地理区域设计了不同的发展战略。总体来看，它们主要以北京、上海和广州为中心来发展特许加盟店。

（四）独资方式取代合资和跨境交付

随着中国市场对国外企业进入限制的解禁，独资形式的各类国外企业逐渐取代现有的跨境交付和合资合作方式，使得中国企业面临的竞争态势更加严峻。如表 9－1、表 9－2、表 9－3 所示中华人民共和国服务贸易具体承诺减让表的第 2 条最惠国豁免清单。

表 9－1 独资形式的各类国外企业承诺减让表

部门或分部门	市场准入限制	国民待遇限制	其他承诺
一、水平承诺			
本减让表中包括的所有部门	(3) 在中国，外商投资企业包括外资企业(也称为外商独资企业)和合资企业，合资企业有两种类型：股权式合资企业和契约式合资企业 股权式合资企业中的外资比例不得少于该合资企业注册资本的 25% 由于关于外国企业分支机构的法律和法规正在制定中，因此对于外国企业在中国设立分支机构不作承诺，除非在具体分部门中另有标明 允许在中国设立外国企业的代表外，但代表处不得从事任何营利性活动，在 CPC861、862、863、865 下部门具体承诺中的代表处除外	(3) 对于给予视听服务、空运服务和医疗服务部门中的国内服务提供者的所有现有补贴不作承诺	

表 9－2 契约式合资企业承诺减让表

部门或分部门	市场准入限制	国民待遇限制	其他承诺
	对于各合同协议或股权协议，或设立或批准现有外国服务提供者从事经营或提供服务的许可中所列所有权、经营和活动范围的条件，将不会使之比中国加入 WTO 之日时更具限制性。中华人民共和国的土地归国家所有。企业和个人使用土地需遵守下列最长期限限制： (a) 居住目的为 70 年； (b) 工业目的为 50 年； (c) 教育、科学、文化、公共卫生和体育目的为 50 年； (d) 商业、旅游、娱乐目的为 40 年； (e) 综合利用或其他目的为 50 年。 (4) 除与属下列类别的自然人的入境和临时居留有关的措施外，不作承诺	(4) 除与市场准入栏中所指类别的自然人入境和临时居留有关的措施外，不作承诺	

依照中国法律、法规及其他措施订立的设立“契约式合资企业”的合同条款，规定诸如该合资企业经营方式和管理方式以及合资方的投资或其他参与方式等事项。契约式合资企业的参与方式根据合资企业的合同决定，并不要求所有参与方均进行资金投入。

表 9－3　特许经营及零售业承诺减让表

部门或分部门	市场准入限制	国民待遇限制	其他承诺
D. 特许经营	（1）没有限制 （2）没有限制 （3）中国加入 WTO 后 3 年内，取消限制 （4）除水平承诺中内容外，不作承诺	（1）没有限制 （2）没有限制 （3）中国加入 WTO 后 3 年内，取消限制 （4）除水平承诺中内容外，不作承诺	
E. 无固定地点的批发或零售服务	（1）没有限制 （2）没有限制 （3）中国加入 WTO 后 3 年内，取消限制 （4）除水平承诺中内容外，不作承诺	（1）没有限制 （2）没有限制 （3）中国加入 WTO 后 3 年内，取消限制 （4）除水平承诺中内容外，不作承诺	

三、特许品牌行业分析

过去为避开我国的政策限制，海外特许品牌主要通过跨境交付方式或者是合资合作方式从而实现在中国内地的发展。从 2004 年 12 月 11 日起，我国政府放开对外商投资商业领域在持股份额、地域、店铺数量等方面的限制，海外特许品牌在进入中国采取的方式上有所变化，更多地倾向于选择独资方式在我国开店。

但是随着中国全面履行加入 WTO 承诺，中国的市场越来越开放，中国和世界的交流越来越充分，越来越多的国际品牌将进入中国的更多领域、更多区域，特许加盟也将成为众多国际品牌进入中国的重要方式，如表 9－4 所示。

表 9－4　国外进入我国特许经营领域的业态分布

行业	特征
餐饮业	餐饮业是特许经营的主力，尤其是快餐店
旅店	这一行业的特许合同期限大部分都在 20 年或以上，有 36.4% 特许总部要求受许人有从业经验，另有 40% 的特许总部要求受许人拥有不动产，可见这一行业特许经营的复杂性及高度专业化

续表

行业	特征
休闲旅游	这种行业的特许合同期限一般都相当长，有的甚至是无限期，说明这一行业的稳定性要求较高，但总部征收的广告费用却比其他行业低得多。只有46%的企业需要定期征收广告费用
汽车用品及服务	这一行业约有30%的加盟总部规定受许人的店面及地址必须由总部负责，或由总部作为店面租售的中间人
商业服务	此项业务所需投资额较大，稳定性要求也较高，半数以上的特许合约期限为20年
人力开发	行业的85%的特许总部要求受许人必须亲自经营
便利商店	这是一种典型的十年合同期限的业种，目前在我国受到政府的大力支持
洗衣店	这一行业特许合约一般为10年，并且有40%的总部要求受许人必须亲自经营
教育服务	这是一个正被看好的特许经营行业，它需要较大的投资，并且特许合约期限一般都很长
汽车租赁	此行业的特许合约一般都很短，一般总部按月征收权利金和广告费
设备租赁	这一行业几乎所有的特许合约期限在10年，40%的总部要求的加盟者亲自经营
零售店	这一行业的稳定性及成功率都比较高
健身美容	这一特许业务出现较早，但一直持续不衰，大多为按月收取利金
家庭服务	家庭清洁业务以及家庭服务业在现代社会生活中具有较大的发展潜力

第二节　特许经营品牌战略与策略

特许经营是企业低成本快速建立品牌认知度和网络规模的理想模式，而当企业渡过品牌初创和规模累积期后，品牌的维护和连锁特许网络的价值挖掘，就成为企业特许经营战略的重点。特别是经过快速扩张阶段的企业，特许经营的战略重点正在向品牌维护和价值挖掘方向进行调整。

一、发展战略重点

（1）放缓特许加盟店的发展速度，加大培训、督导、品牌维护和人力资源开发的力度，为特许体系扩张储备人才，以提高加盟店网络的规范化和稳定性；

(2) 重视产品研发、差异化定位和业态调整，以适应市场变化，完善特许体系建设；

(3) 利用加盟店的网络优势，开发自有品牌产品；

(4) 向产业链的上下游延伸，增加直营店数量，以直营连锁业绩带动业态发展。同时拓展市场空间，为进入资本市场做准备；

(5) 在整合现金流、物流、多品牌发展等方面进行探索，为加盟者创造更大的盈利空间。

总之，在战略目标发生变化的同时，企业应更加注重特许经营的运行质量。

二、特许经营的品牌发展策略

根据特许经营商业模式在中国各行业与业态的发展程度不同，2008 年中国特许经营连锁百强企业分为超市/便利店、服装、农资连锁、餐饮、培训教育、酒店、家装、干洗、美容健康、其他零售与其他服务等 11 个大类，共涉及 54 个行业与业态。只是在办公、商务供应与服务大类中的人力资源服务、税收、保险、会计、广告等方面还是空白。下一步特许经营的品牌发展策略是：

(一) 加大品牌维护力度，确保可持续发展

随着特许经营市场规模扩大，企业的品牌维护力度明显加大。依靠法律和行政管理保护企业对品牌的使用权，企业应加强对品牌维护的认识。实施更为有效的品牌维护策略，强化对加盟商服务质量的监控。对于消费群体数量较少的家装、教育培训等行业来说，企业可以通过对顾客满意度调查，把握加盟商的服务水准。而在顾客流量大的零售、餐饮等行业，企业可通过秘访顾客的方式掌控加盟店的产品和服务质量。

(二) 进一步完善总部与加盟商的沟通机制

信息技术为总部和加盟商进行高效率的沟通提供了新渠道和方式。一些企业建立了视频会议系统，通过电视会议召开加盟商会议和对加盟店的培训，使沟通频率大幅度提高。各种应用系统，包括 ERP、CRM 等在企业的应用以及企业网站的建设等，促进了加盟店经营数据的共享，为总部支持加盟提供更加有利的条件。此外，通过加盟商协会/委员会等机构的设立，也促进了总部与加盟商的沟通。

（三）设立矩阵式的职能构架，改善加盟网络的区域管理

企业跨区域开店达到一定数量后，由于配送、督导频次、支持和区域渗透等诸多方面的原因，企业应开始建立和强化分区管理力量，包括完善区域配送设施、把区域内的加盟招募和督导服务任务下放给区域分部等，分部的职能有的通过当地的直营店、分公司完成，有的则由总部委托给当地的区域加盟商，对其承担的支持服务工作给予补偿。总部各职能部门侧重在对区域公司的指导，与区域分部共同完成对加盟商的管理、指导与服务。

（四）设立“企业大学”，保证人才供应

对人员技能依赖度高或采取托管方式的企业，如餐饮、酒店、学校、家装等行业。这些企业在人才培养方面都倾注了很大的财力和人力，部分企业还设立了“企业大学”，向直营和加盟店提供经理、厨师、讲师、设计人员等。

第三节　品牌特许经营

品牌特许经营是一种以契约方式形成的特许人将品牌使用权授权给被特许人。允许被特许人在一定时期内使用特许品牌进行经营的方式。它可以让特许人与被特许人共享品牌的价值，以此来扩大品牌影响，提升品牌价值，获得市场份额。当前，特许经营扮演的不仅是一种新角色、新潮流，而且是创建强势品牌和积累品牌资产的有力工具。在世界500强企业和中国的优秀企业中，特许经营方式被广泛采用，麦当劳、肯德基、沃尔玛、家乐福等商业巨头，美宜佳、好利来、特百惠、小肥羊等强劲企业，都凭借独到的特许经营模式，使其一流的品牌深入人心、影响深远。

目前，品牌特许经营已经成为医药、快餐、门窗、动漫、零售、服装等多个行业进行品牌扩张的制胜法宝。世界一流品牌企业借助品牌特许经营在全球扩张、称霸，中国的许多企业也在积极运作发展自己的品牌。如国外的7－ELEVEn、赛百味和国内的李宁、北大青鸟都证明特许经营对于成就品牌的重要作用。

一、品牌授权与特许经营

（一）品牌授权与特许经营的概念

特许经营是特许经营授权商将其产品和运作模式传授给特许经营加盟商获权经营一种产品或服务。品牌授权又称品牌许可，是指授权者将自己所拥有或代理的商标或品牌等以合同的形式授予被授权者使用；被授权者按合同规定从事经营活动（通常是生产、销售某种产品或者提供某种服务），并向授权者支付相应的费用——权利金；同时授权者给予人员培训、组织设计、经营管理等方面的指导与协助。品牌授权是品牌特许经营的主要形式。品牌是特许经营或品牌授权活动的标的，包括商业标识、经营手册、专利等。

品牌授权和特许经营的核心都在于首先建立"特"，要有独特的产品、服务、经营模式或者独特的可被消费者识别的品牌形象；然后进行"许"，即通过授权的方式拓展，实现低成本的快速扩张。"特"是前提，"许"是目的。

由于品牌授权给予被授权方自由度较大、适应的行业较广，更容易达成品牌授权方和被授权方之间的优势互补，而且由于被授权方提供的产品或服务条件不同，由此产生冲突的可能性和协调的难度较小。在国内经营相当成功的著名卡通品牌巴布豆，拥有像万事达集团(运动鞋)、堂皇集团(床上用品系列)、上海力国针织(袜子)等十几家不同类型的加盟厂商。而著名卡通品牌史努比的品牌授权，在国内不仅拥有日用品、服装、连环画系列等多种产品，而且还在不断开发新产品。

（二）品牌授权与特许经营的关系

品牌授权与特许经营在组织形式和经营理念上非常相似，但从品牌授权方和被授权方、特许经营许可方与被许可方的本质关系上看，二者又有着较大的区别：品牌授权强调授权方与被授权方之间的纽带是品牌；而特许经营许可方与被许可方之间的纽带则是一种产品或服务。品牌授权的操作更灵活、更容易达成授权双方的合作。

1. "特"的内涵不同

(1) 授权的内容。特许经营的授权内容一般有两种：商品销售特许经营和经营模式特许经营。授权给经营人的是产品或服务甚至包括整套的经营模式。例如可口可乐、固特异轮胎属于商品销售特许经营，WENDY、MAACO、UNIGLOBE 和 GNC 公司采用经营模式特许经营。

品牌授权是授权方将自己的品牌授权给经营商，由经营商按约定的条件开发、生产、销售授权品牌的产品。如日本城百货有限公司获得迪士尼公司的授权生产销售米奇、小熊维尼品牌形象的文具用品。

品牌授权强调授权方和被授权方的纽带是品牌，而特许经营许可方和被许可方的纽带则是一种产品或服务以及一套经营系统。

(2) 品牌的开发。品牌是品牌授权乃至品牌特许经营的标的，品牌知名度的高低直接关系到品牌特许经营的核心能力。品牌是特许经营系统中最重要的资产，在顾客眼中，品牌就是公司的声誉，代表着他们所期望得到的感受和体验。品牌认知是特许经营受许人购买特许经营权时所希望拥有的一个部分。

品牌的成名并非与生俱来，几乎所有的经营者，都是首先确立在当地的品牌认知，然后逐步确立地区或全国范围的地位。特许经营需要一个原始模型的企业，或者说是母公司，再进行复制开发。如在全世界有 5 600 多家加盟店的温迪餐馆源于 1969 年美国俄亥俄州哥伦比亚市区开业的一家温迪汉堡包餐馆，从 1973 年开始授权温迪字号，一直发展到现在的规模。

品牌同样是品牌授权业最重要的资产，但品牌的创立则完全不同。品牌授权人一般会根据广为流传的传统故事结合现代流行元素开发品牌形象，如迪士尼动画中的唐老鸭、米老鼠、白雪公主等人物形象；或者通过发行漫画或小说，拍电影、电视片，发行 DVD、VCD、录像带，开发网络游戏，进行大量的媒体报道等方式，使品牌形象有足够的媒体出现机会和与目标受众的互动机会，从而具有足够的知名度和人气，为品牌授权和授权商品销售奠定基础。如英国女作家罗琳创作的《哈利·波特》，首先是系列书在全球热卖，改拍成电影的第一集与第二集也在全球市场告捷，哈利·波特的人气也急剧增加，为作者、书商、电影商及相关授权商品生产者带来了连绵不断的市场商机。品牌授权业推广的重点在于不断培育品牌形象，提醒消费者这些品牌的存在，维持品牌的知名度，像史努比、加菲猫等形象已经成为人们生活的一部分。品牌授权商不需要有品牌商品的生产制造实体。

2. “许”的内涵不同

(1) 运营的基础不同。特许经营的基础是商品或服务的标准化，它的营业系统提供从创建公司之日起的几乎所有的经营细节计划，如特许经营人如何管理建筑物的建设、订购适当的设备，甚至包括如何竖立标牌。所有健全的特许经营系统都努力创造最高程度的和谐统一，在世界上任何一个地方的所有的特许经营店都要看上去风格一致，感觉一致。特许经营强调严格规范化的管理原则，要求加盟店的经营管理模式与特许人相同，而且产品和服务的质量标准也必须统一。每一份 Biggie 公司的油煎食品都是一致的，每一间 Marriott Court Yards 的旅馆房间都有一个午餐柜、一张长沙发和几部统一的电话。

品牌授权的基础是开发品牌形象并维持该品牌形象的知名度和地位，凭借消费者对该品牌形象的喜爱而产生对其代表的产品的购买欲望去授权制造商使用该品牌开发系列商品。品牌授权人对被授权方的管理主要是授权商品的品质控制，不能让低劣的商品影响品牌的形象。其次对被授权人可以生产销售的授权的商品种类、授权商品的销售区域也会在合同中确定清楚。像上面提到的姗拉娜对 SNOOPY(史努比)品牌的使用就被品牌授权商美国联合图画公司(United Feature Syndicate. Inc,UFS)严格限定在沐浴粉、护肤霜/膏、乳液、润肤油、爽身粉、沐浴露、泡沫浴、洗面奶、啫喱水、护手霜、洗手液、驱蚊水、润唇膏、洗发露、香皂、湿纸巾、面霜等17大类，并将每两年对姗拉娜的使用情况及经营情况进行审核。

相对于特许经营，品牌授权给予被授权方更大的自由度，适应的行业较广，更容易达成品牌授权方和被授权方相互之间的优势互补。授权商专注于品牌经营，无须投资于生产线、人员等要素就可以获得丰富的商品种类；被授权商专注于生产和分销，无须投资大量的广告用于品牌建设就可以获得知名品牌带来的优势。

特许经营的成功在于一致性，即授权人和经营人都在用同样的模式从事同样产品或服务的经营活动。品牌授权的特色则是统一品牌下授权人经营的产品或服务的不一致性，不同的授权人拥有不同授权商品类别。迪士尼公司在全球拥有4 000多家品牌授权企业，其产品从最普通的圆珠笔，到价值两万美元一块的手表。正因为这种不一致性，被授权方之间产生冲突的可能性和协调的难度较小，而且相互补充。通过同一品牌繁多种类授权商品在市场密集渗透，易于造成消费者族群效应。

（2）拓展方式的区别。特许经营授权人通常为经营人划出一定的区域，在这一区域内不允许公司总部或其他特许经营人开办其他相关的经营店。一项好的特许经营系统通过不断地在适当的区域建立适量的经营店，确保品牌的认知，进行品牌渗透，实现业务拓展。

而品牌经营的业务拓展首先是品牌拓展，不断地拓展品牌的知名度和品牌影响的区域，如“哆啦A梦”首先在日本流行，再风行港台，又进入中国内地。然后是不断地通过授权进行商品种类的开发。授权商品的开发是品牌授权的核心环节，一般是根据品牌的特点和适合目标消费群体开发相关系列产品，通过品牌形象的带动和丰富的商品种类造成的消费者族群效应，创造良好的业绩。授权商品往往种类丰富，多莱宝公司的卡通授权商品项目就包括玩具、文具、衣服、鞋、书包、袋类、钟表、陶瓷杯、水晶杯、家用精品等，主要是以5~20岁的青少年及其家长为消费对象。

总之，特许经营与品牌经营有着密切的内在联系，在国际特许经营领域，这种联系显得更加密切。首先，从内容实质来看，特许经营是将注册商标、企业标志、专有技术等经营资源进行许可使用的一种商业模式，这些经营资源都属于无形资产的范畴，其实质就是品牌。其次，从表现形式来看，被特许人（加盟者）要按照特许经营合同规定在统一的经营模式下开展经营，包括经营理念的统一、店面形象的统一、操作流程的统一和产品服务的统一，这种统一化规则与品牌的“一个声音、一个形象、一个标准”的运营规则完全一致。

(三) 品牌特许经营特许权的主要内容

(1) 品牌名称;

(2) 品牌标志(颜色、图形、代表物等);

(3) 品牌标语;

(4) 品牌形象代表;

(5) 品牌定位;

(6) 品牌所代表的品质;

(7) 品牌所代表的实力;

(8) 品牌所代表的发展趋势。

二、品牌特许经营的运行

(一) 品牌特许经营运行的参与者

品牌特许经营的参与者包括特许方、受许方和顾客,通过会计系统、市场反馈系统、监控系统将三方联合起来就形成了品牌特许经营框架。

1. 特许方

特许方只在产品的营销(品牌建立)上进行投资,对商业扩张负责,让品牌形象深入顾客心中,特许方授予受许方商标使用权,同时提供必要的培训支持,收取受许方的特许权使用费,特许方根据受许方的反馈报告和顾客提供的反馈信息,对受许方的品牌运营在质量上进行一定的监督和控制,对受许方的营销行为给予一定的限制,这也是建立完善的危机预警机制的重要环节。

2. 受许方

商标特许经营的受许方在产品的研发、生产、销售以及售后服务上进行投资并辅以相应的销售宣传,产品或服务从受许方转移到顾客,受许方获得服务支付的费用,同时也获得顾客反馈的信息。受许方的行为使特许方的品牌形象得到了进一步加强。

在整个品牌特许经营框架中,必须保证反馈系统和监控系统的正常运转,这对商标特许经营模式的双方,尤其是对特许方,意义重大。

3. 顾客

顾客是品牌的支持者,也是品牌的受益者,在特许经营领域中,顾客的忠诚度、美誉度对品牌的推广及成长仍然具有重要的意义。

(二) 品牌特许经营的运行特点

(1) 对品牌受许方来说,品牌特许经营模式同样存在着一定的利益诱因,即借助品牌的市场导向效应获得预期收益，这一点与品牌经营者的利益诉求是相同的；

（2）降低品牌经营成本，品牌的建设是一个漫长的过程，需要投入大量的人力和财力，而通过品牌特许经营来租赁品牌，则成本要小得多，风险也要小得多；

（3）受许方借助品牌优势能够迅速将产品或服务推向市场快速获得市场份额。一个品牌从不知名到知名的过程中需要漫长的市场历练，存在较大的风险，而借助于已有品牌的市场优势，受许方的产品或服务较容易得到市场的认可，并取得较好的获利空间；

（4）在产品生命期内能够迅速获得短期利益，避免在产品衰退期的利益下滑。如果企业通过传统自创品牌的经营模式，那么它的产品或服务是很难迅速占领市场的，因为如果一些产品的成熟期过短将会影响利益总量，而商标特许经营却能使受许方从市场上迅速获得产品收益，短期利益明显。

（三）成功品牌特许经营模式的要点

品牌特许经营模式的成功运用固然能够给特许方和受许方都带来预期的收益，但是如何才能成功地运用品牌特许经营模式，以下几点是值得注意的：

1. 特许方提升品牌管理能力

特许方特许品牌给予受许方使用，实质上是品牌规模的扩大，品牌的市场反馈信息的搜集、品牌产品的质量监控、品牌使用者营销行为的限制等都要求特许方有很强的品牌管理能力。

2. 特许方必须巩固品牌的核心产品

一个品牌固然需要与其相称的产品群来支撑，但品牌的核心产品是品牌得以发展和成熟的关键。在品牌的主导产品不突出时，盲目地进行品牌扩张，极易造成品牌形象的弱化，对品牌的长期建设极为不利。

3. 特许方要对受许方所在产业或行业进行细致的市场考察

在国外，许多国家的特许经营已遍布几乎所有的零售业和服务业，但并不是所有的行业或领域都适合品牌特许经营，竞争异常激烈而利润并不高的市场就应该避免品牌租赁或授权。

4. 考察受许方企业

受许企业必须有足够条件和能力运作一个知名品牌，具体到经营能力上要求经营的产品或服务的质量、企业的财务状况、企业诚信状况等都要达到特许方的要求，特别是在品牌特许之后，更要加强对受许方品牌运营的监督与控制。

5. 租赁品牌考虑业务专长

如果受许方不是新创企业而是原来就有产品经营渠道，那么欲租赁品牌经营的产品最好与原业务相关，这样不仅可以降低经营成本，还可以降低经营风险，对特许方来说也同样降低了风险。

6. 了解内在缺陷

在品牌特许经营中特许方和受许方在对待品牌利益期限上往往存在明显的不匹配，特许方不仅考虑短期利益，同时也会注重长期利益，而受许方更关注的是短期利益的最大化，利益分歧导致了这种制度安排的内在矛盾，同时由于特许方以契约方式对受许方实施间接监控存在一定的难度，进一步增大了商标特许经营模式的内在缺陷。

阅读资料

经营方式特许正在提升为整个特许经营的品牌形象。特许者通过提炼、检验了一种特定的经营方法(经营方式)，或是销售产品，或是提供服务，然后特许者授权被特许者使用该方法。经营方式的特许协议是各自独立的特许者与被特许者直接签订的协议，该协议规定特许者在有偿前提下，授予被特许者权利(经常但非绝对,以初始特许费和/或后续特许费方式)，使用特许者权商标和/或商品商号，执行特许者提炼、检验的经营方式或程序。

特许者提供所需的诀窍和培训使被特许者得以经营。特许者在绝大多数情况下，还会提供含有经营指示的信息手册。在特许协议有效期间，特许者还应向被特许者提供开展经营所需帮助、支持。

因此特许经营是一种一揽子解决方案，其中包括(但并非一定要局限于)特许者特供受法律保护的知识产权，如商标、商号(较少情况下还有专利)、诀窍、训练和继续支持，特许者对被特许者的相对控制权，及被特许者遵循特许者指示，遵循协议财务条款。特许协议许可被特许者的经营店，明确表明其是特许连锁经营体系的成员单位。

(四) 品牌建设的方向

要大力发展品牌特许经营，就必须从以下四个方面推进品牌建设。

第一，引进国际品牌，发挥其先导、示范和引导作用。以此促进和提升我国特许企业的经营水平和管理素质，满足一部分白领阶层、先富群体对国际品牌的追求和奢好。这一部分要重点引进经营时尚品牌、奢侈品的专卖店，包括已进来或已计划进来的国际一线、二线品牌在我国发展特许经营。

第二，提升现有品牌，构建中国特许经营连锁商业的主体。经过多年的努力，随着改革开放的深入，我国已逐步形成自己产业的名牌，如海尔、海信、国美、苏宁等，它们在国内外都享有盛誉，成为我国明星企业。正是这些全国、地方的品牌，在发展中大多采取特许经营形式，扩大市场规模，构成中国特许连锁的主体。它们的规范、提升，做强做大，直接关系到中国特许连锁的发展。

第三，发挥老字号的品牌作用。这不仅是对传统优秀商业文化的发扬，同时，也是促进中国特许连锁发展的重要途径。包括同仁堂、全聚德等中华老字号，在发展中国特许连锁中发挥了主导和骨干的作用，通过继承、创新和发扬，充分发挥它们的品牌效应和经营模式，将是中国特许连锁发展的方向。

第四，不断营造自有品牌，扩大特许连锁范围。这是中国特许连锁发展的重大任务。品牌要培育、要创新，已具有一定规模的企业，都要立足做强，塑造自身形象，营造自有品牌，积累无形资产，参与特许连锁经营。

三、我国品牌特许经营现状

2007 年 2 月，时任国务院总理温家宝正式签署颁发《商业特许经营管理条例》(以下简称《条例》)，并于同年 5 月 1 日起开始施行，特许经营企业进入真正的以品牌经营为核心的发展时代。根据中国连锁经营协会的统计，“十一五”期间，我国商业特许经营发展迅猛，企业数量剧增，截至 2010 年底，我国特许经营体系已超过 4 500 个，位居世界第一，经营范围已覆盖 70 多个行业业态。但实际上，在中国以特许经营名义开展活动的企业超过 10000 家，其中有的企业打着国际知名品牌旗号、以各种不切实际的承诺进行招商，也曾出现过“肯德利”“金旗舰”“得意馆”等典型的特许加盟欺诈现象。《条例》的出台，明确规定了特许经营的准入门槛、备案制度、信息披露制度，还规定推广过程中不得宣传加盟投资收益等内容。诚信经营成为品牌营销的根本，也是所有成功的特许经营企业遵循的第一原则。落实《条例》规定，促进品牌特许经营的发展必须注重以下五个方面问题。

(1) 渠道——特许经营品牌推广的途径。从传统分销向连锁经营、电子商务发展过程中，无论公司规模大小、产品质量优劣、品牌知名度高低，关键问题是要拥有通畅的营销渠道。现在许多特许企业基本上做的都是“小东西”，如鸭脖子、文具、锁具、动漫、女士内衣等，虽然是“小东西”，但企业都做得非常大，都有成百上千家店。企业渠道建设的第一要务就是抢占市场制高点，即一类商圈的一类地段。许多企业每进入一个新市场的时候，通常会有少数店占据制高点，以此了来树立起企业品牌形象和标杆。

（2）赢利——特许经营品牌营销的基石。《条例》规定开展特许经营的企业必须拥有“成熟的经营模式”，品牌特许经营出售的不是具体的商品或者服务，而是盈利模式和赚钱方法。这一点与产品分销型特许经营有相似之处。二者的赢利区别在于是关注纵向渠道还是横向特许体系(门店扩张)。目前中国市场有不少的特许经营企业缺乏真正的经得起市场检验的盈利模式，有的企业甚至根本没有自己的直营店，或者是缺乏形成盈利模式的核心竞争力，结果导致加盟店存活率非常低。

（3）系统——特许经营品牌营销的保障。特许经营是一种基于无形资产许可使用、总部和分店在民事主体资格上各自独立、在业务上强调总部对分店的支持能力的商业模式。《条例》也强调特许经营企业应“具备为被特许人提供持续经营指导、技术支持和业务培训等服务的能力”。特许经营的商业模式特征决定了必须建立一个规范化的管理系统来支撑整个特许经营体系的发展。

（4）定位——特许经营品牌制胜的武器。特许经营品牌之间，特别是在餐饮、美容、零售专卖、洗衣等领域的品牌同质化竞争越来越激烈。如何胜出？答案只有一个——品牌营销的差异化定位。面对肯德基的家庭化定位竞争，麦当劳的经营状况出现低谷，发现原有的以儿童为目标市场的定位已经不合时宜，于是调整定位于年轻一族，重新赢得了市场。面对“洋品牌”的强大攻势和本土中式快餐的市场挤压，中式快餐品牌真功夫则将其品牌定位为“营养”，突出强调原汁原味的“蒸文化”，从而异军突起成为中国快餐连锁领域中的一匹黑马。

（5）整合——特许经营品牌推广的趋势。5 年前，在媒体投入 20 万元的广告费，可能招募到 100 个加盟商，而现在可能只招募到 10 个。面对这个现实，许多特许经营企业已经或将要调整其品牌推广的策略和方法，从单一的广告轰炸转向采取整合策略和手段来进行品牌塑造和推广。在整合营销推广的过程中，特许经营企业必将回归到两个原点——终端消费者和终端店铺。之所以加盟申请肯德基、麦当劳、谭木匠等品牌的人络绎不绝，原因就在于这些企业都致力于打造一个消费者喜爱的品牌，致力于持续提升每一个店的赢利能力。抓住了消费者，也就抓住了加盟商；抓好了每一家店的赢利，就不愁没有人加盟。

四、国外品牌特许经营经验

在国外，特许经营企业作为第三产业的领军者，在第二产业的雄厚基础之上快速发展。其间，政府的政策支持、法律制度的有效监控、市场培育的扎实到位都为特许行业健康有序地推进创造了良好的条件。

（一）以优质服务品牌资源为龙头带动相关服务品牌特许经营的发展

酒店业一直是美国的主打服务业，也是特许经营商业模式运作最成功的行业。美国在实施品牌特许经营战略过程中，把目光瞄准酒店品牌缺少的欧洲、南美、亚洲的中国和印度等地，这些地区目前为美国酒店业特许体系扩张发展提供了巨大的机遇，并拥有灿烂的前景。

以总部设在弗吉尼亚的希尔顿酒店集团为例，该酒店在品牌特许经营方面投入了大量时间和精力。包括投入开发人员和消费者研究小组，专门研究怎样把美国的品牌推往国外。刚刚在英国开张的汉普顿酒店是希尔顿（Corby/Kettering）在欧洲拥有的第一份品牌资产。这家酒店拥有88套客房。该酒店的所有人兼经营者酒店解决方案伦敦有限公司（Hotel Solutions London Ltd）。表示将在未来几年内再在欧洲另开20家新的希尔顿品牌旗下的汉普顿酒店。另外，希尔顿在利物浦机场的汉普顿酒店，以及其他几家（包括翻新的）酒店也将紧随其后开张。

在亚洲，除了希尔顿集团进行开发外，还有其他著名的酒店品牌也在寻找商机，总部位于佛罗里达的优势酒店集团（Vantage Hospitality）已经在中国开张了它的第十家酒店，并将继续开新酒店。为了保证战略成长，优势集团重组了在中国的开发机构，投入了在房地产方面的人手。同时，这家公司在印度已经与当地就开发价值酒店（Value Inn）的品牌达成协议。

由于酒店业是服务供应链的中段，其上游如旅游服务，下游如餐饮服务，这两个供应链上的主要盈利环节，也都因酒店的繁荣发展而收益颇丰。

（二）在品牌特许经营上实施“攻心”战略

在我国，众多国外品牌在中国“攻城略地”，成功地抢占了行业经营的制高点。其成功的奥秘值得研究。通过分析我们可以发现，许多国外品牌之所以能够成功，不仅是赢在“过程”，而是赢在“起点”。其拓展市场的主要经验是：第一，把做好品牌定位作为特许体系的起点，并把品牌定位看做是建立一个与目标市场有关的品牌形象的过程与结果。选准起点，着实起步功夫，就意味着成功一大半。第二，始终以顾客需求为经营方向。注重从精神到物质的全方位开发品牌内在价值。如必胜客的每家餐厅为突出休闲气氛，所有餐厅都增加了抽象派西式壁画、壁炉状的出饼台、随处可见的厨房小玩具等，还为就餐的青年白领量身订制了许多游戏项目。正是由于这一系列欢乐精神元素，使其品牌精神得以在细节上体现出来。第三，强化心理诉求的关注，挖掘顾客潜在心理需求。国外品牌特别关注顾客的“喜新厌旧”心理，总在对口味以及经营环境求新求变，而且还实行严格的规范化品质管理。善于适应顾客商品与服务需求的复杂多变，顺应消费口味和消费心理，使国外特许品牌获得了最大的整体价值。

（三）在实施本土策略基础上创新营销模式

从对国外品牌特许经营过程的分析上我们发现：很多国外特许企业，甚至世界五百强企业，在进入中国后都不同程度地存在文化适应、市场适应问题。其根本原因就在于这些企业依据本国的经营经验模式，没有在营销策略、人力资本等方面实行本土化策略，犯了经验主义、教条主义的错误。实践说明，一个国际性企业在进入陌生环境时，能否实行本土策略将是市场营销竞争成败的关键。必胜客在这方面的做法值得借鉴和深度学习。

餐饮业是特许经营主打行业。许多国外品牌将国际食品标准引入我国，在食品安全方面比本土企业质量要求更高，以赢得顾客的信赖。如麦德龙率先引进了国际上最先进的 HACCP 食品安全控制体系，并成为参与标准制订的领先者。HACCP 即“危害分析与关键控制点”，是欧美国家普遍采用的食品生产管理体系和标准。该体系对所有进店食品的接收、储存、加工、运输、清洁和垃圾管理等均有非常严格的要求。例如用不同色彩来区分食品区域，其中绿色代表蔬菜、红色代表肉类、蓝色代表水产品等，对应这些食品区域，操作员工的工作服和工作器具也必须采用对应的颜色，以避免交叉感染。在垃圾管理上，要求必须采用脚踏式免手动垃圾桶，以避免手与污染物的接触，确保食品安全。

HACCP 的本质在于通过对食品安全过程的各个环节进行危害分析，找出关键控制点，采用有效的预防措施和监控手段，使危害因素降到最低程度，并采取必要的验证措施，使产品达到预期的要求。遵循这一精神，麦德龙从供应商的选择与培训、配送中心的把关、商场门店的标准化管理，以及对专业客户的培训等方面对食品安全进行全方位的监控。此举，为麦德龙赢得了极好的顾客口碑和市场利益回报。

本章小结

1. 当前我国品牌管理方面存在的问题是：加盟商满意度降低、忽视加盟商的利益诉求、政策环境急需改善、食品安全。

2. 发展战略重点：放缓特许加盟店的发展速度，加大培训、督导、品牌维护和人力资源开发的力度为特许体系扩张储备人才，以提高加盟店网络的规范化和稳定性；重视产品研发、差异化定位和业态调整，以适应市场变化，完善特许体系建设；利用加盟店的网络优势，在自有品牌产品开发；向产业链的上下游延伸，增加直营店数量，以直营连锁业绩带动业态发展；在整合现金流、物流、多品牌发展等方面进行探索，为加盟者创造更大的盈利空间；部分企业开始增加直营店的数量，拓展市场空间，为进入资本市场做准备。

3. 品牌特许经营的主要参与者包括特许方、受许方和顾客。

4. 品牌建设的方向：引进国际品牌，发挥其先导、示范和引导作用，提升现有品牌，构建中国特许经营连锁商业的主体，发挥老字号的品牌作用，不断营造自有品牌。

思考题

一、简答题

1. 我国目前在特许经营品牌建设方面与国外强势企业相比，尚有很大的差距，主要表现在哪些方面？

2. 在特许经营趋于理性发展的同时，品牌建设中的一些突出的问题也必须引起各方面的关注，这些突出的问题表现在什么地方？

3. 当前特许经营品牌发展趋势是怎样的？

4. 特许经营品牌发展战略重点有哪些具体的内容？特许经营的品牌发展策略有哪些具体的步骤？

5. 品牌授权与特许经营之间的区别是什么？

二、实训题

请针对某一知名国际特许经营品牌进行分析，并列出其核心属性表格。

案例分析

案例背景

台湾全家便利商店启动文化革命

"重塑品牌看到风暴来袭才开始做准备，绝对来不及。"全家总经理张仁敦经历四年前的竞争震撼，在措手不及之余，开始投入企业文化改造，进行体制的调整，一步一步打造有特色的全家。

大约四年前，全家便利超商(Family Mart)的财报上，出现了18年来首见的月营收衰退纪录。同年7月，统一超商(7-ELEVEn)的单月营收，创下了101亿元历史新高。

"刚开始我们还懵懵懂懂，以为是天气的原因，"全家便利商店总经理张仁敦回想，"那年4月下了一整个月的雨，看着下滑的数字，还想说天气太差，难怪消费者都不出门!"(天气是影响便利商店来客数的最重要因素)。不过，当接下来每个月的业绩持续表现不佳之后，全家这才惊觉，这波下滑根本与天气无关，而是对手的营销攻势。

然而，当全家急忙想做出应对时，却欲振乏力。因为这一次，市场龙头7-ELEVEn推出的是"77元兑换Hello Kitty磁铁"的营销活动，排名第二的全家就算想像往常一般，即刻复制第一名的做法，也不可能做到，因为市面上有卖点的卡通人物，早已被其他厂商签走。

"那时带给我们非常大的刺激，"张仁敦指出，过去当便利商店业还处在成长阶段时，由于市场尚未饱和，只要开出新店，就能吸引消费者上门。也因此，全家那时候的竞争思维，便是跟着第一名走过的路前进，"只要做好'跟'，总不会出错"。

然而，随着2000年市场达到顶峰，街头巷尾随处可见便利超商时，"店面如果不具备一些能力、一点创新，消费者根本没有'非到这家店'的动力，"张仁敦指出，这就是为什么当7-ELEVEn透过Hello Kitty磁铁创造出"与众不同"的意义，瞬间便席卷整个市场，吃掉其他竞争者的业绩。

一枚小小的磁铁，对全家来说却是当头棒喝，揭示游戏规则已经改变，唯有重新思索企业竞争力，才能面对未来挑战。于是，全家从三年前开始推动一系列转型计划，希望透过"改变人的思维"，将"竞争意识"深植每个员工心中。

积极培训加盟主，强化竞争意识

"竞争策略就是，在满足消费者的需求上，要做得比对手更好，而且不能只是一时的吸引，还必须做到长期满意，"张仁敦表示，要做到这点，就必须让全体员工体察到消费者的需求。所以，全家转型计划的首要工作，就是"人的再投资"。

由于全家91%的店铺都是加盟店，因此改变加盟主的既有心态，便攸关整个计划的成败。过去，全家的加盟主所受的“训练”，不过是在刚加盟之际接受约10天的教育训练、开店后每年固定回总部参加两次大型展示会，至于往后日常的营运，就交由区域的营业担当临店指导。在这种情况下，许多加盟主往往都等着总公司发号施令，从不主动思考。

“最熟悉附近商圈的就是店长，营业担当能给的建议终究有限，”张仁敦强调，店长如果没有积极的经营思维，时时检视“自己准备好了没”“有没有竞争意识”，总公司做再多也没用。

因此，近年来全家展开全面性的再教育训练时，就规定加盟者要在一定期间内回总部受训，接受营业的新思维和分析方法，包括“店面的接近性如何”“店员的服务力和别人有什么差异”“与对手相比，店面竞争力差异何在”等商圈观察技巧。

光是2008年，这类课程就举办了近2万堂，未来还预计继续增加。“花这么多时间，不只是为了强化人员知识，更大的目的是‘沟通’，不管是上对下，还是下对上，”张仁敦说，毕竟连锁经营要成功，最重要的还是双方“理念上的结合”，最终回馈到利益上的双赢。因此，要推动改变，不只是拟订计划，更重要的是做好“对话”，向加盟主清楚说明一切举措的想法、目的、作为、结果。否则就算总部强押式地叫第一线执行，但如果店长觉得这与他的意识或利益相违背，再好的政策也推不动。

推动改造工程，让基层创意被看见

除了第一线店长之外，另一批必须改变思维的人，便是总部员工。张仁敦说，年资不代表一个人可以应付未来的变化，应变能力与经验无关，而是对现场的感受与创意。所以自两年多前，全家开始进行内部的文化改造工程——“ONE项目”，透过员工自主提案，让每个人思索如何让消费者感受到品牌的精神与利益。

过去在全家，策略拟定往往是“由上而下”，下面人员只要正确执行上层决定就好，这也让大家的思考变得保守，只想等待上面的答案。“但当今环境变动如此剧烈，企业不可能只靠几位高阶主管看得远，就能掌握全部变化，必须仰赖整个团队的创新能力，才能有效应对。”张仁敦说道。

“ONE项目”的内容是将现有店铺的营运活动，划分出七大重点领域(包含店铺空间、顾客关系管理、商品开发、企业社会责任等)，各领域再分别透过“项目小组”与“品牌领袖”(Brand Leader, BL)共同合作，发想“如何在消费者生活中，增强‘Family’品牌精神与价值的感受度”等相关提案。

“品牌领袖”是由各部门推举出代表人，公司再将这批人依照七大领域进行责任范围的分组，教授脑力激荡、团体讨论与创意构想等技巧。待品牌领袖回到所属部门后，便会与部门同仁举行工作会议，让大家提案“还可以多做哪些事，以将品牌价值传递给顾客?”

近两年来，这项项目已为全家开发了诸多独特的在地创新服务，以“小小店长体验活动”为例，由于某些店铺所在的商圈中有国小或幼儿园，为促进与小区邻里的关系，就由店长出面，以“班别”为单位，邀请小朋友到店里担任“小小店长”，让学童穿着全家的制服，体验各项营业流程，包括扫描条形码、结账、招呼顾客，或是拉台面、整理商品等理货动作。当小朋友有了这项体验之后，全家就会从“街角的便利商店”，变成“我曾经实习过的地方”，不仅小朋友以后会更喜欢上门，家长对店家的好感度也随之提升。只是短短一个下午，就能让一家店铺在消费者心目中脱颖而出。

开放平台，以联盟对抗集团

很多人都问过张仁敦，为什么不像 7 - ELEVEn 一样，推出类似 iCash 的储值卡或集点卡?“全家不是一家集团，所以更要借助合作的力量，让事业做得更大，”张仁敦表示，即使店内商品服务众多，但消费者的需求还是只集中在少数几项，与其每一样都自力发展，不如借用他人现有的成果，再发挥己力发扬光大，创造双赢。

“联盟合作最重要的，不是和最多人谈成合作，而是能不能在合作时，也把别人的东西当做自家产品般爱护用心，”张仁敦强调，寻找合作伙伴时，心态上不能只想坐收其成，这样其实不易达到效果。

张仁敦回忆，当初和 HappyGo 卡负责人谈合作案时，主动向对方提议，“只要你出一点资源，例如给消费者 100 点开卡点数，我们就负责帮你推 10 万张新卡!”话一出口，连对方都吓一大跳，“这是我们品牌的卡，你怎么会愿意帮我们做这件事?”

张仁敦分析，对 HappyGo 卡而言，招募一张新卡的成本，远大于 100 点免费点数的成本，但对于全家来说，可能只是请店员在消费者结账时，多问一句就能达成。“主动、无偿地为合作伙伴做事”的动机再简单不过，顾客一旦成为集点卡会员，就增加了“来全家消费”的诱因，也就等于为自己的店家招揽愈多的固定客源。最后，全家在 3 个月内帮 HappyGo 卡募集超过 18 万名新会员，成功扩大了双方客源。

对于这项合作双赢策略，张仁敦颇为满意，“就算没有推出自家的集点忠诚制度，一样可以透过与 HappyGo 卡合作，取得同样效益。”换言之，面对竞争，全家走封闭路线，采取开放平台策略，广募伙伴一起打拼，甚至愿意投入资源，把对方品牌当成自家品牌来经营，以创造最佳效益。

透过以上三种策略，张仁敦一步步打造出全家在消费者心中的“独特价值”。“我不能说这些做法会直接带来多少顾客，更不是因此就一定能在不景气的当下，提升多少营业额，但只要长期去做，绝对会为企业带来正面的影响。”张仁敦强调。

便利商店业竞争激烈，需要的是每天的努力，而非一时的花招，所以就算金融风暴来袭，全家也没有采取特别的行动，但张仁敦相信，只要是朝对的方向一路走下去，就一定会产生效果，协助全家度过每一次的市场低潮，创造持续性的成长。

资料来源：http：//article. jmw. com. cn/News File/Detail/crc/cvn/22616246332. shtml.

问题：全家便利商店是怎样从员工培训、企业文化、合作伙伴等方面着手改变企业的特许经营体系的运作的？

第十章 特许企业财税管理

学习任务

通过本章的学习，主要掌握和理解：

1. 国际特许经营税收管理的概念；
2. 国际特许经营税收管理的特征及形式；
3. 税收管理对特许经营实体的意义；
4. 税收管理效应的评价。

国际特许经营实体在税收计划方面所要实现的主要目标是：以能使特许人在国内税收和国外税收方面实现总体有效纳税额最小的合理方式来创建特许经营关系，防止利润流失。本章对国际特许经营实体所涉及的税收问题进行实证分析，目的是为国际特许经营实体提供税收问题解决的可行性方案，在规避风险的理念下，提供税收管理策略。通过学习，学生可掌握国际特许经营实体税收管理的特点及要务，为今后实施税收管理打下理论基础。

案例导入

连锁药店的高速成长与发展正面临越来越多的挑战，如国家层面医改政策和宏观产业政策的制约，地方政府的医保定点政策和距离限制等。

运营成本急升是特许连锁药店面临的首要问题。连锁药店的高速发展，无论是内生式(自己开店)还是外延式(兼并重组)扩张，都需要大量的资金，以前新开80~200平方米的门店，需50万~80万元，如今则可能需要80万~160万元，其原因主要是房租和员工工资增长较快，且增长势头不减。

同时，相较以前新开门店2~3个月开始盈利的情况，如今开店5~6个月还不能保证盈利。压力更大的是营销成本几乎翻番，开业期间花费大大增加，平时的促销成本也大为上升，这就像工业企业要保持与过去相同的广告频度，费用越来越高，但收效却越来越小一样。

还有一个连锁药店经营者必须注意的问题：连锁扩张不能靠着拖欠回款、延长回款周期来解决资金问题，对供应商的货款，越拖越久时，就会引起供应商的集体不满和挤兑，继而引发不予供货现象，这样产品的丰满度和满足率便会大打折扣。此时，经营者不要以为可以到处赊货，因为频繁更换品种，店员和消费者都难以认可。经营困难的连锁药店，大多是因为在供应商中回款口碑不好，导致资金困难恶性循环。

而要解决资金问题，除了采取各种方式融资外，还可以进行内部集资和员工分成。同时通过连锁经营赚的钱，应该用来扩充新店，因为这样成本是最低的，就像美国连锁药店之王沃尔格林一样，用自己的物业开店，大大增强竞争力。如果拿着连锁药店赚的钱来做其他投资，则很可能会自掘坟墓。随着新医改的推进，社区卫生机构增多，个人医保账户的钱会越来越多地转到社区，这样医保定点门店就失去了主要的盈利能力。因此药店的战略定位到底是做什么业态、产品和服务，是经营者必须迫切明晰的。

（资料来源：中国特许经营第一网）

第一节 国际特许经营业务中的税收问题

特许经营作为20世纪最科学的商业模式在全球范围内得到迅速推广，随着国际特许经营的迅速发展，进入外国市场的困难也在加剧。特许经营公司在国外开展业务并获得成功取决于许多重要因素，其中包括特许人在国内市场的地位和它使自己的特许经营体系适应不同国家的语言及政策差异的能力。税收问题是国际特许经营中与企业自身利益关系最为密切的管理问题。

一、税收管理目标

国际特许经营实体在税收计划方面所要实现的主要目标是：以能使特许人在国内税收和国外税收方面实现总体有效纳税额最小的合理方式来创建特许经营关系。因为国内税收法律法规和各国、各地区所使用的税收法律法规的不同，有些在性质上相似的交易就可能会有极为不同的税收效果。事实上，如果不在税收方面合理地安排公司结构和经营活动，那么在考虑税收方面的不利后果后，一个似乎对特许人有利的交易也仍然可能会是一项不明智的交易。

因此，从事国际业务的特许人应当注意，在这一领域的税收法律是极为复杂的，在进行涉及相关法律的业务和交易之前，特许人应该仔细地调查可能的法律分支及规定。

在构建国际特许经营关系时，特许人有三项基本选择：

（1）直接向与自己没有联系的国外受许人授予特许经营权；

（2）向国外附属机构或当事方授予或者销售特许经营权，这些附属机构或者当事方应该向与其无联系的国外受许人授予特许经营权次级使用许可证（特许经营权许可证）；

（3）向区域主受许人颁发或者销售许可证，这些区域主受许人会向与特许人或者区域主受许人没有联系的外国受许人颁发特许经营权次级使用许可证（特许经营权许可证）。

这些构建国际特许经营关系的不同方式各自具有自己的优点，但哪一种协议和安排对特许人最有利，取决于如下两方面因素：

（1）特许人获得的特许经营权费是否要根据受许人国内的税收法律交税（税务负担）；

（2）颁发特许经营权使用执照的当事方是否能够减少特许人在国内和国外的有效纳税总额。

因为这些协议、安排的复杂性以及在国际特许经营业务中构建特许经营关系可以选择的方法的多样性，所以，为了更容易地了解决策树，特许人应该构建一个流程图或者其他相关模型。

二、特许人在税收计划方面的考虑内容

在现实的经营活动中还有许多其他的制定税收计划的机会和有利因素，尽管这些机会和有利因素并不专属于特许经营行业，但特许人应该考虑到。特许人可以把许多这类计划和思想作为增值服务包并提交给受许人。

（一）特殊雇员的课税扣除

如美国联邦政府规定了一些特定的社会经济群体，许多特许人或者受许人的企业如果雇用了这些社会经济群体的大量成员，那么在这些雇员的雇用期的前 12 个月中，雇主可以获得收入税收减让。

（二）从价税研究

结合目前我国的从价税政策变化情况，根据“营改增”试点的相关政策，营业税改征增值税的应税服务中包括特许经营权转让中的商标著作权转让服务、知识产权服务等。又根据《财政部 国家税务总局关于在上海市开展交通运输业和部分现代服务业营业税改征增值税试点的通知》（财税〔2011〕111 号）附件 2 第三条第一款的规定，试点地区的原增值税一般纳税人接受境外单位或

者个人提供的应税服务，按照规定应当扣缴增值税的，准予从销项税额中抵扣的进项税额为从税务机关或者代理人取得的解缴税款的中华人民共和国税收通用缴款书（以下称通用缴款书）上注明的增值税额。上述纳税人凭通用缴款书抵扣进项税额的，应当具备书面合同、付款证明和境外单位的对账单或者发票。否则，进项税额不得从销项税额中抵扣。

（三）由特许人资助和倡议的特许经营权所有者退休计划

一个使特许人改善与受许人的关系同时却又不花费大量金钱的办法是：特许人提倡并赞助一项“私人签字”的退休计划。“私人签字”意味着所有的计划文件和通信往来都把退休计划作为特许人具体制定的计划，特许人根据受许人的需要来制定计划以满足受许人的愿望和需要。通过共同筹资行动，受许人能够获得以往不能够获得的筹资计划。这主要是由于受许人的养老金支出可以合理避税，可以增加受许人的远期利益，又可以有效强化特许人与受许人的关系，包括紧密的财税关系。

（四）“ZEESOP”或“ZSOP”计划

作为留住受许人的一种手段和工具，有些特许人已经建立了无限制延长赔偿计划，这些计划有时候也被称为“ZEESOP”或“ZSOP”计划。根据这些计划，特许人代表受许人支付一定比例的特许权使用费、销售额或者购买超过预定金额的商品或者服务。这些资金被投入一个财产托管会，并且在财产托管会的存在期内，受许人不用为这些资金纳税。一个制定完备的 ZEESOP 或 ZSOP 计划可以帮助特许人吸引和保留住优秀的受许人，同时该计划也能鼓励受许人提高销售额和生产率。

（五）特许权使用费协议或安排所造成的被动损失

特许人从特许权使用费中获得的收入在个人持股公司或者 S 级上市公司的纳税问题上可能会被认为是“被动”收入。S 级上市公司就是未进行股权分置改革的上市公司或内部封闭持股的正规上市公司。2011 年 9 月新颁布的《个人所得税法》规定个人因特许经营使用费所得需缴纳个人所得税。但是，如果将所得作为内部投资入股或形成个人独资公司的股本，就可以相应减免税收，这就是相当于“被收入”。许多特许经营企业选择个人持股公司或内部封闭式持股的正规上市公司的方式，就可以利用这个税收政策，合理进行避税。

（六）附属公司的涉及因素和选择

许多特许经营企业，尤其是那些进行独立业务的企业，都试图通过为其从事的每一种业务建立独立的法律实体来减少它们的法律责任。如特许人可能会有单独的法律实体来分别进行设备租赁、货物或某种专有财产的销售、融资、房地产等业务。在这些情况下，许多附属公司的涉及因素就必须予以说明，涉及因素的说明取决于这些经济实体是否是同一个母公司的附属公司或者是否是兄弟/姐妹附属公司。这些涉及的因素包括附加税免除额的分配、税收优惠、投资赋税优惠所有权限制等。

（七）继承计划

因为在特许经营协议中通常规定了许多限制因素，所以，为特许经营权的所有者制定合理的遗产继承计划就要比为单一所有权拥有者或股东人数有限的公司所有者制定继承计划要难得多。如特许经营协调通常都会禁止受许人在没有特许人同意的情况下转让或者出让特许经营权，这就使受许人难以自由地把特许经营权转让给配偶或者子女。为了减少未来发生法律问题的可能性，受许人应该在继承计划的制定过程中谋求特许人的合作。

由于特许经营已经在世界经济中拥有了更强大的力量，所以特许人和受许人所面对的税收方面的问题也越来越复杂。在规划特许经营事业时，特许经营管理人员和他们的顾问应该预见到特许人和受许人可能会碰到的陷阱与危险，特许人和受许人都要面对很多独特的情况和问题，这使得仔细制定经营和税务计划都变得更为重要。努力预测他们的经营活动将会带来何种税收问题的特许人和受许人将在经营方面获得更大的成功并获得更多的利润。

三、融资计划中的税收问题

进行融资租赁交易中的一个重要问题是税收。融资租赁的税收规则极为复杂。对于一些种类的融资租赁交易，税收方面的法律的迅速更改和变动使融资租赁当事人面对许多问题，并产生了许多不确定性因素。美国1986年税收改革法的实施所带来的主要变化是取消了投资赋税优惠(ITC)(企业因投资而在缴税方面得到的优惠)和详细说明了代用最低税(AMT)。为刺激企业所进行的其他税法变化也对融资租赁有重要影响。了解这些变化的主要内容对制定最有效的顾客融资租赁计划是至关重要的。

因为在制定一份有效的顾客融资租赁计划的过程中有许多不稳定的易变因素，一个公司使用的方法对另一个公司来说可能是不合适的。所以，需要具体问题具体分析。

（一）融资租赁征税的依据

1. 总的税收情况

尽管可以对任何一种设备进行融资租赁，但对于一个潜在的承租人来说，至关重要的问题却是：他需要付出的成本是多少？尽管答案可能非常复杂，但作为一个基本问题，除非出租人可以享有一些税收上的好处并且以收取相对较低的租金的形式来间接地让承租人享受到这些税收的好处，或者至少让承租人享受到部分税收的好处，否则，融资租赁并不是取得设备的一种经济实惠的方法。

如A公司想获得一台价值两万美元的商用计算机的使用权。公司以银行优惠贷款利率或者最低银行利率从银行借款。如果A公司能够借到取得商用计算机所需要的全部资金，那么它获得商用计算机所要承担的成本就是两万美元贷款的成本。

A公司还有另外一种方法可以获得商用计算机，它可以从B公司那里租赁商用计算机。假设B公司也以“银行优惠贷款利率或者最低银行利率”从同样的一家银行贷款，并且完全用从银行获得的贷款来购买商用计算机。如果没有关于商用计算机所有权的税收优惠政策，那么B公司获得利润的唯一途径就是向A公司收取高于投资购买商用计算机成本的融资租赁价格。因此，A公司不得不向B公司支付高于贷款成本的租金，这对A公司来说就不那么有吸引力。

尽管这个例子过于简单并且并不完全符合实际情况，然而它却说明了问题所在——除非出租人能够使用可以利用的所有权税收优惠，否则租赁对一个承租人来说在经济利益上是没有任何意义的。

2. 出租人所享有的税收优惠

出租人能够获得什么样的税收优惠呢？对于美国1985年以前用于融资租赁的设备来说，出租人作为融资租赁设备的所有者能够获得投资赋税优惠(企业因投资而在缴税方面得到的优惠,ITC)和折旧提成。除了个别例外情况以外，1986年税收改革法(TRA)取消了在1986年以后用于融资租赁的设备所享有的投资赋税优惠。因此，现今出租人所享有的税收优惠是根据1986年税收改革法进行修改的加快成本回收制度(MACRS)所得到的折扣提成。

根据加快成本回收制度，一个出租人通常以一个更快的速度在一个比设备使用寿命短许多的时期内注销它的商标成本。如一个出租人可以在6年的时间内以每年20%、32%、19.2%、11.52%和5.76%的速度减少一台出租的电子计算机设备的成本。在一个典型的融资租赁业务中，出租人在租期开始的几年内进行的成本扣除超过了租金收入，这使得出租人能够用这些过多的成本扣除来抵消其他收入。

有一点应当注意，一个试图建立自己的融资租赁公司以向其受许人提供融资租赁服务的特许人必须考虑修改过的公司代用最低税对融资租赁业务所带来的影响；折旧提成将会被大大地延迟。这种情况反过来会对融资租赁出租人应该向承租人收取多少租金产生重要影响。

（二）融资租赁承租人在税收方面的问题

一般而言，一个融资租赁设备的使用者会因为成为一个融资租赁设备的承租人而不是所有者而减少他所享受到的税收优惠。作为一个融资租赁设备的承租人，设备的使用者能够减少支付的租金数额，但他支付的租金数额将比早些年他扣除的折旧要少。那么为什么承租人要考虑进行融资租赁？这其中存在许多金融的和业务的原因，它们使一个预期的潜在承租人选择融资租赁而不是去购买设备。同样，对于那些不能及时利用折旧提成的设备使用者来说，通过融资租赁获取设备是具有吸引力的。

基本上，有两种设备使用者是属于这种类型的。

第一类人的可纳税收入为负数或者要结转损失，这一类融资租赁设备的使用者没有可纳税收入来抵偿折旧扣减额；第二类人，从融资租赁设备的出租人的角度来说，是那些受备选最低税额（AMT）约束的出租人，因为设备最低税额减少了融资租赁设备所有者所能够获得的税收收益的价值，但在绝大多数情况下却不影响租金的减让。对于这些融资租赁设备的使用者来说，融资租赁设备的出租人在设定他向承租人收取的租金时考虑了所有权税收收益，因此该融资租赁设备的出租人向融资租赁设备的承租人收取的租金在价值上要多于所有权税收收益。

第二节　连锁经营形式下的不同会计核算方式

连锁经营是指经营同类商品、使用统一服务标志的若干门店，在同一总部的管理下，采取统一采购、统一配送、统一服务标准、统一形象、统一运营系统等方式从事经营，实现规模效益的商业组织形式。

一、连锁经营形式

连锁经营主要有直营连锁、特许连锁、自愿连锁三种形式。

（一）直营连锁

直营连锁是指由总部直接投资、服从总部绝对控制的分店、分公司、区域总部等构成的经营体系；在直营连锁体系中，总部对各门店的人、财、物及商流、物流、信息流等方面实施统一管理。

（二）特许连锁

特许连锁是以商业特许经营方式组建的连锁经营体系，它是指由拥有技术和管理经验的总部，指导传授连锁店各项经营的技术经验，并收取一定比例的权利金及指导费，此种契约关系即为特许连锁。

（三）自愿连锁

自愿连锁是指在某一龙头企业的统率下，一些中小零售企业通过自愿加盟的方式组成的经营联合体，自愿加盟体系中，商品所有权是属于自愿连锁的店主所有，而系统运作技术及商店品牌的专有信息则归总部持有。

二、连锁经营会计核算形式

连锁经营企业的会计核算由于连锁经营企业的经营方式不同，其会计核算的方法也不相同。目前，依照连锁经营商业企业经营规模和经营范围的大小，可以分为统一核算和独立核算两种方式。

（一）统一核算

直营连锁形式下的连锁经营企业通常采用统一核算方式。总部（含集团公司或总公司）实行独立的、统一的会计核算，分店（含子公司、分公司）不单独进行会计核算，经营中发生的各项经营费用，均向总部报账核销，分店的所有账目必须并入总部或地区总部账目，同时分店应根据管理的需要设置必要的辅助账簿，并定期与总部或地区总部对账，分店所有的资产、负债和损益，都归总部或地区总部统一核算。

（二）独立核算

特许连锁和自愿连锁方式下的连锁经营企业通常采用独立核算方式。独立核算方式是指总部和分店都是独立核算的会计主体，独立设置会计机构分别进行核算，并各自独立编制会计报表的核算方法。特许连锁和自愿连锁方式下，由于总部不给分店投资，所以各分店不需要上缴利润，只需要向总部支付一定的特许权使用费，所以采用独立核算方式比较合适。

三、不同的会计核算方式下的纳税处理

连锁经营商业企业涉及的税种主要有增值税和企业所得税，但是国家对连锁经营企业的增值税和企业所得税纳税处理的相关规定一则极为有限，二则已出台的相关政策难以跟上连锁经营的迅猛发展。

（一）对于连锁经营企业增值税的缴纳

新的增值税暂行条例颁布之后，国家有关部门还未出台相关规定。而在财

政部、国家税务总局《关于连锁经营企业有关税收问题的通知》(财税[2003]1号)中规定，在省、自治区、直辖市、计划单列市内跨区域经营的统一核算的连锁企业，需要实行由总机构向其所在地主管税务机关统一申报、缴纳增值税的，按照财政部、国家税务总局《关于连锁经营企业增值税纳税地点问题的通知》(财税字〔1997〕97号)的规定。财税字〔1997〕97号规定，直营连锁企业经税务机关会同财政部门审批同意，即可由总店向其所在地主管税务机关统一申报、缴纳增值税。同一地区和城市的直营连锁企业，实行“总部—分店”管理模式。总部对分店的商品配送，作为内部移库处理，统一核算，统一申报、缴纳增值税。跨地区经营的直营连锁企业，可在非总部所在地区或城市设置地区总部，实行“总部—地区总部—分店”的管理模式。总部对地区总部的商品配送，作为销售处理，由总部统一核算，统一向总部所在地主管税务机关申报、缴纳增值税。对自愿连锁和特许连锁企业，各门店独立核算，分别向所在地主管税务机关申报、缴纳增值税。

(二) 对于连锁经营企业所得税的缴纳

财政部、国家税务总局《关于连锁经营企业有关税收问题的通知》(财税〔2003〕1号)规定，对省内跨区域设立的直营门店，由总部统一缴纳企业所得税，而对于自愿连锁和特许连锁，则由门店就地预缴。

由此可见，直营连锁和其他连锁形式在纳税方式上并不同，这是由连锁方式不同而带来的管理和核算方式上的差异造成的。直营连锁采取由总部统一纳税，主要是因为门店与总部统一经营、联网销售、统一采购配送、统一核算，汇总纳税使得各门店的亏损互相弥补，尤其是在缴纳企业所得税时有利于企业汇总计算扣除标准，可以减轻整个企业的整体税负。而自愿连锁和特许连锁则不同，由于这两种连锁形式总店对门店的控制权弱，门店在会计上采用独立核算法，总店并不参与门店的经营，不分担门店的盈亏，只按合同收取加盟费或特许权使用费并给予技术支持，因此，采取由门店单独纳税的方式比较妥当。

四、连锁企业会计核算的特点

连锁企业财务管理的特点是同连锁经营的特点分不开的，它包括以下四个方面。

(一) 统一核算，分级管理

由连锁总部进行统一核算是连锁经营众多统一中的核心内容。区域性的连锁企业，由总部实行统一核算；跨区域且规模较大的连锁企业，可建立区域性的分总部，负责对本区域内的店铺进行核算，再由总部对分总部进行核算。连锁企业统一核算的主要内容是：对采购货款进行支付结算；对销售货款进行结算；进行连锁企业的资金筹集与调配，等等。店铺一般不设专职财务人员，店铺与总部在同一区域内的，由总部统一办理纳税登记，就地缴纳各种税款；店铺与总部分跨不同区域的，则由该区域的分总部或店铺向当地税务机关办理纳税登记，就地缴纳各种税款。区域分总部应定期向总部汇报该区域各店铺的经营情况、财务状况及各项制度执行情况。

原则上连锁企业在建立时就应实行统一核算，有特殊情况的企业在实行连锁初期，可以分阶段、分步骤地逐步进行核算上的统一。

（二）票流、物流分开

由于直接经营连锁企业实行总部统一核算，由配送中心统一进货，统一对门店配送。从流程上看，票流和物流是分开的，这同单店式经营中资金与商品同步运行有着很大的不同。因此，在连锁企业中财务部门与进货部门保持紧密的联系是非常重要的。财务部门在支付货款以前，要对进货部门转来的税票和签字凭证进行认真核对，同时，在企业财务制度中要规定与付款金额数量相对应的签字生效权限。

（三）资产统一运作，资金统一使用，发挥规模效益

连锁经营的关键是发挥企业的规模效益，主要体现为：

(1) 连锁企业表面上看是多店铺的结合，但由于实行了统一的经营管理，企业的组织化程度大大提高，特别是统一进货、统一配送，使资产的规模优势充分发挥出来。

(2) 由总部统一核算，实行资金的统一管理，提高企业资金的使用效率和效益，降低成本、减少费用、增加利润。

(3) 实行资产和资金的统筹调配，统一调剂和融通。总部有权在企业内部对各店铺的商品、资金和固定资产等进行调动，以达到盘活资产、加快商品和资金周转、获取最大的经济效益的目的。

（四）地位平等，利益均衡

连锁企业利润的取得是各个部门通力协作共同创造的，不存在谁地位比谁低、谁为谁服务的问题，各方都遵循利益均沾、风险共担、地位平等、协商共事的原则，不能靠牺牲对方利益获取自身利益。

对我国企业在境外设立分支机构的，境外机构已在所在地纳税，我国税法允许其在国内限额抵扣，但境外机构的亏损不得抵扣境内机构的所得额。企业所得税法为了避免企业变相转嫁境外亏损，采取了一律不得在境内扣除的办法，这样做实际上是提高了企业的税负。

五、连锁经营纳税处理方式存在的问题及改进建议

（一）直营连锁经营企业所得税纳税处理过于烦琐

根据《跨地区经营汇总纳税企业所得税征收管理暂行办法》(国税发〔2008〕28号)、《跨省市总分机构企业所得税分配及预算管理暂行办法》(财税〔2008〕10号)、《关于跨地区经营汇总纳税企业所得税征收管理若干问题的通知》(国税函〔2009〕221号）和《关于跨地区经营汇总纳税企业所得税征收管理有关问题的通知》(国税函〔2008〕747号）的有关规定，企业所得税实行“统一计算，分级管理，就地预缴，汇总清算，财政调库”的办法。之所以这样做，是考虑到地区财政利益分配问题，连锁经营企业所得税(其他中央和地方共享税种亦如此)纳税地点直接影响到地方财政收入，为了平衡地方财政利益，才作出了上述纳税程序调整。但这一方法，对应当汇总纳税的直营连锁企业来说，相比增值税直接由总店纳税的简单程序，纳税程序不仅过程烦琐，而且计算复杂，会计核算工作量大，门店分布区域越多，涉及的税务和会计人员越多，增加了纳税人的纳税成本，征税效益极低。

（二）直营连锁经营企业内部调拨商品物资缴纳增值税的问题

根据《增值税暂行条例实施细则》规定，设有两个以上机构并实行统一核算的纳税人，将货物从一个机构移送其他机构用于销售的，视同销售货物，应当缴纳增值税，货物移送当天为纳税义务发生时间。

直营连锁由总店统一纳税，会计上由总店统一核算，货物由总店采购和配送，而门店一般不具有法人主体资格，只是作为总店的一个销售机构，另外，还会出现门店之间相互调拨货物余缺，向配送中心退回货物等情况，根据《增值税暂行条例实施细则》规定，直营连锁经营企业内部调拨商品物资应视同销售缴纳增值税，这些内部调拨商品的情况导致计算缴纳增值税非常复杂。同时由于内部一进一销单纯的配送并未使货物发生增值。为此，笔者建议，鉴于直营连锁经营的特殊性，对直营连锁经营企业内部调拨商品物资不缴纳增值税。

（三）跨国连锁企业缴税问题

对于外资在我国开设连锁企业的，《关于连锁经营企业有关税收问题的通知》(财税〔2003〕1号）明确了外资企业跨区域连锁经营的，不区分连锁形式，统一实行由总机构向其所在地税务机关统一缴纳企业所得税的方式。但是对自愿连锁和特许连锁的加盟连锁门店除了有外资品牌和管理背景之外，和其他内资特许连锁门店并没有任何区别，如果还是由总店统一纳税，笔者认为这一规

定既不合理，也不现实，应比照独立核算方式下由各分店就地缴纳企业所得税。

（四）特许人要注重的财务和税收报告

对一个特许经营组织的成功经营至关重要的是精心制定的经营和税收计划。国内税收法典使特许人和受许人面对许多难以预料的风险。许多地方税务法规也使特许人和受许人面对难以预料的风险，在政府减少对各个地区的援助的情况下，这些法规正被更加严厉地实施。约束特许经营行业的地方税务法规的实施规定要求特许经营经理主管人员和他们的顾问都要预先预测绝大多数交易的税收情况和所涉及的问题，并提出及说明这些情况和问题。如果特许人想要制定一个合理的税收策略和战略，那么对影响特许经营组织税收情况的法规和规则条款进行充分的了解就是必要的第一步。

本章小结

1. 税收计划方面所要实现的主要目标是：以能使特许人在国内税收和国外税收方面实现总体有效纳税额最小的合理方式来创建特许经营关系。

2. 连锁经营会计核算形式：连锁经营企业的会计核算由于连锁经营企业的经营方式不同，其会计核算的方法也不相同。目前，依照连锁经营商业企业经营规模和经营范围的大小，可以分为统一核算和独立核算两种方式。

3. 特许连锁由于总店对门店的控制权弱，门店在会计上采用独立核算法，总店并不参与门店的经营，不分担门店的盈亏，只按合同收取加盟费或特许权使用费并给予技术支持，因此，采取由门店单独纳税的方式比较妥当。

思考题

简答题

1. 特许经营企业税收的含义是什么？包括哪些最基本的要素？
2. 什么是融资租赁征税的依据？它具有哪些基本方面？
3. 连锁经营会计核算形式及相互之间的关系是怎样的？

案例分析

案例背景

在美国攻打伊拉克期间，中国国内大大小小的网站论坛里开始流传同一个帖子，题目是《不想让美国人偷中国的税》：“我们在‘麦当劳’、‘肯德基’吃东西的时候，不仅仅吃进了对身体无益的垃圾食品，而且我们从来没有向他们要过发票！如果每一个中国人在‘麦当劳’、‘肯德基’用餐之后都索要发票的话，那么老美要交给我们国家的税已经可以造好多航母了……”

暂且抛开该帖子的“泛民族情绪”不论，该帖子在网民间广为传播，很多看过的人都发出同样的惊呼：我确实没要过发票！

2003 年 7 月 30 日，本刊记者来到位于公主坟的麦当劳店。虽然不是休息日，但由于是晚饭时间，麦当劳里依然生意兴隆，排队的人不少。点餐、付款、“下一位”，简单地重复，快速地更替。轮到记者时，记者刻意注意了一下时间，7 点 30 分。点餐、付款，柜台小姐习惯地喊道“下一位”的时候，“能否给开张发票?”记者插了一句。柜台小姐脸上依然是殷勤的表情，马上回答：“没问题，稍等。”说着走到柜台一角，在一个纸箱里摸索了一会儿，等她转回来后递给了记者一张 10 元、两张 20 元的兑奖发票(记者的实际花费是 46.70 元人民币)。此时是 7 点 35 分。

虽然从点餐到索要发票，只花费 5 分钟，但记者的“意外”行为并没有吸引其他就餐者的注意。本刊记者在就餐时也一直关注着“麦当劳”的柜台，没再发现其他索要发票的消费者。

有资料显示：在北京，麦当劳和肯德基已经分别开设了连锁店 83 家和 90 家，并计划在未来两年内各增设到 100 家店。在世界其他地方亏损的“麦当劳”、“肯德基”，在中国盈利。“难道真的是因为我们在‘麦当劳’、‘肯德基’消费时，不索要发票而间接给了他们在中国偷税的可乘之机吗?”

“‘麦当劳’不是根据发票来纳税的，所以与发票没有关系。”2003 年 8 月 8 日，本刊记者就“麦当劳”纳税问题采访了北京“麦当劳”有限公司公关部王小姐，王小姐以简单的话语表明态度。

记者经询问税务工作者和“麦当劳”、“肯德基”公司相关工作人员得知，从税法角度出发，“麦当劳”、“肯德基”缴纳营业税收的方式是按营业额的一定比例缴纳，而非撕发票方式。“从我工作的餐厅来看每天索要发票的人数很少，总共金额也就几百元。按 5% 的税收来说也就几十元。发票对于‘麦当劳’、‘肯德基’来说，只是提供给顾客报销的凭证。”一位就任“肯德基”餐厅经理助理的人士也证实了上述说法。

1. 税收困局

“消费者在‘麦当劳’、‘肯德基’等‘洋快餐’消费后不索要发票，真的会帮助他们逃税吗?‘麦当劳’、“肯德基”等国外企业是如何纳税的?”记者在采访中发现相当数量的消费者表示对我国的税收体制“不太了解。”

8月4日，记者通过电话联系到北京市东城区地税局的有关部门，当对方听到记者想询问“麦当劳”、“肯德基”等店的纳税情况，立刻回答：“他们是涉外企业，由涉外地税局管理。”

按照指引，记者与涉外地税局取得联系。涉外地税局的人表示，他们已经把对这些企业的管理权下放到各县、所了。记者又与东城区涉外地税所联系，一位负责宣传的女士说，这种比较重大的采访必须经市局的批准。

随后，记者打电话给北京市地税局宣传中心的金主任，他要求记者先发个采访提纲过去。记者再打电话过去时，金主任告诉记者，也有人给他发了《不想让美国人偷中国的税》这篇帖子。他说目前企业采取的是自行申报交纳税款。由于国外企业很注重信誉，基本不会有偷税情况。当然中国老百姓有权利知道、了解国家的税收制度，而官方也一直在做相应的宣传工作，如通过网络、《税务公告》、宣传栏等方式宣传、普及国家的税收制度。

看了记者先前发过去的采访提纲后，金主任让记者再写个更详细的采访提纲，以表明文章内容，他会安排区、县所接受采访。提纲传过去两个小时后，记者得到的答复是——因为问题比较敏感，无法安排采访。

无奈之下，本刊记者走访了《税务公告》发行部，其工作人员向记者透露，他们的发行对象主要是税务部门、财政机关、企业，很少有个人订阅。记者翻阅了一下，内容主要是相关条例，非专业人士很难看懂。工作人员说，从里面不会找到诸如“麦当劳”会不会利用顾客不要发票而偷税等相关法律规定的文字。从一名税务人员那里，记者也了解到，如果不是从事相关行业，不可能看懂《税务公告》，更不要说普通老百姓想从中了解国家的税收制度了。

“对外企要求太严也不好。”一位不愿透露姓名的税务人员大致介绍了相关情况。按照《中华人民共和国税收征收管理法》，目前涉外企业在纳税方面都是自核自缴。如果税务部门感觉税额不对，税务稽查分局会去查企业的财务报表，核查其收入就能看出是否漏交税。但他强调，涉外企业问题不大，因为其收入要汇往国外，股东要据此分红，也不愿意他们隐瞒收入。国际大企业财务相对较严，自己会顾及国际影响。可是该税务人员也不否认，依靠不开发票逃税是存在的，因为企业财务人员完全可以不把一部分收入做到账里。并且“麦当劳”等店的收款机没有在税务机关备案，税务机关不能去查。因此他认为要发票的行为是正确的。

2. 信用缺失

“由于国外企业很注重信誉，基本不会有偷税情况。”当本刊记者向国际税法专家兰兰副教授转述税务人员的说法时，她当即表示对这样的说法不能认同。“外国企业是看重自己的品牌，但也不排除有偷漏税的可能，事实上已经发生过多起。有关部门的答复是不负责任的。实际上，跨国企业偷漏税情况在国际上是很严重的。”

在我国营业税征管领域里，有“按规模收取固定税额”和“按收入收取税额”两种方式，除了按规模估算，收取固定税额的税收方法外，发票都是税务部门进行税务征收管理活动的基础和凭证。消费者是否向商家索要发票成了国家税款能否足额入库的重要保障。“‘麦当劳’们纳税就是属于后一种方式。”

“虽然税务机关发现出现企业税务漏洞会到企业查账，但很多公司做假账是人所共知的。收款机打出的小票不是发票，只有做账的原始依据才是发票。跨国企业相对国内某些企业来讲重视信誉，但如果有空子，当然也会去钻。”

一些专业人士认为，与西方一些成熟市场经济国家不同，中国历来比较注重税制完善，而相对忽视税收征管体系的建设。针对国人缺乏主动纳税的意识，税务机关推出了有奖发票，但因为有奖发票中奖率低，很多人在经历当初索要热情之后，也对有奖发票日渐冷淡。

普通消费者对税务制度了解不多，有怀疑很正常。《不想让美国人偷中国的税》一文中提出索要发票的初衷是好的，但也不是万全之策。税务机关更应该通过监管来严堵税务黑洞，即使是对自行申报的企业也要采取有效办法监管。“我国税法规定很全面，但税务黑洞仍然大量存在。这样的局面不得不让人们认真思考。”当前很多企业偷税时均抱有侥幸心理，查到了就自认倒霉，明年依然逃税。而相对不依法纳税企业，规矩的企业也得不到奖励，这样奖惩不明的情况必然影响我国的税收体制的完善。

兰兰教授的担忧并不是杞人忧天。2003 年 7 月，一个以“反避税”为主题的全国会议在山东烟台举行。我国企业尤其是外企在中国内地避税情况严重的现实，是促成此次会议召开的主要原因。就在该会议召开之前，中国国家税务总局官员透露，20 世纪 90 年代后期，跨国企业逃税一年高达 300 亿元人民币，相当于每年中国财政收入的三十分之一。

而就在网民们对“麦当劳”们是否逃税问题讨论得热火朝天时，2003 年

6月11日，“麦当劳”在内的北京东城区66家企业拿到有关部门颁发的企业“绿卡”，以此获得二年内享受免除税务检查的特殊待遇。据悉，这是北京为恢复和振兴区域经济的重要举措之一。

问题：我国的税务部门对麦当劳等外资企业在中国的纳税行为采取怎样的管理措施？造成了怎样的结果？应该怎么改善？

附录1：国际商会标准国际特许经营合同文本

________公司　公司注册地在：________　公司在此由：________代表

以下称“特许人”

________公司　公司注册地在：________　公司在此由：________代表

以下称“受许人”

第一部分　序言

各方对下列事项达成一致：

第1条　宗旨

特许人授予受许人在特许经营下商品化经营(制造)下述产品(服务)之权，或者接受根据本合同条款在该建筑物内和在第4条所规定的区域执行特许经营协定。

第2条　受许人的法律地位

2.1　受许人以自身名义，自付费用，作为单独的商人进行其活动。因此，他须尊重对所有商人共同的法律要求，特别是有关资格的规则以及社会的、财务的和商业的要求。作为一个独立的商人，受许人应就其活动自负一切风险和从一切赢利中获利。

2.2　受许人不是特许人的代理人、买卖代表，也不是他的雇员或合伙人。受许人不是作为特许人的佣金代理人，受许人无权以特许人的名义签订合同，使特许人在任何方面对第三人承担责任，或由特许人负担费用，承担任何义务。

第3条　授予的各项权利

为了使受许人正常经营，特许人授予受许人下列各项权利：

(a) 使用代表________(加以描述)的式样的权利，经依照________登记为产品(服务)的商标(使用登记为……专利的制造技术的权利)；

(b) 使用________名字/标志的权利；

(c) 查阅并使用作为本协议附件，称作________文件所规定专有技术的权利；

(d) 在引进以及经营过程中协助受许人从技术、商业、法律和经营受益的权利，第5条和第6条中有规定；

(e) 出售和使用特许人制造的产品(由指定的供应商)，意即________

第4条　区域

使用授予受许人特许经营的权利应在本协议附件3所载地区和建筑物中行使。受许人未经特许人事前和书面许可不应变更其建筑物地址。

第5条　专属性

5.1　在本合同期间，在第4条所载区域中，特许人承诺：

(1) 不将本特许经营的全部或部分授予第三者；

(2) 本身不从事全部或部分的特许经营，也不以相似的方法出售本特许经营范围内的产品(服务)；

(3) 不向任何第三者供应全部或部分、本特许经营范围内的产品(服务)。

所有在法律上或在事实上控制特许人，或为特许人所控制或与其共同受到控制的人或公司，均认为是第三者。

5.2　在本协议期间，特许人应：

(1) 在第1条所载的建筑物内独自经营特许经营；

(2) 不得在第4条规定的地域之外以特许经营范围内的产品(服务)寻求客户。

第6条　期间

本协议在签字之日生效，为期________年。

本合同自动延长连续的________年期，除非特许人或受许人在第一个期限届满前或每一个延期届满前至少________月发出通知。

用挂号信或任何其他书面传递手段，可借以准确确定收到通知的日期(该日期可用以计算通知期间)。

本协议在签字日生效，期间可不确定。

各方不发出________月通知将终止本合同，用挂号信或任何其他书面传递手段，可代理以确定收到通知的日期(该日期是该通知期间的起始日)。

第二部分　总则

第7条　善意

各方应本着善意解释和履行本合同，特别应当尽其全力，彼此应表明其谨慎、忠实和合作。各方同意，在合同的范围之内，他们的关系确定为合作关系。上述条款是一项实质责任。

第8条　遵守国家法律

受许人遵守适用的法律，并应有必要的授权。

第9条　特许人的质量标准

受许人如第1条所载出售(制造)产品(服务)，在特许人网络的牌号商标形象方面，与这些条件方面保证完善的和谐和组织。为此，受许人特别应遵守下列规定：

9.1　建筑物

9.1.1　受许人在装修和建设物装饰以及产品(服务)的展示方面都应严格遵守本协议附件4所列特许经营人规格所规定的条件。最迟本协议签字之日特许人应对装修费用给受许人一个粗略估算。此项粗略估算费用由受许人负担。在本协议履行期间，特许人对于上述规定所做的任何重大修改，例如补充安装、改造……其费用均由特许人负担。

9.1.2　受许人在遵照本协议附件4所列特许人指示的同时应自负费用，保证完全维修建筑物。

9.2　授予的各项权利

9.2.1　受许人应按照所列条款，并在其界限内，使用第3条所规定的工业和知识产权。受许人除了出售第1条所列产品(服务)外，不得为了别的目的，使用这些权利。也不得在本合同终止后以任何理由使用这些权利。

9.2.2　受许人应自负费用，在建筑物内外添附特许经营的明显的标志，包括特许人允许受许人使用的店铺标志。未经特许人事前书面同意，受许人不得添附其他明显的成分，不论9.2.3第2项如何适用。

费用由受许人负担，连同保险费用、维修费用以及有关的税款(如果有的话)。

9.2.3　受许人应在一切通信、发票以及在从事其活动中用的商业和广告文件，在商业与广告和在建筑物上使用“________”名称。

受许人也可标出其公司的名称，以及任何其他法律身份，但特许人与受许人之间不可以发生混淆，受许人的身份不能损害特许人名称、标记或标志的形象。

日本特许连锁协会对合同书的基本条款要求

1. 合同当事者
(1) 指出合同当事者；
(2) 合同当事者的关系(不存在代理关系)。
2. 序言
(1) 合同的观念、宗旨、目的；
(2) 合同解释的标准；
(3) 合同的适用范围。
3. 定义
4. 特许经营权的授予
5. 允许商标等的使用
(1) 允许使用对象的登记或注册；
(2) 允许使用的条件；
(3) 使用方法及管理。
6. 特许经营权的地区和商店的所在地
7. 特许连锁总部的经营指导及技术援助
(1) 资料的提供；
(2) 指导；
(3) 进修及培训。
8. 促进销售
(1) 特许连锁总部的促销方法；
(2) 特许连锁总部对促销的援助；
(3) 有关特许连锁加盟店促销义务的事项。
9. 特许连锁加盟店筹办的物品
(1) 物品的种类、品质、数量；
(2) 筹办的方法。
10. 特许加盟店的支付义务
(1) 支付的理由；
(2) 金额的计算；
(3) 支付的时间、方法以及其他条件。
11. 特许连锁加盟店销售的商品及服务的质量管理

12. 其他有关特许连锁加盟店营业的重要事项
（1）有关会计事项；
（2）特许连锁加盟店专心致志营业的义务。
13. 特许经营权合同的期限、终结及更新
（1）合同的期限及更新；
（2）解除合同的事由及解除合同的方法；
（3）其他的合同终结原因及其手续；
（4）合同终结时应处理的事项。
14. 其他合同事项
（1）免除责任条款；
（2）特许经营权合同的转让；
（3）连带担保、财产抵押及有关其他提供担保的事项；
（4）管辖仲裁的一致意见、仲裁条款及有关其他解决纠纷的事项；
（5）合同的修改；
（6）合同的年月日；
（7）运营规则，其他与合同书有关的补充文件。

附录2：商业特许经营备案管理办法

第一条　为加强对商业特许经营活动的管理，规范特许经营市场秩序，根据《商业特许经营管理条例》(以下简称《条例》) 的有关规定，制定本办法。

第二条　在中华人民共和国境内(以下简称中国境内)从事商业特许经营活动，适用本办法。

第三条　商务部及省、自治区、直辖市人民政府商务主管部门是商业特许经营的备案机关。在省、自治区、直辖市范围内从事商业特许经营活动的，向特许人所在地省、自治区、直辖市人民政府商务主管部门备案；跨省、自治区、直辖市范围从事特许经营活动的，向商务部备案。

商业特许经营实行全国联网备案。符合《条例》规定的特许人，依据本办法规定通过商务部设立的商业特许经营信息管理系统进行备案。

第四条　商务部可以根据有关规定，将跨省、自治区、直辖市范围从事商业特许经营的备案工作委托有关省、自治区、直辖市人民政府商务主管部门完成。受委托的省、自治区、直辖市人民政府商务主管部门应当自行完成备案工作，不得再委托其他任何组织和个人备案。

受委托的省、自治区、直辖市人民政府商务主管部门未依法行使备案职责的，商务部可以直接受理特许人的备案申请。

第五条　任何单位或者个人对违反本办法规定的行为，有权向商务主管部门举报，商务主管部门应当依法处理。

第六条　申请备案的特许人应当向备案机关提交以下材料：

(一) 商业特许经营基本情况。

(二) 中国境内全部被特许人的店铺分布情况。

(三) 特许人的市场计划书。

(四) 企业法人营业执照或其他主体资格证明。

(五) 与特许经营活动相关的商标权、专利权及其他经营资源的注册证书。

（六）符合《条例》第七条第二款规定的证明文件。

在2007年5月1日前已经从事特许经营活动的特许人在提交申请商业特许经营备案材料时不适用于上款的规定。

（七）与中国境内的被特许人订立的第一份特许经营合同。

（八）特许经营合同样本。

（九）特许经营操作手册的目录(须注明每一章节的页数和手册的总页数，对于在特许系统内部网络上提供此类手册的,须提供估计的打印页数)。

（十）国家法律法规规定经批准方可开展特许经营的产品和服务，须提交相关主管部门的批准文件。

外商投资企业应当提交《外商投资企业批准证书》,《外商投资企业批准证书》经营范围中应当包括“以特许经营方式从事商业活动”项目。

（十一）经法定代表人签字盖章的特许人承诺。

（十二）备案机关认为应当提交的其他资料。

以上文件在中华人民共和国境外形成的，需经所在国公证机关公证(附中文译本)，并经中华人民共和国驻所在国使领馆认证，或者履行中华人民共和国与所在国订立的有关条约中规定的证明手续。在香港、澳门、台湾地区形成的，应当履行相关的证明手续。

第七条　特许人应当在与中国境内的被特许人首次订立特许经营合同之日起15日内向备案机关申请备案。

第八条　特许人的以下备案信息有变化的，应当自变化之日起30日内向备案机关申请变更：

（一）特许人的工商登记信息。

（二）经营资源信息。

（三）中国境内全部被特许人的店铺分布情况。

第九条　特许人应当在每年3月31日前将其上一年度订立、撤销、终止、续签的特许经营合同情况向备案机关报告。

第十条　特许人应认真填写所有备案事项的信息，并确保所填写内容真实、准确和完整。

第十一条　备案机关应当自收到特许人提交的符合本办法第六条规定的文件、资料之日起10日内予以备案，并在商业特许经营信息管理系统予以公告。

特许人提交的文件、资料不完备的，备案机关可以要求其在7日内补充提交文件、资料。备案机关在特许人材料补充齐全之日起10日内予以备案。

第十二条　已完成备案的特许人有下列行为之一的，备案机关可以撤销备案，并在商业特许经营信息管理系统予以公告：

（一）特许人注销工商登记，或因特许人违法经营，被主管登记机关吊销营业执照的。

（二）备案机关收到司法机关因为特许人违法经营而作出的关于撤销备案的司法建议书。

（三）特许人隐瞒有关信息或者提供虚假信息，造成重大影响的。

（四）特许人申请撤销备案并经备案机关同意的。

（五）其他需要撤销备案的情形。

第十三条　各省、自治区、直辖市人民政府商务主管部门应当将备案及撤销备案的情况在10日内反馈商务部。

第十四条　备案机关应当完整准确地记录和保存特许人的备案信息材料，依法为特许人保守商业秘密。

特许人所在地的（省、自治区、直辖市或设区的市级）人民政府商务主管部门可以向通过备案的特许人出具备案证明。

第十五条　公众可通过商业特许经营信息管理系统查询以下信息：

（一）特许人的企业名称及特许经营业务使用的注册商标、企业标志、专利、专有技术等经营资源。

（二）特许人的备案时间。

（三）特许人的法定经营场所地址与联系方式、法定代表人姓名。

（四）中国境内全部被特许人的店铺分布情况。

第十六条　特许人未按照《条例》和本办法的规定办理备案的，由设区的市级以上商务主管部门责令限期备案，并处1万元以上5万元以下罚款；逾期仍不备案的，处5万元以上10万元以下罚款，并予以公告。

第十七条　特许人违反本办法第九条规定的，由设区的市级以上商务主管部门责令改正，可以处1万元以下的罚款；情节严重的，处1万元以上5万元以下的罚款，并予以公告。

第十八条　国外特许人在中国境内从事特许经营活动，按照本办法执行。香港、澳门特别行政区及台湾地区特许人参照本办法执行。

第十九条　相关协会组织应当依照本办法规定，加强行业自律，指导特许人依法备案。

第二十条　本办法由商务部负责解释。

第二十一条　本办法自2012年2月1日起施行。2007年5月1日施行的《商业特许经营备案管理办法》（商务部2007年第15号令）同时废止。

参考文献

[1] 贾斯特斯，加德．特许经营管理．张志辉，王丹，译．北京：清华大学出版社，2005.

[2] 朱明侠．特许经营．北京：对外经济贸易大学出版社，2007.

[3] 李维华．特许经营理论与实务．北京：机械工业出版社，2005.

[4] 沈珺．特许经营管理概论．北京：清华大学出版社，2009.

[5] 萧桂森．特许经营理论与实践．海口：海南出版社，2004.

[6] 陈阿兴．特许经营．北京：中国商务出版社，2006.

[7] 李维华．特许经营学．北京：中国发展出版社，2009.